江苏省"十四五"时期重点出版物出版专项规划项目

"新时代青年眼中的中国式现代化"系列丛书

丛 书 主 编◎郭继超
丛书副主编◎戴 锐 刘兴平 李 宁

本册主编◎董大亮

跨越百年的对话："我"的家族记忆

河海大学出版社
HOHAI UNIVERSITY PRESS
·南京·

图书在版编目(CIP)数据

跨越百年的对话："我"的家族记忆 / 董大亮主编
. － 南京：河海大学出版社，2023.12
("新时代青年眼中的中国式现代化"系列丛书 /
郭继超主编)
ISBN 978-7-5630-8795-2

Ⅰ. ①跨… Ⅱ. ①董… Ⅲ. ①家族－史料－中国－现代 Ⅳ. ①K820.9

中国国家版本馆 CIP 数据核字(2023)第 240714 号

书　　名	跨越百年的对话:"我"的家族记忆 KUAYUE BAINIAN DE DUIHUA："WO" DE JIAZU JIYI
书　　号	ISBN 978-7-5630-8795-2
策划编辑	朱婵玲
责任编辑	张　媛
特约编辑	杨　洋
特约校对	任宇初
装帧设计	杭永红
出版发行	河海大学出版社
地　　址	南京市西康路 1 号(邮编:210098)
电　　话	(025)83737852(总编室)　(025)83722833(营销部)
经　　销	江苏省新华发行集团有限公司
排　　版	南京布克文化发展有限公司
印　　刷	广东虎彩云印刷有限公司
开　　本	787 毫米×1092 毫米　1/16
印　　张	15.5
字　　数	329 千字
版　　次	2023 年 12 月第 1 版
印　　次	2023 年 12 月第 1 次印刷
定　　价	93.00 元

总　序

　　高校思政课承担着立德树人的使命与责任，是为党和国家培养全面发展的社会主义建设者和接班人的关键课程。党的十八大以来，习近平总书记高度重视高校思想政治理论课建设，从召开全国高校思想政治工作会议、全国教育大会、学校思想政治理论课教师座谈会，到多次赴高校考察和师生交流谈心，围绕思政课建设作出了一系列重要论述，为办好思政课提供了根本遵循。习近平总书记指出："要高度重视思政课的实践性，把思政小课堂同社会大课堂结合起来。"高校思政课通过创新实践教学形式、丰富实践教学载体、整合实践教学平台、深化实践教学内容等方式将理论知识学习与实践体验感悟融为一体，把思政小课堂同社会大课堂结合起来，引导大学生走进基层、走向社会，在实践中检验真理，在实践中发展理论，进而促进大学生理论水平、思想素质和思维能力的全面提升。

　　多年来，河海大学始终坚持立德树人初心使命，以高度的政治责任感多维发力推进思政课建设，着力培养堪当民族复兴重任的时代新人。强化顶层设计，赓续红色血脉，构建大思政格局，打造具有河海特色的思政课程群，将学校"爱国爱水爱校"的深厚情怀融入学生培养全过程。注重拓宽思政课教师育人大视野，把专家学者"请进来"，建设思政课教学"知行"工作坊，举办"思政课大中小学一体化建设"研讨会，邀请兄弟院校、中小学优秀骨干教师等进行教学展示，分享学术成果、交流实践智慧，在交流互学中提升教师教学能力。注重汇聚社会资源育人大能量，联合江苏省档案馆、雨花台烈士陵园等场馆，通过故事和场景化的展示，组织开展体验式、情景式实境教学，上好"纪念馆里的思政课""行走的思政课"，打造"课内＋校内＋校外"育人同心圆。

注重拓宽实践育人大平台，开展大学生讲思政课活动，在村庄、社区、企业等建立学习社、联学站，共建实习实践基地，引导学生从课堂到基层，体验社会、感悟社会、理解社会，树立正确的世界观、人生观和价值观。不管是在思政课程还是课程思政方面，实践教学都是河海大学思政课改革创新的一个重要抓手。

河海大学马克思主义学院在思政课教学中一直重视对学生实践能力的培养，把理论学习和现实结合起来，将鲜活的实践引入课堂教学或者将课堂设在生产劳动和社会实践一线，强化问题意识，突出实践导向，通过多种实践方式引导学生深入理解马克思主义，理解中国化时代化的马克思主义。早在2006年，河海大学思政课就开展了以课题研究为中心的实践教学改革，教学改革使实践教学常态化，并形成了"一个主体，两个结合"，即以学生为主体，实践教学与科研活动相结合、实践教学的系统化与个性化相结合的实践教学理念。以学生为主体，就是要发挥学生的主观能动性和创造力，让学生去想象，去实践。实践教学与科研活动相结合，就是通过让学生申报课题项目、撰写读书报告、参加大学生创新训练计划等实践形式，全面培养学生的社会实践能力、学术研究能力、创新思维能力和论文写作能力，培养学生的人文情怀、团队精神和责任意识。实践教学的系统化与个性化相结合，就是在努力发挥实践教学系统性、整体性功能的同时，创新设计实践教学的多种形式，并针对不同学科、不同专业学生的实际需求，设计不同的实践教学内容、方法和手段，使不同兴趣、不同特长、不同专业的学生都能得到有效训练和发展。2008年11月27日，由教育部社会科学司主办的首届全国高校思想政治理论课案例教学研讨会对河海大学思政课实践课题研究项目改革给予了高度评价，认为这是创新性的思政课改革模式，能够让学生把在思政课上学到的马克思主义理论灵活运用起来，通过实践课题去了解社会，思考问题，提升能力，增长才干，非常值得推广。

在这一优良传统的影响下，河海大学马克思主义学院在思政课实践教学中长期坚持，不断探索和创新。近几年，学院老师围绕抗击疫情、脱贫攻坚、乡村振兴等主题和学生共同研讨，带领学生走入工厂车间、田间地头，在"大思政课"中"受教育、长才干、作贡献"，呈现了很多优秀的实践成果。这些成果作为课堂教学的重要和有益补充，进一步推动了理论教学的改革发展，提升了思政课教学效果，真正让党的创新理论走进学生心里，成为他们在未来工作岗位上不断前行的内在思想动力。这些成果是师生教学相长的见证，是河海大学思政课教学改革成果的生动呈现，得到了江苏省高等教育教改研究立项课题"'行塑'理念下高校思想政治理论课教学模式创新与育人效果提升研究"和江苏省教育科学"十三五"规划课题"高校思想政治理论课教学模式创新研究"的支持，并有幸得以出版和传播。如能经由这套丛书与更多的兄弟院校加强交流，为思政课改革创新提供一些有益启示，尽一些绵薄之力，那么这套丛书出版的初衷也就实现了。

丛书以时代新人的视角，从不同社会空间呈现了近代中国经历的百年历史变迁，从一个家族的演变到一个政党的成长，从校园生活的变化到社会变革的发生，无不折射出中国社会各阶层在巨大的社会变迁中围绕民族独立和人民解放、国家富强和人民富裕等问题进行的思考和实践，历史和现实也充分证明了唯有马克思主义、唯有中国共产党、唯有中国特色社会主义道路、唯有改革开放才能实现中华民族伟大复兴的历史伟业。《"我"对晚清以来中国现代化道路探索之思考》立足于近年来河海大学"中国近现代史纲要"学生课程实践部分成果，展现了鸦片战争以来中国社会各阶层对国家、民族出路的探索，进一步证实了近代中国的封建地主阶级、农民阶级以及资产阶级都无法找到一条通向光明的道路，只有中国的无产阶级才能担当起近代中国革命的领导重任。同学们通过对开天辟地、改天换地、翻天覆地、惊天动地的伟大历程的研究和认识，感悟中国共产党为中国人民谋幸福、为中华民族谋复兴的初心和使命，百年党史波澜壮阔，百年初心历久弥新。在历史洪流中，每一个家族都是一段传奇，每一段传奇都可书写为生动的故事。《跨越百年的对话："我"的家族记忆》立足于家庭与国家、个人与时代的关系，师生共同探讨历史洪流中的那些永恒话题。在中国共产党成立百年以来中国社会发生沧桑巨变的历史背景下，同学们讲述了各自家族发展变迁的故事，呈现出近代以来中国社会发展变化的基本脉络，揭示了人们对美好生活的向往是社会发展进步的深层动力。《"我"对新中国70余年来社会进步之观察》以实践调查的形式，呈现新中国成立以来我国社会主要领域发生的深刻变革，探究社会变革生成、展开的逻辑。该书选取四个主题，分别为反映人民生活水平提高的"民生社会"篇，探讨人们观念转变的"思想观念"篇，突显南京发展特色的"地域特色"篇，以及聚焦生态文明、精准扶贫等方面的"热点问题"篇。通过以上不同视角，在对社会变革的探究中，阐释中国特色社会主义发展道路之特色、中国共产党执政理念之优势、中国共产党带领人民取得的成就之伟大。《新时代高校校园生活变迁之研究》集结了当代大学生观察世界及其变化的系列研究成果，包括大学生对文化、教育、生活及热点话题等方面问题看法的调查研究，既有对传统校园生活各方面的关注，也有对西方文化及其现象的反思，更聚焦于当前校园生活的热点话题。这些研究成果，向我们展示了新时代青年的智慧与理性，彰显了当代大学生的批判精神和责任担当。

由于疫情等原因，丛书编撰、出版过程几次中断，但河海大学出版社的老师们始终没有中断编辑工作，对他们的辛勤付出，我们深表感谢！因为是学生的视角，有些论述不免稚嫩。老师们为保证丛书的质量，尽了最大努力认真修改，同时也做了一定的保留。因编写时间和水平有限，错漏之处也在所难免，恳请广大读者不吝指正。

前言：最深刻的人生无处不在

唯物史观指出，人民群众是历史的创造者。感受人民群众创造的历史，莫过于从了解家族史开始。宏大叙事固然必不可少，能够让人明晰历史的走向和社会发展脉络，但是大历史背景下的小人物命运，同样值得深刻发掘。在历史洪流中，没有哪两个人的际遇是完全相同的。这些不同的个体却又共同呈现、演绎了历史的发展进程。那么，不同的人如何书写出共同的历史？这是个有趣的议题。

因此，在"毛泽东思想和中国特色社会主义理论体系概论"课程中，我安排了"家族史汇报"这一课堂教学环节，要求同学们回顾自己家族的过往经历，写成一家之言，于课堂上进行分享。目的在于通过讲述自己家的故事，管窥故事发生的时代，进而了解不同的个体如何凝聚出我们整体的历史。汇报活动伊始，有些同学尚有顾虑，或不自信，又或者纯粹是谦虚，觉得自家的故事没什么好讲的，都是平凡人的平凡事。然而这种想法是失之偏颇的，因为每个家族都是一个传奇，每个传奇的背后都有一个故事。借用黑格尔的名言，"仆从眼中无英雄"，如果你觉得家族的经历很平淡，那可能是因为你缺少一双发掘家族故事的眼睛；如果你觉得家族的故事很普通，那可能是因为你尚未赋予其重要的时代意义。三年间，累计进行了一百多次课堂汇报，汇报者大多能够认真审视家族的过往经历，有些同学还录制了采访视频，获得了丰富、珍贵的第一手资料，他们成功地穿越时空，与前辈进行了一场跨越百年的对话，并阐释了对前辈奋斗历程的看法，以及对时代与人、国家与人之间关系的感悟。这些汇报充分地证明了一句话：最深刻的人生是无处不在的。

因此，我们根据同学们的汇报情况，挑选了三十篇家族史汇报，由汇报人整理成文稿，结集在一起，名为《跨越百年的对话："我"的家族记忆》。全书分为五篇，分别是"边陲往事"篇，收录了冷明慧、陈源等六名同学对祖辈扎根边陲、力行奋斗的历史钩沉；"流动记忆"篇，收录了尼玛巴姆、颜湘枝等六位同学的流动的家族记忆；"家国往事"篇，收录了徐叶涵、沈雪宸等六位同学对家国往事的采访与铭刻；"奋斗前行"篇，收录了黄晓菲、栾竣等六位同学精心记录的家族奋斗史；"追本溯源"篇，收录了李丹青、王倩等六位同学对家族本源与发展现状的调查与思考。各篇主题相异，但又主旨相通，用徐叶涵同学的话说，"传一家之史，承一国之情"，用倾听记忆片段的方式，窥伺整个时代的脉络。历史学家爱德华·卡尔认为，历史就是作为主体的人与研究客体间循环往复的对话。家族史也是如此，只不过对话者之间拥有亲缘关系、共情基础。因此，家族史的讲述对讲者和读者而言，更具有情感上的渲染力与思想上的感召力。上述三十篇作品即带有这一鲜明特点。

  同学们讲家族史的时候，我曾笑着说就喜欢听年轻人讲家里故事，因为可以把我拉回到过去的时代，听别人家的故事，感悟共同的历史。有同学曾接过一句，"那你也讲讲故事呗"。如今，这个机会来了。

  按说平时也好读史，整理自己的家族史理当手到擒来。但是，记录容易，书写甚难，与时代共鸣更难。诚然，很多年前曾系统地访谈过父亲，对他年轻时的部分经历进行了详细的梳理。至于姥姥家的故事，得益于母亲喜欢沉浸往事的习惯，所闻所记也不少。然而提笔在手，良久难置一辞，思绪万千不知从何说起。对自己家族过往经历的直观感受，有点像诗人笔下的俄罗斯：你不能用理性去认识它，不能用尺子去衡量它，只能去信仰它，去感触它。我的家族史是中国千万家庭共有记忆的一部分，它是普通的；我的家族史是众多独具鲜活个性的成员书写的，它又是与众不同的。对离家二十载的我来说，家族记忆已经有些遥远；但作为家庭生活形塑的产物，我又注定无法彻底脱离它。然而作为观察者和亲历者，我仍有义务把我所了解的家族历史记录下来。父亲在争辩时喜欢说一句话，"早晚会证明我是对的"。这句话的标准表述是：让历史来证明这一切。想要得到历史的验证，首先要把经历和记忆留存下来，因为时间才是最大的考验。当然，记录家族历史也不是为了证明什么，而是通过追忆与记录，实现自己同过去的自己和家族其他成员的"超时空对话"，升华对既往历史的感受。此外，也是向读者表明，我们的共有历史是如何由个性化的家族史所缔造的。

我的家乡，是河北省秦皇岛市抚宁县（现抚宁区）一个普通村子，就叫董村，离著名旅游胜地北戴河约40里，距山海关约60里。董村不大，合姓而居，大多是董姓。至于族源，跟书中好几位同学一样，属于山西洪洞大槐树移民，说不定五百年前真的是一家。村东有条河，叫洋河。记得本县曾生产一种名为洋河大曲的白酒，后来销声匿迹，据说是被今天的江苏洋河酒业买断了这个品牌名称。河对岸是个叫东桃园的小村庄，可能因村子种植大量桃树而得名。该村沿着河岸种植了几里长的桃树林，春天到来时大片的粉色桃花，拥河烂漫，颇有"桃花尽日随流水"的意境。20世纪60年代刘少奇的夫人王光美同志曾在东桃园村调研考察，随后形成著名的"桃园经验"，于史有载。村北有个小山包，山包上有晚商时期人类活动遗存。据我的小学老师讲，考古队曾对那里进行过发掘，找到了用石头磨制的纺轮等器物。隋唐时期这里曾建有一座龙崖寺，一度香火旺盛，也有些传说称北方民间神话记载的"秃尾巴老李"（一条黑龙）曾在寺后边的水洼里住过。后来寺庙逐渐毁弃，僧人全部散去。我的一个小学同学的爷爷，是其中一名僧人。依稀记得去同学家玩时，见到东屋炕上有名身形瘦小但精神矍铄的老者，手握念珠，在昏黄的灯光下聚精会神地打坐。听说王光美在东桃园村考察时曾去过龙崖寺，拍摄过一些照片，在档案馆有留存，只是尚无人考证，以至于龙崖寺传说中的千年古柏、弥勒大佛等只能留在老人们的追忆中。小时候在田地耕作，经常能刨出些瓦片，听母亲讲这里以前是"高丽"烧瓦的地方。上大学后了解到，在我国东北地区活动的高句丽曾短暂靠近过这里，那些瓦片或许与其有关。隋唐两代征讨高句丽，曾有几路大军从这里经过，也留下一些传说。站在村北高处，能清晰看到燕山山脉的余脉，蓝天白云巍巍青山，依稀可见峻峭山脊上蜿蜒迤逦的长城，那是明代戚继光主持部署的北方防线的一部分。实际上，这里在明代中晚期就是军事部署的前沿地带，很多地名都带有军事特征，如"留守营""驻操营""小营""战马王岭"等，甚至有些村子内部的区域仍保留有"教军场""营房"等称谓。

在去县城读高中前，我的活动范围基本就是这个小村子。当然，这里有河有山，乐趣颇多，倒也不觉闭塞。至今仍不时闪过再带儿子回去看看的念头，哪怕是跟他一起在田间地头溜达，抓个蚂蚱（也不知道现在还有没有），或到河边围观捕鱼。我的主要亲戚网络也集中在这里，除了几个叔叔、一个姨妈在另外的乡镇，父母双方其余的兄弟姐妹都生活在董村，往来很是热闹，平时互相帮忙，过年那几天会轮流置办酒饭。在宗族结构不甚明显的北方乡村，这种亲缘家庭的抱团生活十分重要。到了我们这一辈，由于我们基本上都选择走出村子，甚至天各一方，各方面的联系都慢慢淡化了。上一辈也逐渐老去，这几年大姨、小舅妈、大舅、大姨夫相继去世，过去的热闹只留存在记忆中，偶尔才会想起一些片段。

母亲和姥爷的合影

大舅善良勤恳，一生任劳任怨。各家相处久了，难免会积累些陈年旧怨，但我从没感觉大舅跟我家有任何嫌隙。大舅去世前，已是久卧在炕，和老舅在一起生活。我那年恰好抽出时间回到秦皇岛，便携妻子去看他。儿子人小跑得快，抢在我前边跑进大舅的屋子，没想到大舅虽然只在几年前见过我儿子一次，却认出这个小家伙，惊问他怎么来了？继而看到掀开门帘的是我，已是浑浊的双眼顿时放出光芒，饱受病痛折磨的苍老面庞满是笑容，欢快地像个孩子，说哎呀外甥回来了，便挣扎着直起半个身子。几个月后他便去世了，但每次忆及过往，大舅的音容笑貌仍仿佛就在眼前。

据母亲讲，姥爷一家是 20 世纪 30 年代从外村迁来的，大概是为了生计而流动。爷爷家则世代在此，祖上应该有些功名，因为据父亲说，过去家门口曾有过石狮子。爷爷兄弟三人，他是老幺，年轻时曾和大爷爷在东北经商，也曾在山海关经营店铺，新中国成立后，将店铺出让。当年他在山海关居住过的房屋和经营的店铺，现在仍保存完好，已然成为山海关旧城景观的一部分。那个时期，爷爷一辈的亲戚中有很多迁移到东北，后来我到长春读大学时还见到不少。爷爷则选择拖家带口回到董村，据我父亲讲，那时他12岁。巧合的是，母亲说她当年在河边玩耍时曾看到过父亲从桥上过河回村的情景，或许这就是命运的安排。

对于20世纪50年代初到70年代末的家族历史，用从破碎走向新生来形容比较合适。这一时期我国处在社会主义建设艰辛探索过程，在向往新社会的同时，也在对旧社会进行改造。在一波波社会发展浪潮中，有些家庭和个人的命运此起彼落，飘曳不定。由于家庭成分不好，爷爷的境遇并不顺利。父亲则为年轻付出了代价，妻离子散、家破人亡的故事在他身上逐一发生，但他仍带着剩下的两个兄弟挺了过来。读史，可以知道他们在那个年代遇到的挫折。但是我想，对父亲来说最大的冲击应当是家庭的破碎。记得有人说过，爷爷去世、奶奶带着三个叔叔改嫁后，其中两个十几岁的叔叔不愿意被带走，经常步行几十里回到董村，来找作为大哥的父亲。有一次父亲对他们说你们不要再回来了，一个叔叔当场哭了出来。亲而不得，痛莫大焉。和父亲相反，母亲年轻时可谓意气风发，家庭条件优越，闯劲十足。然而托尔斯泰说不幸的人各有各的不幸，母亲也有她不愿提及的地方。母亲认字比较早，很小就能读懂文字，有次偶然在家里看到一本她的母亲的日记本，现在仍记得开头一句是"人，一辈子会遇到很多困难"，最后一句是"我该怎么办？"当时自然是不知其意，就去问她的母亲。没想到她的母亲只是很吃惊地说了句"你居然能看懂"，而并没有解释什么，后来日记本也不见了。长大后母亲才慢慢知道了一些事情，但也并未详细了解。也许是各自都有不幸的遭遇，让父母亲两个人在

爷爷年轻时的照片

20世纪80年代初期走到了一起，开始了从破碎走向新生的过程。

这个过程的初始阶段，父母走得比较顺利。母亲比较勤奋，种地持家两不耽误。父亲天资聪颖，50年代读过完整的初中，善于观察和钻研，喜好无线电，学到很多当时在农村还很稀有的技能，成为经营机电维修的个体户，主要维修电机。我曾问过他是怎么学会的，他说就是拆开来逆向研究。小时候我也曾琢磨过电机，但那一团团线圈的绕法，看得我晕头转向，最后果断放弃。在我记忆中，农忙时期到我家来修电机的人络绎不绝，有时父亲根本修不过来，需要二十四小时连轴转。我半夜醒来，经常会看到父亲仍在给电机换线圈，豆大的汗珠从额头上不停滴落。靠着这些手艺攒下的积蓄，父亲盖起了新房，还是村里第一间钢筋混凝土打顶的房子。村里的第一台电视机也出现在我家。因为农村懂技术的人少，父亲在附近三里五村也有些名气，我上初中时，学校附近村子里的一些同学也会提到我父亲这个"修电机的"。父亲不仅精于专研技术，对种地也颇有心得。他买了很多农业书籍，掌握很多时髦技术。有一年村里水稻得了一种病，大概是缺硫酸铜导致的。村民都无计可施时，父亲通过看书，认为向水田倒入一定数量的硫酸可以治病，实践后效果很好，大家纷纷仿效。新型水稻脱粒机器，是父亲最先使用的；水稻抛秧技术，也是父亲在村里第一个尝试的。当然父亲的创新也不局限于此，他还研究过螃蟹的习性，用在河里布设栅栏的方式抓螃蟹。

这一时期的顺利起步，得益于改革开放后出现的一系列新变化。家庭联产承包责任制的实施，大大激发了农民种田的积极性和创造性，提高了生产效率。制度约束的放宽，个体户的出现，让像父亲这样的人能够凭借在农村的技术优势获得"第一桶金"。那时父亲的收入虽然不是很稳定，但总体还可以。记得有一年母亲跟人讲父亲收入不多，一年"才挣了三千块钱"。那时大概是20世纪80年代末吧，我倒觉得母亲的口气不像是诉苦而是在炫

父亲28岁时的照片

耀，现在来看其实并不少了。

如果说在20世纪80年代，父母凭借掌握的技术尚能在村里获得先发优势，那么到90年代以后，随着社会主义市场经济体制改革的进一步完善，越来越多的人走出了村子，享受到改革开放带来的好处，快速发家致富，父母曾经的优势便逐渐消失了。父亲也曾考虑过从事其他行业，他注意到计算机产业的兴起，尝试经营计算机业务，甚至到北京转了一圈，但由于对计算机缺少基本了解，且本地没有市场，最终赔了不少。其他尝试也没有达到预期，最终父亲选择到北戴河的疗养院机构打工，做电工，继续靠老本行吃饭。此后十余年，父亲陆续换了几个单位，都是做电工，离家都不远。家里的几亩田地主要靠母亲照料。这时候，家里其实已经走下坡路了。因为父母年纪渐大，靠打工和种地的收入只能维持基本生活，很难再像80年代那样积累财富。不是他们不努力，而是生活方式限制了他们的发展。历史已然昭示，每次重大政策、改革来临之时，都会迎来一次个人发展的窗口期，前提是能够把握住这个机会。80年代，父母把握住了家庭联产承包责任制实施后农村生产力大释放时期的机会，能够走在前列；但90年代市场经济体制改革进一步发展时，更多的人跑到了前边，他们已经被甩在了后边。这时村里好多人开始投身建筑行业，最开始自然是从打小工做起，但借助我国基建事业的快速发展浪潮，一大批人迅速致富，甚至完成从农村户口到城市户口的跃升。而父母年事渐高，无法走出农村换个机会更多的环境。即使专心在家务农，也越发艰难。那些年农业机械化程度还不是很高，需要大量人工劳作，我家土地有将近7亩，但只有父母两个成年劳动力。在父亲拥有独特技术价值而受村民尊敬时，尚能够用换工的形式找来足够的人手。渐渐地，父母年纪大了，即使是去别家换工也找不到人来帮忙，因为我家人少地多，帮我家干活太累。我的直观感受就是，读小学时，家里农忙会有很多人来帮忙；高中前后，主要是亲戚来帮忙；大学以后，来帮忙的人更少了。以至于在学校期间，我下决心从长春回老家帮助收秋。那次出了火车站直奔玉米地，看到父母带着满身碎屑蹲在地上慢慢地掰玉米棒子，晒得黝黑的脸庞上充满憔悴，但是他们看到我的瞬间又非常开心。

父母在种地过程中遭遇的困境，是农业机械化程度不足、严重依赖人工劳动力背景下，千百万老年农民群体以及小家散户所面临的共有问题。这个问题的破解路径说起来简单，比如花钱雇人，比如经营一个庞大、稳定的农村社会关系网，从而获得帮助，但实践中却不那么简单。我想，我家的解决之道跟很多其他家庭一样，那就是让下一代走出农村，走向更新、更好的发展道路。姐姐和我就是这样。当然，跟其他多子女家庭一样，我们的发展方向殊异，走出去的方式也不同。父亲爱好学习，痴迷读书，家里就是书多，而且种类齐全，这给我们创造了很好的学习氛围。但姐姐和我对书籍的态度全然不同，姐姐显然是没太大兴趣的，而我则很早就在父亲的启蒙下识文断字，并沉浸于书籍之中。吃饭也好，上厕所也好，手里都少不了一本书。上育红班（也就是学前班）时，得到一套《西游记》连环画，用几天时间看完并背了下来，课间讲给同学们听，后来还被老师喊过去给高年级讲。其他古今中外的书籍，尤其是历史著作也涉猎不少，从而成为同学们口中的"大白话"（特别能侃的意思）。对读书的强烈兴趣可能决定了我和姐姐今后人生路径的不同。还有就是，我很早就决定走出去，离开这个村子。记得大约是四年级，家里招待村支书，村支书的儿子是我同班同学，很会干活，而我则不如他，比如分不清稻子和稗子，甚至记不住自家的农田。家长们谈笑间都在夸奖同学农活做得好，要我向他学习。一开始我很是局促不安，只是低头吃饭，听他们称赞"别人家的孩子"，最后实在忍不住，抬起头说，"我干不好农活，那是因为我就没想在村里待下去"，顿时满座哗然，家长们似乎对我刮目相看。而从那以后，原本喊我小名的同学，开始一本正经地叫我的大名，并时常在学校里说那谁谁是要走的人！当然后来我们都离开了。

对我来说，读书几乎是仅有的一条能离开村子的通道，而姐姐没有走上这条道路。她在上初二那年，不幸被老舅家里的狗咬伤小腿，小腿肚上布满鲜血淋漓的孔洞，需要休息一段时间，后来就再也没去学校。此后姐姐便踏上了与父亲一起打工之路，艰辛奔波于家里和打工场所。那时辍学是很普遍的现象，我记得读初一时全年级277人，分成5个班，但到初三时则只剩下4个班。所以对姐姐的辍学，当时尚没什么特别的感觉，后来在吃到姐姐从十几里地外的南戴河骑自行车送回来的饺子时，在放学途中看到姐姐跟大表姐一起售卖电视天线时，逐渐体会到姐姐的艰辛、牺牲与奉献。好在姐姐逐渐稳定下来，也走出了村子，组建了自己的家庭，有了两个可爱的女儿。我则一路从初中升到高中，再赴东北读大学，毕业后远走他乡。

回顾我的家族历史，经历了从破碎到新生，再到通往更新发展的过程，两代人接力前行。之所以最开始觉得家族史难以骤然下笔，一是倍感历史的沉重，二是尚不知如何对长辈的经历做定论。如果一定要做定论，或许可以从代际责任的角度加以阐述。每一代人都有一代人的历史际遇，也有一代人的历史使命。父母这一辈人，摆脱了原本的破碎生活，借助时势重新缔造新生，并为姐姐和我这一辈奠定了发展的基础，可谓完成了历史使命。姐姐和我，各自走出村子奔向更广阔的世界，追求更大的发展，都没有停下脚步。可喜的是，这种对未来的追求依然在传承。大外甥女即将中考，她曾几次说希望能考个好高中，读个好大学，希望能考到舅舅目前所在的城市，或者舅舅所在的学校。我们尚在努力，下一代就已经跟了上来，没有什么比这个更让人感到幸福、自信的了。当前，中华民族伟大复兴已经进入不可逆转的历史进程，纵有艰难险阻也势必踔厉前行。为什么我们对实现民族复兴如此自信？因为这一时代洪流是千百万普通家庭的奋力勃发共同铸就的，它拥有最深沉的驱动力量。

从这个意义上说，每个家庭都是这个时代洪流的一部分，每个家庭都拥有最深刻的人生。

董大亮
2023 年 5 月

目录

总序
前言：最深刻的人生无处不在

第一篇 边陲往事

003　用纸笔记录光阴，书写三代人共同的爱
011　我素未谋面的爷爷
018　寻根溯源，探寻本心
026　幸福是奋斗出来的——我的家族史故事
032　奔腾大河，流经一隅祥静院落
038　生命的河——从"明水"到"天水"

第二篇 流动记忆

047　植根于国，成长为家
054　点亮城市，凝练生活
065　在这善变的人世间，我能看到永远
072　向阳而行——奋斗铸就的家族记忆
079　水底的故乡——忆家族移民史
087　从重庆到贵州：一部"走出来"的家族记忆

第三篇　家国往事

- 097　老家
- 104　颍淮河畔忆往昔
- 109　百年洪流下的家族往事
- 114　点滴家族记忆中的社会变迁
- 119　绚烂归平淡，真放本精微
- 125　读书改变命运，信仰照亮未来

第四篇　奋斗前行

- 135　苔藓家族，向阳而生
- 142　向命运托举抗争之剑
- 149　两个家庭的共和国故事
- 153　平凡日子里的光亮
- 158　传承家风，赓续使命——流淌于血脉中的晋冀精神
- 168　弦歌不辍，家国共灼

第五篇　追本溯源

- 179　故乡和他们的故事
- 189　追根溯源，探寻家族发展脉络
- 196　镰刀锤子马列人
- 204　薪火相传——我的家族故事
- 210　瞻彼日月，悠悠我思——忆我家族往事
- 215　迁徙为何，且吟长歌

后记

第一篇 边陲往事

本篇主要讲述新中国成立初期，军人、工人、教育工作者等不同群体响应国家号召，或为保卫边陲作出突出贡献，或扎根边疆、服务边疆的慷慨经历。他们以青春在祖国边疆书写可歌可泣的篇章，字里行间流淌着对祖国的热爱。

用纸笔记录光阴，书写三代人共同的爱

冷明慧

大连，位于辽东半岛南端，三面环海，有着中国沿海城市中最漫长的大陆海岸线。大海孕育了城市，养育了这里的人们。大连与隔海相望的胶东地区有着极为深远的渊源，双方的往来早从隋唐时期就开始了，从一开始皮货生意往来，到后来胶东地区的人们到大连躲避灾害、开荒种田、出海打鱼。据不完全统计，眼下的大连人八成是"闯关东"的后代。就像我的家族，80岁的姥爷和74岁的姥姥，一个是大连本地人，方言称"此地巴人"；另一个则是"闯关东"的后代，方言称"海南丢儿"。

每年清明节，我总要随父母去家族墓地清扫整理。看着那一阶阶排下来的墓碑、坟冢，细数起来，我已经是这个庞大家族可以理得出脉络的第七代。家是国的缩影，更折射着时代。我的家族历史，没有波澜壮阔的震撼故事，亦没有了不得的卓越人物，族谱也已经遗失，但是祖辈们认真生活，努力经营着一个个温暖的小家，他们的人生始终与中国社会同呼吸、共命运。

姥爷说："个人生活离不开时代，时代为个人安排了命运。我们得努力适应时代，才能在时代中生存、成长。"在与姥爷张福麟的对话中，我渐渐回溯了他80年的人生故事，窥见了时代风云下的个体命运。

一、从佳木斯到大连湾

1904年2月，日俄战争爆发。1905年9月，战败的俄国将中国旅顺和大连的租借权转让给日本。从此，大连地区被日本殖民统治长达近40年。日本人在大连开设了殖民学校，教授日语、财会专业的相关知识，学生毕业后，由他们来分配工作、安排去向。

太爷太奶（姥爷的爸爸妈妈）出生在大连湾地区。这个昔日繁忙的渔村，其实是现今大连市区的发祥地。太爷家以种地为主，家里攒了不少地。太奶家则养了渔船，以打鱼为生。20世纪30年代，太爷在大连市商业学堂（一所日本人开办的殖民学校）

财会专业读书，因为学习成绩优异，毕业后被分配到"满洲中央银行佳木斯分行"。太爷 18 岁、太奶 21 岁时，两个人举办婚礼，随后两人离开大连，去了遥远的黑龙江省佳木斯市。1941 年 4 月，家里的长子——我的姥爷，出生在那里。太奶小时候亦上过小学，读了五年书，也学会了简单的日语，甚至能跟来当地所谓"垦殖"的日本人进行交流。

1943 年，太爷的父亲写信要求唯一的宝贝儿子和孙子回大连。父命不得不从，太爷带着妻子与儿子回到大连，就职于日本人开办的一家建筑公司，从事的还是财会老本行。两年后，大连地区解放，日本企业纷纷关门，太爷也就暂时没了工作。于是太爷带着一家人从大连城区回到金县前关村，和老太爷一起种地。

在农村，老太爷家属于条件好的。姥爷记得，小时候家里有七间正瓦房，东西各三间厢房，还有地窖，有马和骡子，养了许多鸡鸭，还有一台农用胶轮车。家里有大约四十亩地，雇了几个工人。

姥爷是长子长孙，深受老太爷宠爱。在前关村，姥爷度过了一段朴实而快乐的时光。跟着老太爷，他学会了清除杂草、浇菜和种向日葵，认识了小葱苗、蒜苗、地瓜苗、花生苗，看到了牵牛花、樱花、迎春花；夏天在海里游泳解暑，冬天打雪仗堆雪人；白天追着蜻蜓和蝴蝶跑，晚上和小伙伴们一起抓蟋蟀和蝈蝈。大自然成了姥爷的"启蒙老师"。

姥爷还割草换钱，把草卖到苏联兵营，用换来的钱买《中国少年报》。童年的劳动、朴实的乡情、自然的风光陶冶着姥爷的情操，这段童年时光成为他宝贵的精神财富，也为他日后创作农村题材作品积累了丰富的素材，启蒙了他对文学的热爱。

姥爷清楚地记得，1945 年夏天的某个夜里，睡梦中的他被远方传来的哭喊声惊醒。长辈告诉他，这是战败投降的日本人在哭。他们赶不上离开大连的火车，就背着行李沿着铁路拖家带口边哭边走。"那时候我还小，记不得他们要走到哪里去，可能是大石桥火车站。"姥爷回忆道。

那个夏天，还有一件事令他印象深刻——他第一次见到了"老毛子"！骑着高头大马的苏联兵来到家里，看到当时只有 6 岁的小男孩儿，也许想起了自己的孩子，他们一把将姥爷抱起来抛到天上再接住，想要逗他开心。但是姥爷心里慌得不得了，却不敢哭喊。

苏联兵拿起饭桌上的白酒一饮而尽，看到白灰糊的天棚上有几只苍蝇在飞，抄起枪顺手打了一梭子。年幼的姥爷被枪声和苏联人一系列的举动吓傻了。这经历牢牢印在他脑海里，他至今还清楚地记得每个细节。

二、姥爷"最亲爱的人",是做志愿军的表哥

在前关村住了几年后,在太奶的劝说下,太爷离开家到大连罐头食品厂做会计。不久后,姥爷和太奶也来到大连市内,还在上小学的姥爷转学到大连市沙河口区香炉礁小学念书。其间,参加了中国人民志愿军的表哥的故事令他记忆犹新。

姥爷的姨家表哥加入志愿军后,回国执行护送伤兵的任务。办完公事之后,他来到香炉礁小学想要找到姥爷,却只知道姥爷小名。于是教务处的老师只能挨个班级去问:"谁是张福九(姥爷小名)?你哥来找你了!"当姥爷听到表哥从朝鲜回来就在学校里后,兴奋地冲到教务处。站在姥爷面前的年轻人穿着马靴和志愿军军装,身上斜挎一个皮包,腰上还别着一把手枪。"同学们都羡慕我,那感觉太骄傲了,当时都说志愿军是我们最亲爱的人。"姥爷的表哥怕引得父母担心难过,不敢回到自己家,转而来到他的三姨也就是我的太奶家,掏出自己的怀表交给太爷太奶,郑重地嘱咐他们,如果自己牺牲了,就把这块表交给自己的母亲(太奶的姐姐)。令人高兴的是,1955年,英雄的表哥胜利归来,被分配到金州重型机械厂做管理干部。

1958年,大炼钢铁运动如火如荼地在中国大地上开展,人们热情高涨,男女老幼一齐加入炼钢大军。姥爷也不例外,正在读高二的他参加了学校组织的大炼钢铁活动。学生们住在大连周边农村地区的山上,用山上开采出来的"铁矿石"土法炼钢。炼钢很辛苦,有时候要干到深夜;回到学校还要进行思想学习。一周后,炼钢运动结束了,姥爷开始专心准备高考,期待去大学读书的美好生活。但因为出身问题,虽然姥爷成绩优异,却未能参加高考,他与大学就这样失之交臂。

1959年,高中毕业的姥爷不得不参加工作,被分配到了辽宁省外贸局大连分局。第一年,姥爷心里始终憋着一股劲儿——他还是想考大学!1960年,喜欢读书的他下定决心辞职,准备通过"社会青年高考"的路子考大学。令人意料不到的是,就在他辞职后不久,国家取消了社会青年参加高考的政策。不仅如此,正值三年困难时期,为了补贴家用、维持生活,他只得重新找工作,好不容易成为大连造船厂、大连机床厂红专学校兼职代课教师,教工人们利用下班时间学习红色思想。

其间,粮食供不应求,定量减少,工人们温饱都成问题,哪里还有学文化的精力?两三年后,红

青年时代的姥爷

专学校难以为继，包括姥爷在内的一众教师失业。再后来，他应聘到大连组合机床研究所，成为一名绘图员。

三、教书育人，一个都不能掉队

1969年，姥爷结婚后不久，便带着姥姥一起走上"五七道路"，从大连市下放到庄河镇观驾山乡石山公社石灰窑小队，接受贫下中农再教育。

如今的我无法想象在那个"唯出身论"的时代，作为山东逃荒来大连、贫下中农后代的姥姥，要嫁给"出身不好"的姥爷，需要怎样的勇气。他们在农村经历了艰苦的落地过程，总算慢慢扎下根来。没干过多少农活的姥爷拿起了锄头，学村人模样种庄稼，姥姥也学会了在河里洗衣服，上山搂草烧炕……农活间隙，满肚子墨水的姥爷喜欢给村里的孩子讲《三国演义》，讲《水浒传》，孩子们则奔走相告："城里下来一个知识分子，故事都在脑袋里，不看书就能讲呢！"渐渐地，"张福麟"这个名字，在公社里传开了。

1970年的一天，石灰窑学校主任和贫下中农管理学校代表（简称贫代表）找到姥爷，邀请他去学校教书。就这样，姥爷成了一名民办学校教师，负责教七年级数学和工业基础知识，还当起了班主任。

农村孩子普遍读书晚，加上受各种运动的影响，学校一度停课，不少孩子十六七岁才读到七年级。姥爷的班上就有位姓闫的女同学，十七岁才上初一。一天上课时，姥爷发现她没来，班上的同学说，闫同学爹妈要她去相亲，不想让她继续念书了。才十七岁就不念书了，姥爷很着急。为了方便沟通，第二天一早七点多，姥爷和一名同为大连下乡来的女老师，走了三里路，来到闫同学家做家访。当他们找到闫同学时，发现她正在井边洗菜，准备中午相亲后的午餐。姥爷让女同事出面，问闫同学愿意读书还是愿意结婚。闫同学说："俺不乐意结婚，俺想先念书。"两位老师心里有了底。

闫同学的相亲对象在当地石灰厂上班，一个月能挣三十元钱，当天定在十点多上门。姥爷和同事赶紧回学校，找到贫代表汇报这件事，请他出面帮忙"教育"家长。三位老师又走了三里地回去，用"贫下中农子弟都要上学，一个都不能掉队"和"破四旧、立四新"的革命口号，还有闫同学没达到法定结婚年龄的事实，向家长、媒婆、相亲对象讲述利害关系。相亲男明白了闫同学的意愿，同意"婚事"作罢，闫同学回到学校，继续读了两年书。由于她积极学习专业知识，表现优异，学校同意她加入共青团，又推荐她到信贷社工作。再后来，闫同学进了城，在大连安家落户，结婚生子。

在2012年的校友聚会上，当年的闫同学特别感谢姥爷和另外两位老师在40多年前用往来奔波的十二里路，改变了自己的命运。

姥爷对学生关爱有加，也对两个女儿从小就进行家庭教育。过年的时候，姥爷会给三

石灰窑学校师生合影（二排左六为我的姥爷）

岁的大姨、一岁的妈妈讲年画上的故事。姥爷回忆道："当时给你大姨讲样板戏《白毛女》的故事，你大姨还直掉眼泪。"姥爷还用草纸订了个本子，专供大姨涂涂画画，大姨也照着小人书画得有模有样。一次姥爷回到家，看家门口围着一群人，走近了一看，原来是大姨撅着屁股，拿根棍在泥地上画画，引得知青和社员都来看。"可惜那个时候没有兴趣班，不然你大姨静下心来好好学一学，现在能画得更好。"姥爷惋惜地说。

姥爷下乡后的第二份工作，要从"乡工业"说起。当时公社冶金厂高炉损坏，需要设计图纸来重修冶金高炉，可是找遍了公社里的人，谁也没有画图纸的技术。在大家一筹莫展的时候，姥爷凭借自己高中学过的工业知识和以前在机床研究所上班的经验，成功画出了工厂需要的图纸，这让大家很是惊讶。这位有才能的年轻人，随之被从石灰窑学校调到"乡工业"。

全国人民都在"农业学大寨"时，石灰窑生产队也在努力攻克"荒滩修大坝"的难题，修建大坝阻挡海水，围海造田。姥爷亲眼见证了这一工程从无到有、从荒芜的泥滩到丰收的麦田的景象，工程规模之大之难之壮观，激发了他创作的欲望，于是写下了《金海的变迁》一文。

"坝外是蓝色的大海，坝内是金色的麦浪……"这篇 3 000 字的文章被《辽宁日报》刊登后，张福麟在公社彻底出名了。文章中的人物"刘书记"，也成为姥爷的绰号，大家见了他不喊本名，而是叫他"刘书记"。而后他又参加全市征文比赛，在《辽宁新农业》《辽宁日报》等刊物上发表文章，并被正式调到公社报道组。

四、文字，成为我家三代人共同的爱

1975 年落实政策后，姥爷一家四口从农村搬到庄河镇。姥姥在庄河镇被服厂工作，姥爷则来到庄河县东风小学，除了教书，还负责校宣传队剧本、歌词、朗诵词和快板书的创作工作。1976年9月9日，大连人民文化俱乐部举办文艺会演，这次会演规模较大，庄河县、金县、复县、旅顺口、长海县的学校均参与其中，姥爷作为带队老师，组织庄河县东风小学的学生们参加比赛。姥爷之所以对这一次会演记忆深刻，是因为那天是毛主席逝世的日子……

1978年，大连市举办全市性主题征文，姥爷创作的小说《又是一代人》获得一等奖，不但在文学月刊《海燕》上发表，还在广播电台里播讲。20世纪80年代是中国文学的黄金时代，人们开始认知自我、解放个性，"反思文学""寻根文学"盛行，很多地方都在举行"笔会"与"文学创作班"，以此发现和培养作家。因为发表了多篇优质小说，姥爷颇受瞩目，辽宁文学院刚一成立，他就作为首批学员来到沈阳，进行了为期一年的深造。

回到大连后，姥爷继续写作、参加笔会，成为大连市作家协会和辽宁省作家协会会员，小有影响力。

全家福（一排左二、左三为太奶、太爷，右三为姥爷）

在庄河生活了16年后，全家人于1985年回到大连市内。姥爷调入大连市物资回收供销总公司，在办公室工作。虽然干的是枯燥的行政业务，但他却有一颗文学创作的心，他陆续到鞍山、成都、山东等地参加文学笔会，创作了多篇小说，特别是其中的"珠"字系列，写的便是刻入他灵魂深处的农村生活记忆，那里的人和事……20世纪90年代初，姥爷还曾担任大连市西岗区人大代表，积极参与社会事务管理。因为工作的关系，他经常到全国各地参观学习。有一次去深圳出差，亲身感受到昔日的小渔村如何在改革开放政策指引下，快速发展成为国际化前沿城市，姥爷深感思想解放、经济开放对于社会发展的重要性，他的写作题材也从农村转向城市发展、企业改革、人际关系上来。姥爷的创作进入了丰产期，他的小说陆续发表在《海燕》《鸭绿江》《芒种》《小说林》《萌芽》《上海文学月刊》等全国各地文学杂志上，其中《小石桥》在《作家》上刊登，代表着得到当时最高水准的文学杂志的认可。

受姥爷的影响，大姨从小到大一直热爱文学。从辽宁师范大学毕业后，她先是在金石滩度假区工作，几年后砸掉"铁饭碗"，应聘大连晚报社，成为一名记者。从事新闻工作22年来，大姨采写了很多具有影响力的报道，先后赴香格里拉无人区、南极、非洲等艰苦地区采访，长期关注服刑人员子女、贫困大学生、打工族等弱势群体，还成为2008年北京奥运会火炬手，获得辽宁省优秀新闻工作者、大连市劳动模范等荣誉称号，成长为一位新时代的巾帼媒体人。

1999年，58岁的姥爷为了替大姨消除后顾之忧、照顾心爱的外孙而提前退休。脱离了工作岗位，却没有扔下对文学的热爱，姥爷依然喜欢爬格子。只不过，虚构的小说创作变成真实的生活散文，从幼时的田野记忆，到年轻时的乡下生活，直至成为姥爷后的隔辈亲，都成为他的创作素材，化成一篇篇韵味悠长的散文，出现在报纸杂志上……如今他已经80岁了，依然是个头脑敏捷、记忆力超群的"文艺老头"，不但笔耕不辍，还紧跟时代，学会了网上冲浪，时不时跟在日本东京、中国南京两地读书的外孙、外孙女视频，更会通过"微信运动"掌握全家人的动态，随时表达他对家人的关心与爱……而我，也继承了姥爷基因里对文字的热爱，在进入河海大学后不久，成为一名校园记者。

五、结语

在波澜壮阔的中国历史进程中，有着无数引人注目的节点，比如中日甲午战争、抗日战争、开国大典、知青下乡、改革开放、北京奥运会等。正如一滴小水珠可以折射太阳的光辉，姥爷80年的人生经历其实正是14亿普通中国人的命运缩影，记录了中国社会发展的轨迹：从东北沦陷时期出生在佳木斯，到在大连市内拥有了属于自己的宽敞的单元房；从在大连湾老家跟着爷爷学种地，到退休后帮助女儿照顾外孙、外孙女；从由于出身原因与大学失之交臂，到坚持文学创作拥有自己的精神体系；从以"五七战士"身份在生产队里教书画图，到回连后成为区人大代表；从凭粮票布票生活，到生活富足……家是最小国，国是千万家。正是千千万万滴"小水珠"艰苦奋斗、砥砺前行，才汇聚成了推动国家富强的时代巨浪，铸成今日中国的伟大。

在中华儿女身上，家国情怀一直深藏在基因里、流动在血脉里，不被时间冲淡一分，继承千年而不变；不被距离减弱一毫，远离故土亦不改。新一代青年们自当勇立潮头，成长为一朵在时代江河中奔涌的浪花！

我素未谋面的爷爷

陈 源

百年浩浩奋斗路，盛世华夏似星河。伟大的中国人民在红旗的指引下，艰苦奋斗，勇于开拓，已然能平视当今世界。家是最小国，国是千万家。当今中国如一团炬火，熊熊燃烧于世界东方，倘若我们凝视这火，即可发现其中亿万如耀星般灿烂的中国人民正奋斗着、建设着、捍卫着这耀世之光；而这光也温暖、呵护、造福着这伟大的人民。我们每个人都是伟大复兴梦中的星星，承自祖辈，也必将继承兴盛于后辈中华儿女。我的家族也不例外，也正如其他万千家族一般，是这浩瀚星河中的一员，依靠着这团炬火，又燃烧奉献于它。

一、参军入伍，血战南北

1922年，放眼全国，中国依旧处在军阀混战、内忧外患的危急时刻。2月，华盛顿会议拒绝中国要求废除"二十一条"的要求；4月，第一次直奉战争爆发；5月，孙中山再次下令挥师北伐；6月，陈炯明炮击粤秀楼……那时的中国可谓上下震荡，哀鸿遍野，在列强制造的陷阱中越陷越深，无法自拔。正是在如此危机四伏、动荡不堪的时代，我的爷爷在山东武城广阔的盐碱大地上出生了。

我的爷爷名叫陈兆成，旧时家中以烤酒为生，略有积蓄。后因武城县连年大旱，先祖无力仅凭薄地几分来维系一家之生计，因此爷爷随几位长辈踏上了"闯关东"的征途。由于年代已久，这段故事早已淹没在浩浩历史中，如今家中长辈回忆起来，也只是略知一二。他们只记得从前爷爷常说："东北的黑土地很肥沃，种啥长啥，丰收时，整个东北都是香的。"是啊，在那个年代，有地就有希望，有地就有生活。

爷爷他们经过几年的努力打拼和辛苦劳作，凭着从老家带去的一点积蓄，慢慢拥有了自己的土地，也渐渐稳定了下来，有了不错的收入。但游子远闯，终须尽孝，长辈们商量着让爷爷随其父一并返回武城，赡养家中老人。另外两位祖父继续留在东北打拼，每月给在老家的爷爷寄些钱款，让其代为尽孝，使老人安度晚年。

可是，他们没有料想到日本侵略者的狼子野心如此之大，在强占东三省后，于1937年7月7日悍然发动"卢沟桥事变"，开启全面侵华战争。日军如疯狗般向南撕咬，于1940年2月22日攻占荣成县，至此山东全境沦陷，浩浩齐鲁大地就此血流成河，哀鸿遍野。这时，有一道光出现了，虽然它还只是星星之火在山东各地闪烁，但它终究是一道明亮温暖的光，在硝烟弥漫的至暗时刻，撕破黑幕为沦陷区的人们指引方向，它就是共产党领导的"八路军武工队"。就是在那时，我的爷爷为了保卫家乡，保卫那一寸寸充满希望的土地，加入了"八路军武工队"，成为一名八路军战士。可那时苦呀！部队时常吃不饱，穿不暖，更别提武器装备了。所以在第一次战斗时，我的爷爷只有大刀一把，手雷一枚，但他也不怕，只顾冲锋杀敌，第一次战斗就消灭了两个敌人，缴获步枪两把，终于有了自己的枪。但是有枪之后，更大的问题出现了——上哪儿弄子弹？单凭缴获和供给，总共也没几发，虽说有枪，但没子弹，腰杆子也硬不起来，那怎么办？爷爷回忆说："你别看当时咱那子弹袋总是鼓囊囊的，但里面没东西，就是些掰断的秸秆塞里面，装个硬气！"

千千万万和我爷爷一样的普通战士，穿着粗布短衣，吃着薄饼野菜，身背长矛大刀，手握短枪利刃，在广阔的齐鲁大地上打游击、炸铁路、趴雪地、斗倭寇。1945年8月15日，日本终于宣布无条件投降。十四年来，阳光第一次穿透笼罩在中国大地上的硝烟，温暖着万千生灵，照耀着万物复苏。

可这时，人们不知道一场新的战争正在中国大地悄然酝酿。1945年8月14日至23日，蒋介石连发三份电报，邀请毛泽东到重庆共商"国际国内各种重要问题"。我党在谨慎考虑后，站在人民群众期盼和平的角度，毅然派出毛泽东、周恩来、王若飞三位同志深入敌穴，与虎共议，最终在10月10日与国民党达成"双十协定"。但这只是国民党摆在桌面上的缓兵之计，暗地里国民党调集百万大军往北境压去。终于，1946年6月26日，国民党在美帝国主义的支持和怂恿下，公然撕毁早已破败不堪、名存实亡的"双十协定"，大举进攻中原解放区，就此全面内战爆发。

当时摆在我爷爷面前有两条路：一是领取补贴奖励，回家种地，赡养老人；二是拿上枪，加入大部队，继续向南，解放全国。一开始，爷爷参加八路军的目的仅仅只是保卫家乡的一寸寸土地，使其免受日寇玷污，现在日寇被赶走了，按理说他也该回家了。但是，爷爷并没有选择回家，而是毅然决然地加入大部队，继续随军南下战斗。这是因为在抗日战争时期，他亲眼看到千万农民得到了自己的土地，千万底层群众也终于翻身做了主人，他们的欢声笑语使他感悟到共产党的初心是为了解救千千万万劳苦大众，党的事业是为了解放数千年来被压迫的底层人民。而正是在那些笑容中，我的爷爷明白了，他所付出的一切都是为了拯救千千万万和他一样的劳苦大众，而他所做的一切都是为了更伟大的解放事业。

于是他加入了第二野战军17军49师145团，正式成为大部队中的一员，成为革命事业中的一名水手。他随部队先后参与了"鲁西南战役""千里跃进大别山""淮海战役""渡江战役""解放南京""解放大西南"等战役，一路穿过枪林弹雨，跨过深壕血坑，最终到达贵州。就在那时，中华人民共和国成立了！中国人民终于在经过十四年抗日战争和三年解放战争后，迎来了红遍东方的骄阳烈日。当初的星星之火如今已成燎原之势，鼓舞着千百年来被压迫在社会底层的劳苦大众，他们第一次真正站立起来，成为国家的主人！

二、剿匪除暴，风骨长存

新中国成立后，我的爷爷留在了贵州，协助地方党组织建立并巩固新生政权。新中国的大地上，一切都是那么朝气蓬勃，一切都是那么充满希望。可是，就在新中国成立的第二年，西方列强再一次如豺狼一般聚集起来，开着军舰，架着大炮，重返亚洲。无数的子弹、炮弹如雨点般倾泻在朝鲜半岛，将其燃成一片火海。可他们的野心远不止于此，转眼间朝鲜半岛上的硝烟弥漫到了东北，帝国主义的飞机再次出现在新中国的上空，割开了中国人民初愈的伤口；西方列强的炸弹再次呼啸着插入中国大地，血淋淋地揭开了中国人民的一道道伤疤。面对如此猖狂残忍的挑衅，无数中华儿女为了保卫新生的人民政权，为了保卫先辈用血肉换来的新生活，毅然加入志愿军"抗美援朝，保家卫国"！

1949年，国民党部队在西南地区即将溃败之际，蒋介石下令向西南云贵川地区派遣大量特务，扶持和

身着军服、佩戴勋章的爷爷

发展地方性反动武装，妄图以此为后路，使我党难以在该地区建立稳固政权。因此抗美援朝战争爆发后，在国内部队大量调往朝鲜战场浴血奋战之时，土匪、国民党残余部队等一股股反动势力再次活跃起来，在云贵川各地区卷土重来，妄图自立山头，占山为王，威胁新生政权。因此，从1950年至1953年，中国人民解放军西南军区所属野战部队和地方武装根据中央指示，在川、康、黔、滇等地区开展了剿匪作战，先后派遣第3、4、5、18兵团和西北军区第2兵团第7军，共计13个军部、37个师以及2个团的兵力，按照区域划分，负责各地区的剿匪战斗。其中第18兵团负责平定川西、川北和西康地区匪乱；第3兵团负责扫除川东、川南地区匪徒；第4兵团以及滇黔桂边纵队进入云南地区开展剿匪作战；第5兵团除第18军执行进军西藏任务外，其余部队前往贵州巩固新生政权。也就是在那时，我的爷爷再次投入了保卫祖国的战斗。

在爷爷参与的数十次剿匪战斗中，盘县亦资孔区土匪暴乱最为血腥惨烈。当时，数量众多的暴徒攻入该区，并在区政府内残忍杀害包括区长在内的各级政府人员，该地区一时陷入暴徒杀戮的血腥恐惧之中。爷爷所在的部队接到命令迅速集结赶往亦资孔区。

贵州西南部以高原山地为主，崇山峻岭，密林丛生，山崖陡峭，河水湍急。想要在其中行走非得手脚并用，胆大心细，时而于云中穿行，时而于深谷潜行，时而入洞穿山而过，时而蹚水越河而行，故有民戏曰："天无三日晴，地无三尺平。"因此部队到达集结地后，并没有贸然出动，而是派出了多名侦察兵，乔装打扮前往亦资孔附近区域探明情况。战士们在密林中穿梭，不仅要眼观六路记录地形路线，提防土匪巡逻，还要耳听八方时刻小心树林中随处可见的毒蛇、毒虫，一步深一步浅地在潮湿阴冷的森林中快速前行打探敌情。可即使战士们都是身经百战、一路随军南下战斗的侦察好手，但面对如此严峻的生存环境，其中一位还是不幸被俘。由于那位战士是北方人，为了不暴露身份，从而让敌人知道部队的来源，他忍辱负重装作哑巴，一言不发。但穷凶极恶的土匪咬定他是解放军的侦察员，对其施加重刑，试图从他口中挖出部队信息。可他们不知道真正的战士到底拥有多么强大的信仰！他们无论遭受到怎样的严刑逼供，都咬紧牙关，宁死不屈。土匪使尽招数，也不能从他口中得到半点信息，于是他们放弃了。

那位战士最终牺牲了，在离家千里之外的深山之处、密林之中牺牲了；在一个没有家人陪伴的异乡，头顶着繁茂的树叶，脚踩着潮湿的土地，身穿着褴褛的衣裳，坚定地望着远方，任那挤过树叶缝隙、如星火般的暖阳洒在脸上，带着满身的血和一身的光辉牺牲了。战斗结束后，部队审讯俘虏得知，土匪们在杀害那位战士前问他，有没有什么遗愿？那位战士才慢慢地说出了他被俘数日来的唯一一句话："把我杀了放在路边，会有人来收的！"

平息亦资孔地区的匪乱后，为重建和巩固当地政权，我的爷爷留在了亦资孔区，任当地武装部部长兼区长。而就是在那段日子里，我的爷爷认识了我的奶奶——罗成雕。我的奶奶出生于一个普通家庭，祖父是当地的教书先生，所以奶奶有一定的文化，并在 1950 年加入革命工作，负责土改相关事宜，后被推选进入党校学习。奶奶毕业后被分配至亦资孔区妇联工作，也就是在那儿结识了爷爷，并与爷爷结婚生子，育有七个子女。奶奶一家人同样也是为国家抛头颅、洒热血。奶奶的哥哥曾参加抗美援朝战争，隶属于北京军区 38 军坦克部队；奶奶的弟弟也同样加入了部队，成为云南边境上一名光荣的戍边战士。

爷爷奶奶早期的家庭合照

在亦资孔区政权完全稳定之后，组织上问爷爷，是想留在当地继续做官，还是回到部队去。爷爷回答说，他早已习惯部队的生活，部队的精气神早已刻在骨子里，所以还是回到部队去吧。因此，我的爷爷被调往兴义市军分区，分管军用物资。爷爷平日事务繁多，所以奶奶放弃了工作，随部队一并前往兴义，一心一意地料理家中事务，成为一位优秀的军属。

日子就这么一天天地过去了，孩子们也不断长大，一切好像都归于平静祥和。但后来，社会出现了一段时间的动荡。这股风暴席卷全国各地，就连我们那个小县城也未能幸免。一天，一群"造反派"来到军分区武器库前，将仓库团团围住，要求爷爷把仓库打开，让他们取出武器进行"武斗"，但我的爷爷没有答应，更派出士兵保卫仓库。后来，那群人无计可施，只能离开。

我的爷爷一生为国家浴血奋战，始终对党忠诚、坚持信仰，未曾向家人提及往日战功半分。1983年7月，疾病夺去了他的生命，他的戎马一生也就此画上了句号。爷爷去世后，部队为他举办了隆重的追悼会，并为他写下挽联："打江山英勇顽强战功卓著，为人民勤勤恳恳任劳任怨。"

葬礼那天，一家人来到爷爷的墓前。七月的阳光如火一般热烈，从天空直射下来，打在树梢，挤过叶间的缝隙，如星火般印在爷爷的墓碑上。墓碑的一侧刻着记录爷爷一生的文字，青色墓碑血红的字——陈兆成，1922年生于山东武城，第二野战军17军49师145团，团职，荣立一等功一次，二等功四次，三等功一次。

爷爷一生征战，离乡后至死再未归去。从前父亲曾问他，为何不归乡？爷爷只说："当年和我一并离乡打仗的乡亲们都已牺牲，独留我一人。我回去了，要是他们的家人问起，我该咋回答呢？"

是啊，该如何回答呢？他们那一代人，少时离家，为了这个处在水深火热中的国家，抛头颅，洒热血，走过枪林弹雨，跨过炮火连天。他们中的大多数人倒下了，倒在不知名的异乡，无人知晓他们的名字，更无人记得他们从何处而来。只知道他们就是人民解放军。

战场上，枪炮无情，生死难测，那些没倒下的是英雄，那些倒下的也同样是英雄。可如今我细细想来，又感觉好像从未有人倒下，因为每当我想起那段历史，心中总有一团炬火燃起，而就在那时我忽然明白，那团炬火正是无数英雄的魂魄，他们未曾远去，他们一直在人民心中。

三、故祖仙去，衣钵长存

爷爷的一生几乎是在部队大家庭中度过的，因此我的父辈深受部队精神的感染，从而热心奉献，踊跃地投入祖国各行各业的建设，并谨记爷爷的告诫："要自力更生，不要依赖家庭。"

我的二伯　　　　　　　　我的三伯

在爷爷的影响下，我的大姑在改革开放后积极投身商业领域，成为贵州省第一批优秀女企业家。我的二伯、三伯参加对越自卫反击战，不怕牺牲，随部队前往一线作战，其中二伯更是加入特务连，深入敌群保家卫国。我的六伯考入了昆明陆军指挥学院，后进入贵州省军区工作，晋升至中校军衔，主要负责各高校的军训工作，还获得"全国全军军训先进个人"荣誉称号。我的父亲在家中排行第七，是最小的孩子。爷爷去世时，父亲年仅十三岁。虽然家中的哥哥姐姐都已长大成人，但在当时国内经济尚不发达的时期，他们的收入也只能满足自己的开销。而我的奶奶在与爷爷结婚后，就放弃了工作一心投入家庭。爷爷去世后，我的父亲只能与奶奶相依为命，靠着部队发放的抚恤金，过着简朴但却幸福的生活。慢慢地父亲长大了，也投入了祖国建设的大潮，成为一名普通工人，认真负责地完成各项工作。他虽未曾参军入伍，却始终保持着一种军人的气质。

四、结语

我未曾见过爷爷，也未曾到过山东老家。我记忆中的爷爷停留于那一张张穿越历史长河的黑白相片，止步于父辈们口中那一段段平凡却又生动的故事。但是我好像又见过爷爷，因其一言一行是如此清晰地印照在父辈身上，更因其坚韧、博大、忠诚、坚定、奉献的精神告诫着我要一往无前，忠于祖国，奉献人民。我们流淌着同样的血液，我们的血液中蕴藏着同样的魂，爷爷没有离去，爷爷就是我们一家人。

抗日战争、解放战争的烽烟已经散去，中国人民已然不是百年前任人宰割的"东亚病夫"。中国人民正在中国共产党的领导下,创造了人类历史上一个又一个奇迹。但是我们不能忘记曾经深重的苦难,不能忘记先辈的浴血奋战。因为在这个纷乱复杂的世界中,丛林法则依然存在,在经济、政治、军事、科技、文化等各领域,战斗还在继续,斗争更加残酷。我们要从祖辈、父辈的手中接过火炬,成为一颗颗新的耀星,紧紧环抱,让世界东方这团炬火生生不息,熊熊燃烧,温暖世界。倘若如此,我们的先辈便不会离去,因为他们便是我们,我们便都是这新世界的创造者!

寻根溯源，探寻本心

刘竣宇

参天之树，必有其根；怀山之水，必有其源。无论家族规模大小，无论家族历史兴衰，每个家族都拥有自己独特的起源与故事，孕育了深厚的文化底蕴与精神传承，都值得我们去探索追寻，而我也在自己的家族历史与往事的长河之中，寻根溯源，探寻本心。

一、我的家乡

在讲述自己的家族故事之前，一定要先讲一讲自己的家乡。千禧之年，我出生在山东烟台的一个海边城市——龙口市，那里是生我养我的第一故乡。而我的老家，也就是自己父辈曾经生活过的地方，是在离龙口不远的莱州市金城镇一个叫埠西村的小乡村，那是我幼时每年寒暑假都要去的地方，我的家族也是起源于那里。无论是生我养我的龙口，还是儿时留下美好回忆的莱州，都是让人流连忘返的海滨城市——东连威海，北濒渤海，与大连隔海相望，盛产梭子蟹和苹果，有着凉爽清新的海风和浪漫无比的晚霞……如今我的家乡成为"一带一路"倡议重点建设港口城市，在国家的扶持下建设得越来越好，未来充满无限的发展潜能。或许我的家乡没有大城市的灯火辉煌，但她就像母亲一样，始终向我敞开怀抱。每次阔别家乡漂泊在外，那浓浓的乡愁都会涌上心间，因为我知道，我的血脉里永远流淌着她的血液，她永远是我的避风港。

烟台的海边

漫长的岁月长河，精彩的往事数不胜数，对于家族的历史，我将从三个时间线去讲述，在三个不同的时空里，有家族起源的追溯，有时代变迁的见证，有家国情怀的传承。

我在其中不仅仅体会到家族先辈们的奋斗拼搏，更能感受到家族代代发扬的家族文化和代代传承的家族本心。

二、家族起源

我，土生土长的北方人，是别人口中的"山东大汉"，但是在我身上，山东人的特征却并不明显。人们都说北方人比较高，尤其是山东人，个个都是人高马大、孔武有力、相貌英俊，但我并非如此。从我记事起，仿佛从小学到中学再到高中，身高在男生之中都稳定地排在倒数五六名，这让我十分苦恼与自卑。对于自己的身高，我很是困惑，还曾向父亲询问原因，父亲总是拿"你还小，男生发育得晚，还没到长个儿的年纪"的借口搪塞糊弄我。对于这个解释我曾经很是信服，并且期待自己有长高的

老家的村碑（部分）

一天。可是随着一年年过去，我发现父亲口中的这一天貌似始终无法来临，我开始慢慢怀疑起自己的身高基因是否发生了突变。机缘巧合，我找到了真正的"原因"：自己其实并不是山东人，而是"四川人"。其实老家的村碑上一直都写着这样一段话："明洪武二年，刘姓由四川迁此立村，因村东有一土埠而取村名为埠西。"原来自己从根源上不算是山东人，而是一个四川人。这是我第一次注意到村碑的内容。出于好奇，我先去询问了家里的长辈，祖父对于这个村碑内容的历史也不是很了解，只和我说附近村庄都有类似内容的村碑。我又跑去查看别村的村碑，发现内容惊人的相似，都出现了一个相同的时间点——明洪武二年。为了一探究竟，我查阅了大量资料，终于对那段历史有了初步的了解。

明朝曾经出现过两次大的人口迁徙，分别是明朝洪武、永乐年间的大规模移民，都各有其历史背景和原因。元朝虽曾盛极一时，但最终也难逃历史规律走向末路。元朝末年，由于统治阶级对农民的残酷剥削压迫，阶级矛盾与民族矛盾日益激化；黄淮流域水旱蝗疫接连不断，饥荒频仍，民不聊生，河南、山东、河北、皖北等中原地区"道路皆榛塞，人烟断绝"。中原地区的人民无法生活下去，便纷纷揭竿而起，反抗元朝的残暴统治，山东、河北、湖广等地接连爆发了百余次反元起义。面对人民的反抗，元朝统治者派出精兵锐将与农民军决战，攻城略地，掳掠杀人，干尽了残暴之事，争域夺地的殊死之战时有发生，两淮、山东、河北、河南百姓十亡七八。冀、鲁、豫、皖诸地深受其害，几成无人之地。以上种种原因，让中原地区变得"多是无人之地，累年租税不入"。明朝建立后，各地官吏纷纷向明政府报告各地荒凉情形："人力不至，久致荒芜，积骸成丘，居民鲜少。"劳动

力严重不足，土地大片荒芜，财政收入剧减，直接威胁明王朝统治。朱元璋也深知"丧乱之后，中原草莽，人民稀少，所谓田野辟，户口增，此正中原之急务"，于是做出了移民屯田的战略决策，一场大规模的历史迁徙就此拉开帷幕。刘氏家族便是在那场移民运动中迁徙到山东的。对于更详细的历史原因和家族起源追溯，野史众说纷纭，我们家族的族谱对此也没有进行记载。或许那段历史现在已经无法考证，那段过往的流言也不知真假，但在一次次的查阅资料之中，我也算是寻找到了自己家族的起源，也仿佛置身于那个迁徙的浪潮之中，感受到了先祖迁徙的艰辛不易，感受到他们初来这片土地时对未来的期盼与向往。

三、曾祖父的传奇一生

穿越漫长时空，时间来到新中国成立前夕，这里记录着我的曾祖父颇为传奇的一生。

2008年电视剧《闯关东》在全国热播，剧中朱姓一家人离开山东闯荡东北的传奇故事让人印象深刻，也让大家了解了那段山东人民闯关东的历史。清朝末年，一场洪涝灾害袭击了山东、河南、安徽、江苏等地区，处处匪患横行，饥殍遍地；洪涝的大水冲垮了大运河，漕运遭到严重破坏，依靠漕运为生的人们面临严重的生计困难。与此同时，由于统治阶级的腐败无能，人民奋起反抗，清朝统治者采取了极其残酷的镇压手段，将"造反"者遣送边陲"烟瘴"之地。人口压力的加大、天灾人祸的无情、清朝统治的残酷都在摧残着山东百姓的生活。迫于生计，山东百姓做出了一个重大决定：走出中原，闯荡关外，寻求出路。于是，历史上浩浩荡荡的闯关东就此展开。

曾祖父也是此次闯关东迁徙浪潮中的一员。曾祖父可能是最后一批闯关东的中原人。据祖父回忆，曾祖父是在看到同村百姓闯关东风光归来后，不满于家中少得可怜的耕地，想到自己还有妻儿要抚养，于是决定大胆尝试，出关北上。由于抱着试试看、谋生路的想法，他害怕自己遇到意外，不敢带自己的家眷冒险，于是将妻儿留在山东家中，自己则与弟弟一同出发，前往哈尔滨。初到东北，曾祖父因为人生地不熟，无依无靠，生活甚是艰苦。曾祖父和他的弟弟为了混一口饭吃，尝试干过各种脏活累活，但依旧难以果腹，只能勉强度日。无奈之下，曾祖父做好了返回山东的打算，但就在这时，事情出现了转机。据曾祖父回忆，他在濒临绝望的时候得到了

曾祖父旧照

命运的眷顾。那日他正在各个店铺来回询问，寻求一份工作，当他走进一家貂皮大衣店时，可能是他的山东口音让店里的掌柜认出了他山东人的身份，出于好心和同情，掌柜将曾祖父和他弟弟收为店里的学徒。曾祖父深知这个机会极为宝贵，也感谢上天对他的眷顾，便虚心求教，一丝不苟地学习用料、裁皮、缝衬等裁作大衣的技巧，逐渐得到掌柜的赏识，慢慢成为店里手艺出色的伙计。几年之后曾祖父有了一些积蓄，兄弟俩便决定自力更生，在当时的哈尔滨道里街经营一家店铺，开始了新的生活，从此日子也变得有了盼头。曾祖父仍然惦记家中的妻儿，便决定回一趟山东，将自己的家人接到东北定居。一切都似乎按照计划进行，但就在这时出现了意外。曾祖父带着妻儿在龙口准备坐船踏上前往东北的旅程时，却在港口遭遇了日本兵的袭扰。港口广播里满是刺耳的警笛声，时不时还传来一些枪声，人们慌忙逃跑，曾祖父一家为了逃命也只能扔掉几乎全部的家当，错过了去东北的船只。此次错过便是一辈子，曾祖父出于无奈只能原路返回，继续开始了苦命的生活。

后来，曾祖父又知道了日本兵袭扰后的一些事情。那是曾祖父在集市上偶然间发现有一件大衣和自己丢弃的那一件十分相似，便假装上前询问价格，翻看大衣。曾祖父是个手艺人，他曾在自己大衣的内侧缝有"同彬"二字，也就是自己的名字。曾祖父果然在大衣上发现了他的名字。在盘问与追究之下，曾祖父得知日本兵袭扰了港口后就走掉了，而自己丢弃的家当行李都被人抢走瓜分。曾祖父时隔很久回忆起这件事的时候还带着愤愤不平，或许他在愤怒于国人的懦弱与自己的不幸吧。

至于曾祖父后来为什么没有再回哈尔滨，我无从得知，或许是疲于奔波，不想带着家人再冒险了吧，就这样曾祖父再也没有见到过自己的弟弟，至今也没有与我二爷爷一家恢复联系。即使后来二老姑远嫁东北，试图打听二爷爷的音讯，也事与愿违。曾祖父当年经营的店铺早已经物是人非，昔日帮助他的掌柜也不知身在何处。祖父对我说，曾祖父觉得最对不起的人便是自己的弟弟，也许那就是哥哥对弟弟一生的思念吧。

时间流逝，抗日战争取得胜利之后，国民党发动内战，中国共产党率领人民吹响反抗国民党反动统治的号角。1948年下半年，国内形势愈发对人民解放军有利。济南战役获胜后，华东野战军代司令员兼代政委粟裕向中共中央军委提议，建议乘胜攻歼淮阴、淮安、宝应、高邮、海州的国民党军。1948年11月，历史上的淮海战役就此爆发。开国元帅陈毅曾深情地说过："淮海战役的胜利，是人民群众用小车推出来的。"而曾祖父也是这伟大人民群众的一分子。

为了响应解放区的号召，为解放中国贡献一份力量，曾祖父心怀热血，和同村的五个人参与了淮海战役的前线支援。据曾祖父回忆，他们五个人在后方搬运粮食、医药等物资，时而向前线运输物资，并将伤员送往后方，时而参与修缮道路等。子弹在他们的身边飞过，他们没有丝毫畏惧，勇于肩负使命。上天是眷顾他们的，只有一个人腿部受了轻伤。他们一直跟随解放军的步伐，打赢淮海战役之后继续南下，最后和解放军一起渡过长江，解放南京。战争结束之后，他们最后顺利、平安地回到家。后来政府为了嘉奖他们，给他们五个人发了一个支援前线的证书，算是对他们的英勇付出做出的肯定。但是曾祖父他们五个人都没有在意这个证书，最后也不知道把证书遗弃在了何处，十分可惜。

淮海战役归来之后，曾祖父便开始了几十年的平淡生活，种过地，捕过鱼，体验了人民公社的激情岁月，也在村生产队干过厨子，最后过上了土地承包责任制下的幸福生活，再到后来安度晚年，儿孙满堂……

曾祖父十分长寿，差一点就跨过了九十九岁这个坎。他的一生是坎坷却又传奇的：生于平凡却不甘于平凡，每次仿佛迎来人生转机却又被命运捉弄，但他永远不会放弃，始终坚持下去。现在每当我想起他的时候，都会回忆起小时候他把我搂在怀里时的慈祥和善，给我和我哥讲他当初在战场上躲子弹时的英勇无畏，以及闯关东的经历和对弟弟的浓浓思念……可惜那时的我刚上初中，没有想过进一步了解他的传奇一生，而后他便安详离去。但他的身影已经在我的人生中留下了深深的烙印。

四、祖父的奋斗年代

如果说曾祖父的一生是坎坷传奇的一生，那么祖父的人生经历更多的是家国情怀与奋斗年华。

1946年，我的祖父出生于山东烟台市莱州埠西村的小房子里，在家里排行老三，有两个姐姐，还有两个妹妹。或许是看重血脉的传承和家族的兴盛，曾祖父从我祖父出生那刻起，就决定要好好培养刘氏家族同辈中唯一的男性，对我的祖父家教严苛，寄予厚望。祖父从小一直被教导要肯吃苦，脚踏实地，不要想着投机取巧。曾祖父为了祖父早日成才，兴盛家族，十分偏心地不管两个大女儿的教育，先供祖父一个人读书，于是祖父成为家里当时唯一一个上过学的人，而就是这十分宝贵的教育经历对祖父后面的人生道路产生了深远影响。

祖父在贵州的照片

1967年，祖父从当时的莱州师范学校毕业，成为一名教师，回到埠西村教书。为了响应镇上号召，祖父来到离家几十公里之外的林业中学当老师，并且兼任了园艺场的生产指导员，负责指导生产队提高果树产量，教学和劳动两不耽误。看似单调的生活依旧很有盼头，五年之后，祖父迎来了人生最大的转折点。

1964 年下半年，党中央决定实行生产布局大转移，在中国中西部地区的 13 个省、自治区进行一场以备战为指导思想的大规模国防、科技、工业和交通基本设施建设，浩浩荡荡的"三线建设"就此展开。1965 年底，贵州的"三线建设"序幕刚拉开不久，时任中共中央总书记邓小平在中央有关部委负责同志的陪同下来到贵州视察工作，进一步指导推动"三线建设"的快速发展。

邓小平视察之后，贵州的开发建设开始大步发展，位于贵州西部的六盘水则以其丰富的煤炭及其他矿产资源被列为西南建设的重点建设配套项目之一。由于西部地区条件艰苦，知识分子数量不足，国家便在东部发出号召，鼓励大家前去西部。祖父作为知识分子，不顾祖母埋怨，积极响应国家的号召，报名去西部支援建设。1972 年祖父从山东出发前往贵州。到达贵州之后，祖父先去西南煤矿建设指挥部报到，然后被分配到贵州六盘水市盘江矿务局，在中国煤炭学会矿山测量专业委员会袖珍型电子计算机学习班学习煤矿地质测量。成为测量工程师后，祖父主要在盘江矿务局进行相关测量勘探工作，和许多有志青年一起，下井作业，勘探考察，一点一点地将贵州的煤炭资源挖掘利用，为贵州"三线建设"奠定了基石。

祖父在学习班进修时的师生合影

从此祖父便开始了长期支援贵州的生活，只能在假期中短暂回到山东看望家人。在祖父的影响下，大老姑父也从东北的鸡西煤矿调到了贵州省六枝矿务局工作，祖父的四妹也前去贵州工作。在贵州的生活一过就是十七年，1987 年曾祖母的一次大病和家里日渐加重的生活负担，让常年在外工作的祖父不得不申请调回山东工作。1989 年，祖父正式调回山东龙口矿务局洼里煤矿，担任副总测绘工程师，继续他的煤矿工作生涯，直至 1999 年退休。

这就是我祖父的经历，一个知识青年投身于西部建设的经历。现在我和祖父聊天时，依旧喜欢询问他在贵州的生活经历，听祖父回忆当时大家的生活有多么的艰苦，回忆他第一次下井作业时的不安与恐惧，回忆全矿区第一次挖到煤层时的欣喜……每次回忆的时候都会招来我祖母的抱怨，嫌弃他一直不顾家，家里照顾老小的重担总是让她一个人承担。为此，我曾问过祖父："为什么要选择去贵州呀，在家过着简单平凡的生活不好吗？你人生几乎最好的年华都留在了那里，不遗憾吗？你看看照片，刚去贵州的时候是那么意气风发，后来就被岁月摧残得如此不堪……"祖父的回答至今让我难以忘记，他说自己受到曾祖父的影响，不想甘于平凡，想要出去闯荡，不愿意在村中简单度过自己的一生；他还说自己读书的时候，老师就曾对他们说新中国复兴崛起的希望和国家的未来都掌握在他们手里，正所谓"少年强则国强，少年进步则国进步"。祖父被老师的话语深深鼓舞，始终铭记着老师的教导，于是义无反顾地选择报名去支援西部开发。无论条件有多么艰苦，无论能否平安归来，他都会义无反顾地选择前去。他说即使时光倒退几十年，再次站在这个人生重大选择的关口，他的答案也是一个字——"去"！

祖父在贵州盘江矿务局老屋基煤矿井口

五、结语

这就是我家族的起源与祖辈的故事，或许没有大家族的兴旺辉煌，但对于我来说弥足珍贵，意义非凡。曾祖父的一生是传奇坎坷的，他教会了我勇敢拼搏和奋勇向前，那种不安于当下、勇于闯荡的精神品质给我留下了深刻影响，他的一生都在诠释：哪怕自己的努力会在一瞬间灰飞烟灭，哪怕下一秒面对的是"枪林弹雨"，也不要放弃，要继续去闯、去拼，自己的人生要自己把握。祖父的一生是无悔的、可敬的，他教会我的是对家国的热爱与奉献，家是生我养我的地方，国也是我们的家，国家养育了我们，我们也要去为国家付出和奉献。祖父无惧艰苦，义无反顾地支援西部建设，那种心系家国的胸怀、那种无私奉献的精神已经印在我的心中。家族的历史故事或许代代不同，但家族的本心代代相传。我的父亲是一名普普通通的医生，他学习的方向是公共卫生和卫生防疫，或许他不能像急诊科医生一样救死扶伤，但是在非典疫情、新冠疫情来临之际，他都不惧风险，冲在一线，去做疫情面前保护人民健康的第一道防线，为家国无悔付出，将家族的本心继续传承。而我，作为一名新时代的大学生，作为一名未来可期的水之子，我的人生还是未知待定，充满无限可能，但是我相信，我会将家族的故事继续讲好，将家族代代传承的品质与本心传承下去，在自己的专业领域为家国作出贡献，实现自己的人生价值，成为自己家族的荣耀。

  正如前边所说：参天之树，必有其根；怀山之水，必有其源。家族史承担着延续生命、凝聚情感的作用，在维系、保存传统文化方面具有重要的意义。家族文化与当下时代的文化浪潮碰撞，而我们每个人都有自己独特的家族史。我希望不仅仅是我，我们每个人都可以探寻自己家族的历史，从中感受祖祖辈辈的心路历程，将祖辈的优秀精神特质传承下去，并融入新时代的特点，构建新时代的"家族文化"，讲好自己的家族故事。

幸福是奋斗出来的
——我的家族史故事

于琬清

"家的结构、经济情况总是随着社会的变化而变化的,继而也给各个成员带来变化。往事中有困苦的,也有令人高兴的,总之我俩的家,随着国家的兴旺发达也跟着走向了幸福。"这是太姥爷写在《我们俩的回忆》序言中的一番话,也是他对经营一个大家族、成就几十个小家庭的人生经历的真挚感言。

自打有记忆开始,太姥爷给我的印象便是一个"固执的老教授"。他总是把事事规划得井井有条,不放过每一处细节,对子女照料有加,且讲究原则,将教育视为头等大事。当然这些记忆只是他八十九年生活中的一隅,"脱离旧家,创造独立生活"的"传奇故事"我不曾亲眼见证,只能通过太姥爷留下的回忆录——《我们俩的回忆》及长辈们的讲述进行了解。

一、从旧家走向新生

太姥爷(1927—2016)名叫刘乃卿,出生在辽宁省开原市农村片区,家中有兄弟姊妹五人,他排行第二。他的父亲刘相举是位医术精湛、医德正派的老中医,母亲是那个时代地道的农村妇女,家中房前屋后的菜园子从种植到除草,从培土到收获,都由她一手操持,生产出来的各种蔬菜供全家二十多口人食用。太姥爷儿时便在距开原市八里的偏坡台念书,为人老实本分,每逢节假日都要帮家里分担些农活儿。

太姥姥(1929—)名叫吴雅轩,家住开原市西边的四寨子村,村子距市区十二里,地处清河之南沿,是个土地肥沃的好地方。她的父亲吴国明靠经营祖辈留下来的产业为生,管理家业之余也会外出打鱼喝口小酒、结交些朋友。母亲江素珍是富庶人家出身的姑娘,除针线活计外还掌握些烹饪技术,虽不说技能出众,但姥姥一代兄弟姊妹对其评价皆是"众人难以赶得上"。

要说两人的相识，与解放战争时期社会形势的变化密不可分。1947年秋，时局紧张，众人出于对战乱的恐惧，以及受到一些人的宣传误导，做出把家从农村搬到市里的决定。这样一来，将家中衣物及粮食运送到市里的活计便统统落到了太姥爷的肩上。

而在搬家的前几个月，太姥爷经村里人介绍与太姥姥吴雅轩相识。太姥爷家中长辈看过对方后比较满意，便在秋季搬家前赶着车到偏坡台（太姥姥家中）进行认亲。礼成之后，太姥姥的父亲给了太姥爷一大包钱，说是看中了太姥爷不喝酒、不抽大烟、好学上进、积极进取，才答应下这门亲事。据太姥姥所说，那包钱在当时可购买几件金首饰，算是不少了。于是在1948年初，两人在太姥爷父亲刘相举的家中办了喜事，正式结婚了。由于房间太小（土炕仅四米左右长），他们在四米长的土炕中间拉一长布帘，一端供太姥爷母亲带着年幼的弟弟使用，另一端则是二人的婚房。

在这里需要特别提起一件事，逢年过节太姥姥给我们这些后辈们讲述往事时也经常提到：太姥爷的老家中曾有个规矩，各股子的小份子钱（即孩子结婚后媳妇娘家带来的钱），要由家里统一掌管，不准各人手里存现钱。因此，太姥爷这股小份子钱也按照规矩上缴。这也成为太姥爷夫妻二人后来脱离旧家独立生活的导火索之一。

1948年春，解放战争到了紧要关头，家中的老人们再度对时局感到迷茫。由于对中国共产党的政策不了解（如社会阶级应该如何划分、农村阶级成分应该如何界定等），以及对于自家的经济情况进行了过高的估量，老人们做出了举家搬去沈阳的错误决定。然而在沈阳生活半年左右，物价飞涨，生活日益拮据。此时东北解放在即，整个家庭到底何去何从，又成为长辈们讨论的主要话题。

家里长辈们经过讨论决定，集中全部的小份子钱及珠宝首饰，一起迁往天津；有工作的人家乘飞机；没工作但身体虚弱的人也乘飞机；身体强壮者需步行前往；到达天津后各自谋生，集中的首饰和小份子钱由家族统一管理，个人不可随意挪用。

最后的结果是，太姥爷太姥姥及父母兄弟姊妹几个皆被视为身体健康的人，太姥爷一家得知了这一决定后，心里也就清楚大家是何用意了。对太姥爷太姥姥而言，他们拿出的东西最多，可到最后却一无所得，说起来这是变相地收缴他人财产的行径。此时，本就对家里决定感到不满的太姥爷一家做出了具有开拓性的决定——回开原拜访岳父岳母，投奔解放区（当时的开原已经解放）。

至此，太姥姥太姥爷算是实现了和旧家的脱离，开启了婚后的新生活。当时太姥爷在沈阳第一工科学校求学，太姥姥便同公婆一同生活。1950年末，太姥爷顺利毕业，被分配到长春地质研究所工程地质队，去北安县一处军工厂工地进行地质勘查取样。取样结果经力学实验，可得出地质的承压能力，为建设厂房设计提供数据支持。四个月后，太姥爷被调回哈尔滨土建设计公司工作，由于专业不对口，又在1951年7月进行二次分配，来到了长春技工学校任授课教师。同年10月，学校给他分配了家属宿舍，太姥姥才有条件带着大女儿来到长春,从而在真正意义上有了属于自己的家。

二、用教育改善人生

在太姥姥带着姨姥(大女儿)来到长春后,学校除了给安排房子,还给了不少其他关照,缺少家具及其他必备的物件时,学校总是及时帮助解决。太姥姥初来长春没有工作,学校便安排她去学校实习工厂"工具室"上班,三个人的生活就此开始。虽然两人工资不多,但当时(1951年)的物价也十分便宜。比如,新鲜的猪肉只用0.4元便可买到一斤,江河里的鱼也只是几角钱就能买到,用10元钱可以买到一吨的煤块儿,粮油的价格也是相当便宜。据太姥姥回忆,当时太姥爷的工资是134分,每分合0.75元,核算起来每个月100.5元,足够三个人的生计。

1952年,姥姥(二女儿)出生,家中增加了人口,太姥姥又对家庭开支进行精打细算。那时住房、吃水、用电都不花钱,由学校统一承担,但是此时市场的物价已经开始上浮,单靠太姥爷一人的工资已难以为继,太姥姥不得不靠打些零工来补贴家用。太姥姥在回忆中描述,她先后去过菜窖修理冬菜、去豆腐坊往红旗街送豆腐,到安民小学托儿所当阿姨。

一年后,太姥姥的工作发生了重大变化。经熟人介绍,太姥姥进入当时的宽平小学成为一名工友。具体工作是挑水、烧炉子、热饭盒、打铃等,经数年后转为正式工人。当时学校贯彻"德智体美劳全面发展"的教育方针,在朝阳区中小学中相继开办适合学生体力且相对安全的劳动项目。宽平校区也决定成立灯泡厂,作为学校劳动基地,太姥姥承担了这一任务。于是,她从一名打杂的工友变成了一名办厂负责人。当然,办厂人员只有太姥姥一人——外出采买、产品出售、加工生产、工厂安全等工作全部由她一人负责。太姥姥在工作中要与众多校外单位进行合作,如长春市灯泡厂、第六化工厂、新华印刷厂及二机床厂等。开工前她要去灯泡厂索取图纸,到新华印刷厂购买纸边子,去第六化工厂购买玻璃胶,最后找二厂借汽车拉运回来存放于厂内。在劳动班老师的帮助下,四年级以上的学生进厂劳动,从裁纸开始,经过压印、涂胶、糊盒等必要工序,到包装上车送货,再到交货开票给学校的会计,才算走完一整个流程。时间长了,学生都叫太姥姥"吴厂长"。每每说到自己的办厂经历,我们总是能看到太姥姥脸上的得意与自豪。

在学校迁到宽平大路后,上级决定将其扩建为"长春工业专科学校"。太姥爷感觉自己原来的"高级职业技术学校"学历已经不够用了,因此下决心提高自己。1957年,太姥爷考上"长春汽车拖拉机学院夜校部",经1957—1962年六年的学习,取得了汽车设计专业毕业证书。1962年夏,学校从市里转为省重工业厅管理,并抽调一些人在南岭建立"吉林工业学院"，太姥爷便是这批人之一。然而来到南岭两年后，太姥爷便被下放接受劳动教育。

随着国家政策的调整，下放的干部被陆续调回，原来的学校领导也都回来办学，继续培养人才，太姥爷也被允许重回学院担任教学工作。1978年国家进入改革开放时代，欣欣向荣的局面已经开始显现，对知识分子的政策也在进一步改善。根据太姥爷在学院的工作表现，党组织按程序接受了他的入党申请，并于1980年正式发展他为党员。1981年初，学校对教学人员进行职称评定，由于1960—1962年太姥爷在"长春工业专科学校"期间曾给专科学生授课，符合中级职称条件，因而被评定为讲师。为争取高级职称，太姥爷于1984年在《东北图学》上发表论文。《东北图学》是东三省高等学校工程图学专业的权威杂志，评审由东三省中央所属高校的教授们组成，在东北和全国学界具有一定的权威性，也就是说完全符合国家评定"高级职称"的要求。他又通过了日语考试（需任选一门外语），最后成功取得了副教授职称。此后太姥爷便以副教授级别光荣退休，结束了他的工作生涯。

"人的安排，往往不是任由自己的意愿而定的，他们的命运需要根据社会的需要而定。"

不仅是太姥爷这一代人，他的子女们的命运也与时代的发展休戚相关。太姥爷和太姥姥育有两儿两女，大女儿刘淑娟、二女儿刘淑敏（我的姥姥）、大儿子刘建中、小儿子刘建华。姨姥（刘淑娟）在省工业学校毕业后被分配到了省工业厅直属的电影机械厂，由工人升至劳资科副科长。电影机械厂解散后，她便到了欧亚商都党委办公室工作，直至退休。我儿时总觉得姨姥是个神通广大的人物，洞悉商场里的方方面面，后来才知道是她长期在商场工作的缘故。姥姥在四十五中念书，按照当时的政策，家中已经有一名学生下了乡，其他人可以不再下乡，由政府安排其学习及就业。因而姥姥便被分配到长春市轻工业学校学习纺织，毕业后到了轻工业局所属的印染厂，后来转入二机床厂从事工艺装备管理。我出生后，姥姥便辞去手里的工作。大舅姥爷（刘建中）在十中毕业后经熟人的帮助，到郊区永春公社八一大队插队当了知青。两年后他被抽回，到汽车厂基建处当了一名木工。小舅姥爷（刘建华）在十中毕业后到榆树县下乡，后来转到郊区兴隆山公社，最后通过招工进入一汽，被分配到底盘分厂。

此时正好赶上国家恢复高考招生，汽车厂也设立"职工大学"为本厂培养人才，太姥爷和太姥姥二人决定，让两个舅姥爷读职工大学，边工作边学习，日后总能找个出路。就这样，大舅姥爷先考上了职工大学的夜校，次年小舅姥爷考上了职工大学的日校（全脱产），各自都有工资，毕业后都不再从事原来的工作，分别走上了技术干部的岗位，后升任工程师和高级工程师。现在，舅姥爷们提到当年他们的爸妈做出的明智选择，还是感激不尽。相信这老两口一生中最不后悔的便是为四个儿女的发展所做的决定。站在今天的视角上，太姥爷正是抓住了国家的发展机遇，加上个人的努力奋斗和积极进取，才会在工作和家庭发展上有所成就。他始终不忘教育之于人的意义，无论在什么样的社会条件下都不忘充实自身，紧跟时代的脚步，成为特定时代中的"弄潮儿"。

三、其乐融融的家族

一晃太姥爷便退休了，基于他在旧家与开创新家时的生活经验，他对于自身发展与家庭管理有着一套独特的思维逻辑。

他们学院里的一位老同志，退休后就真的在家休息了，每天饭后不出去锻炼，完全躺在床上，退下来不到半年就身体欠佳，不到一年就与世长辞了。这个事情告诉太姥爷，退休后他要找个"占身"的地方，达到锻炼身体的目的。为此，他又到吉林省经济团体联合会主办的"经济技术公司"看管工程进度，为一汽建材处的施工单位设计模具，帮助建材处工程大队包揽工程进行设计及预算编制。

对于家中事务的管理，他更是早有规划并一一践行，如资助孙辈及后代的孩子上大学。我的两个小姨（妈妈的姊妹，太姥爷的孙女）在北京读大学期间每年都得到太姥爷的学费资助。太姥爷在过世前就对姥姥进行了嘱托，如我考上大学，他的那份教育资助一定要交到我父母的手中。

又比如改变旧家对待子女的态度，无论男女，一视同仁。早在2000年，两位老人便立下遗嘱对自己的财产进行了预分配，两处房产给两个儿子，定数的现金给两个女儿。平时若是生病住院，无论是自己的子女抑或是儿媳女婿，都要给予一定数额的补贴。元旦、春节、五一、端午、十一、中秋等节日，老两口都会出钱请全家二十几口人到饭店聚餐，共同热闹团聚。一方面庆祝节日，另一方面借此机会交流各家情况、加深感情。太姥爷过世后，家族聚餐的传统依旧没有改变，太姥姥或是舅姥爷等兄弟姊妹几个轮流出资供家族聚餐，延续大家庭的温馨与和睦。

自2004年起，每年夏天太姥爷都带领全家去全国各地旅行，交通费及餐费由他们一力承担。直到太姥爷去世的前一年，一直延续着出游习惯，如今我们已经领略过大半祖国的风光。

现今，我们一家仍生活在长春这座美丽的城市，各个小家为各自更好的生活而努力奋斗着，逢年过节大家庭团聚，叙家常、庆团圆，其乐融融。时代在变，人也在变，但家所营造的亲情亘古不变。回忆上一个跨年夜通过视频和家人举杯，脑海里闪现的还是小时候一群人围坐在宽平大路那间二十平方米的茅草房里吵吵闹闹的画面。一屋虽小，承载的却是"家"的深情与"爱"的底气。

四、结语

"每个时代都有每个时代的使命",对国家而言,时代意味着机遇与挑战并存,身处时代中的个人亦是如此。从摆脱旧家的束缚到带领子女创造属于自己的新生活,太姥爷所书写的家族故事无疑是时代发展变迁的缩影,它映射着祖国东北角几十年的沧桑变化,困难抑或安乐,皆是时代打下的烙印。

战争年代举家迁移,让每个小家风雨飘摇;新中国成立初期国家开展建设,社会迅速发展,让家庭生活走上正轨;"一五"计划期间,国家谋求重工业的发展给东北带来了机遇,生长在这片土地上的人们成为国家工业化建设的先导力量;改革开放后,无数的知识分子以教育求发展,紧跟时代的需要,扎根于祖国的各行各业。时代成就人,我的太姥爷就是跟随着时代的脚步逐渐实现个人发展的千千万万人中的一分子,同时他们也在用个人的奋斗为时代的发展注入青春与活力。时代的呼声从来都不是冰冷的,它源于最基本的生活,裹挟着历史的使命,始终饱含着温暖,需要每一个时代中的个体尽其所能给出回应。而那些抓住时代机遇的人,便理所当然地成为特定时代中闪闪发亮的星辰。

时代是一个非常有历史意味的词。它既是传统的,承载着民族记忆;又是现实的,融汇着当代精神。谈到时代,我们总会不由自主地将它与发展联系在一起。无论是个人的发展,还是民族的发展、国家的发展,都需要着眼于新的时代,立足于新的时代背景,通过新的实践开拓属于自己的天地。在这一过程中,社会历史发展的规律也逐步得到验证。

"我们生活在浩瀚的宇宙里,漫天飘洒的宇宙尘埃和星河尘光,我们是比这些还要渺小的存在。"

我们或许是时代里一颗小小的尘埃,但我们也同样拥有撼动时代的伟大力量。

希望我们皆能成为时代长河里那颗渺小却不失光亮的星星,成就幸福获得归属。

奔腾大河，流经一隅祥静院落

邵　君

"一玉口中国，一瓦顶成家。都说国很大，其实一个家。一心装满国，一手撑起家。家是最小国，国是千万家……"一曲《国家》唱遍了大街小巷，唱出了人们的心声，家国情怀油然而生，爱国爱家的故事也萦绕于心……徜徉于时光的长河中，我翻开了尘封已久的家族记忆。跨越近百年时光，我的小家看似普通，它确实是无数平凡家庭中的一员，但同时，它又闪烁着独特的光芒，见证着我的祖辈父辈在不同年代的奋斗故事。它就像一艘小船，载着我的祖辈父辈在时代洪流里穿梭，承载着他们的梦想，在不同的时代迸发出不同的力量。这力量虽然微小，但千千万万小家的力量融合起来，必会形成炬火，铸造伟大的中国梦。本着勤恳敬业、克勤克俭、真诚和睦的良好家风，我的祖辈父辈始终走在追梦的旅程中，为国家建设贡献自己的青春与力量。

一、"我的家在东北"——满洲里

横跨广袤国土，我从绵延草原上的袅袅炊烟来到秦淮吟唱的梧桐荫下，习世界语言赏万水千山，心头流淌的永远是家乡的血液。生命的聚散离合是贫乏字句描绘不出的诗，我愿成为帧帧雕刻的纪录片摄影机，用心纪念这平凡又伟大的一代人。

我的家乡在内蒙古满洲里市，隶属于呼伦贝尔市。满洲里是一座位于中、俄、蒙三国交界处的边陲小城，也是中国最大的陆运口岸城市。因为将三国的风土人情融为一体，这里也被人们亲切地称为"东亚之窗"。麻雀虽小，但五脏俱全，丰富的旅游资源吸引各地游客纷至沓来。此外，煤炭地质储量104亿吨的扎赉诺尔作为一座因煤而兴的工矿城市，以煤炭、电力、化工、加工制造、商贸物流、文化旅游为支柱产业大力发展经济。20世纪五六十年代，国家大力发展重工业，家乡的煤矿产业开始逐步发展。20世纪70年代，国家经济缓慢复苏，家乡的煤矿产业发展也逐渐步入了正轨，煤矿开采和运输步入体系化、规模化的发展进程。20世纪七八十年代，以华能集团为首的国有企业来到这里开发了露天矿和灵泉矿，进行煤炭开采与加工，为当地和周边的居民提供了许多就业机会，而我的祖辈就是满洲里市扎赉诺尔矿区的煤矿工人。

由于在地理位置上与东北接近，满洲里这座小城尽管在行政区划上隶属于内蒙古自治区，但却与东北地区的联系更为紧密。徜徉在家乡的大街小巷，不绝于耳的乡音也带着标准的"东北"腔调。19世纪中叶，虚掩的山海关大门敞开，流民潮涌。1904年，清朝朝廷腐败，各地农民起义不断，山东地区和河北直隶地区受天灾和战祸影响，很多农民为图生存被迫拖家带口离开故土。"闯关东"浪潮叠起，无数山东、河北的农民背井离乡，踏上了北上谋生之路，来到了东北地区。我的祖辈就是这样来到了满洲里这座城市。

我的爷爷生于1945年，在一众兄弟姐妹中排行老二。战乱年代中，艰苦的生活条件无法支撑爷爷完成学业。即使考上了中学，爷爷也只能选择出去打工赚钱，尽力减轻家里的负担。爷爷的文化水平不高，但却跟着太爷爷练出了一手好字。正所谓"穷人家的孩子早当家"，没有"墨水"的爷爷便只能靠力气赚钱。爷爷18岁时就参加了工作，20岁就正式成为一名煤矿工人，开始赚钱养家糊口，这样一干就是三十多年。我的奶奶生于1949年，是家中的长女。她勤劳、耐心、细致，从小就包揽了各种各样的家务事。哪怕身高还够不到灶台，她踩着凳子也要给全家人做饭，帮助父母减轻负担。奶奶幼时便热爱学习，但受时代的影响，她只读到六年级就不得不中断了学业。即使只读了六年书，她在回忆学校时光时也总是流露出幸福的笑容。为了补贴家用，奶奶在结婚后除了照顾家庭，还要打零工。她既做过洗衣工，又做过水泥匠，为家庭奔波操劳了几十年。爷爷奶奶有三个儿子，在教育孩子的过程中，他们始终以身作则，在言传身教中传达着家风家训。

二、勤恳敬业、艰苦奋斗的优良家风

我们家与煤可以说是颇有渊源。在各行各业中，若论辛苦或危险程度，煤矿行业必在前列，所以大多数人不太喜欢这个行业，也不太喜欢这个行业的人。的确，这个行业的工作危险系数高、环境恶劣、不好找对象、容易患职业病、工作枯燥、易被人瞧不起……似乎有数不完的缺点。很少有人愿意到煤矿工作，他们吃不了这个苦，承受不住这样的危险。这些都可以理解，很多刚到煤矿工作的工人也无法适应。然而对于长期在煤矿工作的工人来讲，所有的艰苦都已经算不得艰苦，他们早就习以为常。奶奶的爸爸就是20世纪50年代的一名煤矿工人。在那个年代，家乡的工业水平还不够发达，想要开采煤炭，主要依靠人力。工人们需要手动挖井，再背着煤筐刨煤、捡煤。把煤取出来后，他们还要去附近的沙子山背沙子，再把沙子灌入井下，填补采煤后地壳的空缺，整套工序繁重又复杂。但就是在这样辛苦又繁重的工序中，太爷爷几十年如一日地坚守在自己的工作岗位上，勤勤恳恳，兢兢业业，默默地埋头苦干，把自己的一生留在了矿山，把自己的青春年华也奉献给了国家。

爷爷也是一名煤矿的井下工人,他每天都需要到地下几百米的地方工作。由于井下到地面相隔甚远,清晨下了井,只能到深夜下班才能出井,在阴冷潮湿的环境一待就是一整天。20世纪六七十年代采煤已经进入半自动化阶段,采煤工作也开始陆续使用电钻打眼、放炮落煤、人工用锹攉煤等手段,这也是爷爷几十年间的主要工作:进入井下,爷爷和工友要依照所需要的煤块的标准对煤层进行打眼;打眼完成后,再用火药和雷管把表层的煤块震落;等到煤块掉落得差不多后,再用铁锹把掉落下的煤装到皮带溜子上,由机器把煤运往地面。尽管井内十分阴湿,但短短两个小时的时间,爷爷的工作服就已经被汗水浸透了,工作辛苦程度可想而知。爷爷和工友们的脸也都是煤灰的痕迹。那时候工作条件艰苦,没有浴室和烘干室,爷爷只能穿着又脏又湿的衣服回家。当时也没有保温饭盒,爷爷每天的午餐基本都是一块冰冷的馒头。为了让馒头凉得慢一些,爷爷和工友只能把馒头揣在怀里,等到中午再拿出来吃掉。由于打眼放炮时掉落的煤灰过多,原本白白净净的馒头早已变成了黑色。但爷爷顾不上嫌弃,仍是大口大口地咽下这小心呵护的午饭。爷爷说,煤矿工人有充沛的精力干完一天的活,他们遇见煤就充满了活力,煤就是他们内心的寄托,是他们自身价值的体现,他们用这些创造着自己的故事,他们有理由为自己的工作和付出感到骄傲。在井下煤海里,很多煤矿工人找到了自己努力付出的意义。在黑色的煤海中,渺小也变得伟大。

1973年,我国人均拥有的粮食量已经有所提高,但对于普通的工人家庭来说,尽管努力开源节流,每个月的收入仍无法满足一个大家庭的日常开销。我的爷爷奶奶有三个儿子,供他们从读书到成家是可想而知的困难。在物资按票供应的年代,吃鸡蛋便是奢侈,一家人只能攒攒每月领到的屈指可数的鸡蛋票,逢年过节才得以改善伙食。听奶奶说,那时候爷爷一个月的工资只有九十块钱,每月还要给太爷爷和太奶奶二十块养老费,所以一家五口每月的生活费满打满算也只有七十块钱。为了补贴家用,奶奶除了照顾家庭,每天还要出去打零工,早晨七点开始工作,干一些搬砖、和水泥这样的脏活累活。即使烈日当头或冰天雪地辛苦异常,每天的工资也只有不到两块钱。但奶奶始终以认真的态度对待每一份工作,即使收入微薄。就这样日复一日,年复一年,爷爷奶奶终于拉扯大了三个儿子。加之不辞辛苦地盖房子,爸爸和叔叔各自组建新的家庭也使得爷爷奶奶欠了不少外债,但老两口却从来没有一句怨言,始终勤恳地操劳与奔波。星光不负赶路人,时光不负有心人,爷爷奶奶辛苦半生,终让儿女成家立业,家中的经济条件也从勉强填饱肚子逐渐走向小康水平。爷爷奶奶讲起这段往事时,并没有一味地强调那时候的劳苦与艰辛,而是始终向我传达着"奋斗"二字的重要意义:生活不会辜负每一分努力,也不会亏待每一个奋斗的人。

也许是从小耳濡目染,爸爸和叔叔也都是极为勤劳的人。我的爸爸出生于1973年,是家中的长子。爸爸不爱读书，16岁就参加了工作，成为家乡露天矿的一名押油员。他身材魁梧，仿佛有着用不完的力气。日日装油、卸油，灼灼烈日抵不住似火的激情，黑色煤矿见证了爸爸豪爽、畅快的"黑色品格"。小的时候我和爸爸相处的时间并不多，因为他总是早出晚归。除了白天上班，晚上爸爸还要马不停蹄地开出租车赚钱。那个时候他总是忙碌到十一二点才会回家休息，为了我和妈妈，他放弃的也不仅是休息的时间，即使这样，我也从来没有听到过他的一句抱怨。

我的三叔从小就聪明伶俐，做事方法多、会变通。现在，他与三婶共同经营着一家汽修店。春去秋来，寒来暑往，他们始终以专业的修理技术和热情的服务态度对待每一位顾客。哪怕逢年过节，家中团圆，每当接到顾客的咨询电话，三叔总会迅速为顾客配货、答疑，解决他们关于汽车护理方面的各种问题。这些年来，他们的生意也越做越红火，顾客也是络绎不绝，积攒了越来越多的"回头客"。

我的家庭平凡但也特殊，几十年间，他们以"煤"为纽带，踏踏实实完成每一份工作。作为艰苦环境下工作的煤矿工人，他们似乎形成了那个时代特殊的群体品格——坦诚爽快、大大咧咧，同时又胆大心细、包容坚定。煤矿工人们表现出来的大大咧咧往往是一种性格，然而却经常被别人误解为粗鲁，但他们从不在意，遇到工作中需要细致的时候却又特别认真。井下处处都潜藏着危险，哪个地方有可能瓦斯超标，哪个地方有井眼，都必须要有明显的标识。这些工作在他们手上都会被认真对待，而且他们还会经常检查。认真对待每一份工作，始终以勤劳乐观的态度面对生活是他们教会我的道理。

三、勤俭节约的优良传统

爷爷奶奶是吃过苦的人。《中国灾情报告：1949—1995》记载："1962年，1—9月，全国大面积旱灾。去冬以来，南方湘西北、粤北、川北、苏北、皖中地区雨雪稀少，2月约有100万公顷呈旱象；3月，旱区扩至豫、鄂、黔、陕等省，共计360万公顷……甘肃河西走廊、内蒙古呼伦贝尔和乌兰察布地区、晋北、冀西北、吉西北地区，旱期长达200～400天，甚至井干河断、人畜吃水困难……"为了继续生活，奶奶只能去捡菜叶子和臭鱼回家，为一家老小做饭。谈及这段往事时，奶奶不禁说："连现在的猪食都比当年吃的饭要丰盛。但为了活命，再难以下咽的食物，我们也要吃下去才行。"年轻时的经历给奶奶留下了极为深刻的印象，也让奶奶始终保持着勤俭节约的美德。

爷爷奶奶于1972年完婚，刚结婚时，贫寒的家境使他们甚至没有一间自己的新房。负担不起木头和砖瓦的费用，就在凌晨三四点钟去路上碰运气拾回被别人丢弃的砖头。时间来到20世纪八九十年代，受改革开放的影响，日渐宽松的市场环境改善了大众生活。爷爷奶奶开始在家养鸡和兔子，但大多新鲜的鸡蛋和兔肉他们却舍不得自己享用，通通卖钱以补贴日常开支。

虽然现在的生活已经温饱不愁,但爷爷奶奶却始终保持着勤俭节约的好习惯。犹记得小时候,我的袜子破了洞便想丢掉。奶奶得知后教育我说:"老话说'新三年,旧三年,缝缝补补又三年',人家一件衣服可以穿九年,你的袜子穿了三个月就不要了,哪能行?"奶奶帮我补袜子的身影也因为这番教导在我心里留存至今。平日里,我也总能在奶奶家发现即将用完却又被奶奶改装过的牙膏(牙膏的头部被剪下以便挤压,牙膏管身被压得平平整整)、被抹得一干二净的面霜罐。夏天吃完西瓜,奶奶也会把西瓜皮的表层刮下,用来做凉菜。每次家中聚餐结束,爷爷总会把空的易拉罐和饮料瓶收集起来,等收废品的人经过后,堆成小山的瓶子们就换成了一张张零钱。外出吃饭时,剩余的饭菜也总会被爷爷奶奶打包带回家。奶奶常对我说知足常乐,小的时候我不理解,总觉得他们多此一举,明明用不了几次的东西,他们却一定要坚持用完。但听完爷爷奶奶年轻时的故事,我才明白了一个道理:真正经历过苦难的人会更懂得今天的幸福生活来之不易,因此浪费很是可耻。

一粥一饭当思来之不易,半丝半缕恒念物力维艰。从小生活在克勤克俭环境中的我,也逐渐养成了节俭的良好习惯。我也更加懂得,勤俭节约是一种美德,更是一种精神,它不以物质生活的好坏为前提。

四、常怀感恩、真诚和睦

奶奶说,即使在家中最困难的时候,他们也坚持给老人最好的吃穿用度。20世纪70年代物资匮乏,每人每月只能分到六两豆油,根本不够吃。即便如此,奶奶在如此拮据的情况下还是细心地攒下了两瓶豆油给太爷爷太奶奶送了过去。太爷爷太奶奶生病时,爷爷奶奶也是无微不至地在老人身旁照料。古语有云"百善孝为先",爷爷奶奶虽然没有读过几年书,却始终以实际行动践行着这一美德。

润物细无声,爸爸妈妈以及我们这些小辈待人接物也都会常怀感恩之心,以真心换真心。爸爸是典型的北方人性格,热情豪爽,重感情、讲义气。每当朋友遇到困难,他总是热情地伸出援助之手。在与朋友相处时,他也总是活跃气氛,用幽默感染大家。妈妈性格温和,朴实又随和。她擅长倾听,无论是在学生时代还是在工作中,总是有着好人缘。对待长辈,妈妈谦逊有礼,耐心孝顺。前几年姥爷生病,没有去过大城市的妈妈带着姥爷在天津辗转多次,为姥爷安排好病房和住处,自己却挤在几十元一晚的旅店里凑合。

在这样无比和睦的大家庭中成长,我倍感荣幸。去年春天,爸爸不幸患上了脑梗。得知爸爸的病情后,全家上下更是为了爸爸忙前忙后,操劳奔波。不管是寻医问药,还是日常生活,叔叔们都趋人之急,甚己之私。还记得在我高考出成绩的那天,全家人一起熬夜陪我等待成绩公布,二叔对我说:"我们一起陪你等成绩,并不是盼着你考出多好的成绩,你不要有心理负担，什么成绩我们都接受，因为那是你十二年的努力，只是想告诉你，我们都是你的家人，我们一起陪你见证揭晓答案的那一刻。"成绩出来后，三叔激动地半夜就去湖边钓鱼，早上为我家送来了满满一兜的鲜鱼。平日里，无论大小节日，我们一大家也是常常欢聚一堂，一起唠家常、开玩笑，陪着爷爷奶奶共享天伦之乐。如今，我和妹妹都在离家千里的城市上学。但每到节日，我们总会不约而同地拨通家里的电话，用视频通话的形式和家里的亲人们一起过节。

这样的温暖和善意贯穿了我前二十年的人生，无论身在何时何地，全家人都紧紧维系着这条亲情纽带。看似普通的感情却细水长流，是我现在和未来有勇气面对一切的力量源泉。

五、结语

时光飞逝，小家在历史长河的流淌中历经了几十年的风风雨雨。无论是 20 世纪五六十年代艰苦朴素的生活剪影，还是七八十年代改革开放春风下日益改善的家庭生活，抑或是新时代下奋力追梦的拼搏身影，我的小家和千千万万个家庭一样，彰显着我们党在时代步伐中的前进方向，也象征着无数中国人奋力前行的身影，在中国共产党的带领下日益奔赴更加美好的小康之路。习近平总书记说："新时代属于每一个人，每一个人都是新时代的见证者、开创者、建设者。只要精诚团结、共同奋斗，就没有任何力量能够阻挡中国人民实现梦想的步伐！"本着勤恳踏实、以俭养德、真诚和睦的良好家风，我的祖辈父辈始终在奋斗路上不断前行。也许在许多人看来，我的家庭和其他千千万万中国的家庭一样平凡，但正是这样一个普通的家庭，走过了几十年的坎坷路，依旧屹立如初并陪伴我茁壮成长。我也会时刻谨记良好的家风家训，不断努力，不懈奋斗，勇立时代潮头，积极投身到实现中华民族伟大复兴的伟大征程中去，做新时代的青年追梦人，做让祖辈父辈们骄傲的一代！

生命的河
——从"明水"到"天水"

张洁雅

从黑龙江到黄河,从通肯河到渭河,从"明水"到"天水",水灌溉大地、孕育生命,见证了一家人跨越大半个中国的风云过往。从"吉林5702"到"天水5722",从"黑土地"到"黄土地",一家人不负使命与三线建设一同成长。从黑龙江到吉林,从吉林到甘肃,一家人边走边奉献自己于新中国的航修事业。倾听家族故事,讲好家族历史,家族史就像是中国悠悠历史长河中的一份历史依托,回首长辈的奋斗历程,往事也不那么"如烟"。

我的家乡在甘肃省天水市,但讲到我的家族就不得不提一个地方——黑龙江省绥化市明水县,那里见证了我们一大家人的生根发芽。

一、东北那些年

东北最初的故事都发生在黑龙江省明水县。明水县地处通肯河流域,东部属小兴安岭余脉丘陵地带,西部属松嫩平原腹地,爷爷奶奶就出生在这方土地上。

之前听爷爷讲,他原籍山东,是太爷爷太奶奶带着两个女儿从山东一路闯关东到的东北。当时东北人少地多,太爷爷就在那边找了块地,从此便扎根在明水。一家人靠下地干活、外出打工为生,吃了许多苦。爷爷诞生于那片黑土地,不幸的是,他一出生,母亲就因难产离世。长姐为母,一路拉扯着弟弟妹妹。家里有什么好吃的,姐姐和几个兄弟都会给爷爷留一份。后来,几个兄弟又供爷爷在哈尔滨上了学。哥几个都不为自己着想,就想着爷爷能过得好一点。因为爷爷过早离世,我没能听他讲述更多早年的经历。但在2016年陪奶奶去明水县看望爷爷的大哥时,我对当年的生活环境才有些许体会。我们到了哈尔滨西站下车再打车,穿过一片片树林和土地,晃晃悠悠开了一个多小时才到县城。到了县城继续打车,再开上一个多小时才到达大爷爷住的村子。走进村子,我就看到大爷爷家跟其他村民家不太一样,别家的房子都有瓷砖贴着,就大爷爷家还是土房,院子的大门也是用树枝绑起来的。在大爷爷家吃的午饭也都是白菜、茄子和土豆，没什么肉。大爷爷背靠黑土地辛苦了一辈子，他的孩子们说要接大爷爷到城里住，但大爷爷拒绝了，说是要守着自己的根，哪怕再苦也愿意。大爷爷靠着自己对东北那片土地的依恋，笑着熬过了一切苦难。

奶奶一家在明水定居的时间要更早些，但日子也比较艰苦。奶奶家是中农家庭，她是家里的长女，生长在战火中，成长在东北。经历过日军侵华的奶奶，童年没有想象中的美好。奶奶天天跟着太姥姥紧紧张张地在家里忙活，懂事也早，十二三岁就能下地干活，也能给家里人做饭了。因为小时候干的活儿多，奶奶的手也比常人大很多。就是很小便学会操持家务的奶奶一路将我舅姥爷、姨奶奶带大。因为奶奶当家早，太姥姥也能闲下来，每天的"任务"就是出门和村子里人闲聊，虽然不做什么事，但在村子里却立下了威严，家里人也都怕她。好在奶奶的辛苦没有白费，自姨奶奶出嫁、舅姥爷成年后，一家人都过得简单又幸福。舅姥爷后来成了内蒙古免渡河镇的一位中学校长，舅姥姥负责在家带孩子。二姨奶是奶奶的妹妹，当时也在家看孩子，姨爷爷则是当时明水县的武装部部长。大约在社会主义三大改造基本完成后，奶奶便跟爷爷去了吉林，舅姥爷一家去了内蒙古免渡河镇，姨奶奶留在明水，之后大家的联系就比较少了。

2016 年暑假，我陪奶奶回东北探亲，也看望了二姨奶，还到吉林双吉县爷爷奶奶工作过的地方去探望了一些亲戚。明水县看上去朴实无华，商家饭店大多聚集在工厂家属楼周围，不论从哪个小区出门，都能看到一片热闹景象。回去时奶奶不敢坐飞机，乘高铁又怕太累，于是我们坐火车从天水到北京，再从北京前往哈尔滨，足足在卧铺里待了三四天才到明水。可想而知，在 20 世纪 80 年代，爷爷奶奶带着四个孩子从东北一路辗转至甘肃，路途是何等艰辛。

爷爷奶奶有两个女儿、三个儿子，将五个孩子拉扯大十分不易。我一直觉得爷爷奶奶真的很伟大。

二、我的爷爷奶奶

印象中，爷爷总是穿着一件棕色的呢子大衣，花白的头发，深深的眼窝，每天早起就出门散步，傍晚去棋牌室和老朋友们打牌，时不时地还会骑自行车到厂子外面买些木材。爷爷背有点驼，只能一步一步慢慢走，步伐坚实且精气神十足。

爷爷生于 1932 年，那是一个战乱的年代。日本发动侵华战争，爷爷奶奶生活的地方充满了苦难与残酷。

爷爷家里有两个姐姐，还有一些表兄弟。新中国成立后，兄弟们凑钱供爷爷上学，希望他能改变命运。1953 年，爷爷开始了在哈尔滨一个技校上学的日子。在上学前，爷爷经人介绍和奶奶结了婚，结婚后爷爷去哈尔滨上学，奶奶便在村子里的公社干活。

1956年，爷爷毕业分配到北京南苑机场工作。两三年后，厂子里有个调职到吉林的机会。奶奶认为吉林距离老家更近些，便让爷爷争取到这个机会。1958年，爷爷被调到吉林省吉林市第5704工厂当了车间主任，日常工作就是维修飞机、修理发动机和机载设备。

六年后，新中国开启了轰轰烈烈的"大三线"建设，开启了内陆腹地十三个省区的工业建设。当时的中国，主要工业区大都分布在东北及沿海地区。为改善中西部的工业布局，包括交通运输和邮电通信等工程在内的三线建设迅速启动了。随之，"东北大搬家"的洪流开始了。"好人好马上三线"，这应该是那个时代的工人们独有的浪漫。那些如"零件"一般的工人从四面八方向内陆流去，以狂潮之势建设我们祖国的"大后方"。十多年后，我们家人也像一片小小的枫叶开始了它的漂流征程。

1980年，爷爷和成千上万的工人们响应国家号召，化身为一枚"小零件"，举家从吉林坐着绿皮火车一路来到甘肃。当时条件艰苦，爷爷奶奶拉扯着四个孩子，带着锅碗瓢盆，还有两个酸菜缸和一袋子黑土，千里迢迢从东北来到了西北，到达一个名叫天水的地方。随后，爷爷便开始了在原中国人民解放军第5722厂工作的日子，一直到退休。

第5704工厂始建于1956年，爷爷于1958年进厂；二十年后，即1976年第5722工厂建厂，爷爷1980年再进厂，四十八岁的他又工作了六年。可以说，爷爷用他的半辈子见证了两个军工老厂最艰辛也是最辉煌的峥嵘岁月。

相比爷爷，奶奶吃的苦就更多了。才出生不久，侵华日军占领明水县。听奶奶讲，当时七八岁的她就看着汉奸天天领着日本兵到村子里抓劳工，挨家挨户抢粮食，有谁不服气，他们就用马棒打人。奶奶那时候小小的，躲在门后面，日本兵还要将棍子抡几圈吓唬吓唬她。一个被村里人称作"薛老狼"的人，当时挨了几棒子，半年都下不了炕。之后，村里人每每听说日本兵来了都不敢出门。日本兵还用尽各种办法招骗劳工，先是让各村的地主去做劳工，地主们便让给自己干活的人去。奶奶还说那时的人都是被招去修"万里长城"的。后来，村子里的人见那些劳工们没回来几个，都不愿意去，于是日本兵就定期从城里开车过来抓壮丁。新中国成立后，村子里有个当劳工名叫郭献义的人回来了，讲到"劳工就是没了命地给人干活，每天凌晨就起来吃前一天剩下的馒头，每天干到晚上十点多才让吃饭，根本就不是人过的日子"。奶奶还记得从1941年后，印象特别深的就是"打粳米，骂白面"，那时日本兵为了供应自己的军需，宣布中国平民平常不许吃大米、白面。奶奶回想起当时的场面，太姥姥一把米拿回来就赶紧关上门，掀开被褥，把米铺到炕面上，夜里就算躺着不舒服也不敢把米拿出来。被日本兵看到有米的话，不交出来就会挨打。还是小孩的奶奶就在这种紧张的环境下慢慢长大，每天跟着她母亲偷偷地把米拿出来煮饭，那时村子里没有菜市场，就靠着自家门前门后的几块地种菜，每顿饭都是一点粮食一点菜。后来，奶奶听从城里回来的村民说，有个叫毛泽东的人领着军队赶跑了日本人，年纪轻轻的奶奶那时看着村里人兴奋的脸还没什么感受，直到看见太姥姥把米从炕上扛到缸里时，奶奶才知道日本人真的被赶跑了。新中国成立后，奶奶和村里人经常念着"感谢毛主席""感谢共产党"。

新中国成立后，许多农村都成立了学校，奶奶说这叫"上冬学"。太姥姥想着奶奶在家也没事，就让她跟着上了二年级、四年级，还有两年高小（五、六年级）。直到1953年，因为奶奶是家里的老大，太姥姥不让奶奶继续读书，奶奶便回到家里，经人介绍和爷爷结婚了。结婚后，爷爷去上学，那时正赶上社会主义三大改造，家里的大爷大伯们都在社里当社长、队长，奶奶便在县里一个叫作"崇德公社"的农村合作社干活，主要的任务就是种地、铲地和秋收。干一件就计一件的工分，到了年底统一发工资。虽然辛苦，但在当时一年的工资也有七八十块钱。与此同时，奶奶还要帮忙做饭，整理家务，照顾弟弟妹妹。

在合作社工作到1956年，奶奶和爷爷一起去北京待了一年，爷爷调到吉林后，奶奶又在吉林双吉待了二十年。双吉离市区有一段路程，在我去时还是电视剧里20世纪90年代的样子，一个超市有一层都是那种吃酒席的地方，看起来十分亲切。周边的批发市场也有很多，卖什么的都有，每天都很热闹。晚上，各式各样的彩灯一闪一闪的，不禁让人回想起过去那种即使累却也有地方倾诉的日子。爷爷奶奶就是在这个地方带着几个孩子生活了二十年。二十年的时间说长不长，说短也不短。一个大大的厂子，俱乐部、医院、子弟小学、幼儿园什么都有，爷爷奶奶在这里度过了可以算得上圆满的二十年。那时大姑、二姑、二伯都在上学，大伯去当了兵，我父亲也才出生不久，一家子的生活都在正轨上。双吉也赶上过饥荒，镇子上的人每天出去挖野菜，把野菜炸了和苞米面一起蒸，奶奶当时却没去挖野菜。爷爷奶奶一家五口人靠着平时攒下来的粮食平安度过饥荒，虽然不好吃，但在那个年代也没有让我的姑姑们饿到。常听奶奶说："以前闹饥荒，村里人都吃不上饭，咱家可是没饿到过。"1964年，奶奶遇到了一位恩人，他人特别好，听说奶奶没工作还要养活五个孩子，就推荐奶奶去了厂子里的幼儿园。就这样，奶奶当上了厂里幼儿园的保育员，当时的任务就是看小孩，照顾他们吃饭、午休，遇到很小的孩子还要洗尿布，每天都是从早干到晚，奶奶一直干了十九年。刚进幼儿园时，奶奶没见过那么多孩子，即使自己有五个孩子，奶奶也会手忙脚乱。有位姓林的阿姨伸出了援手，每天中午都会和奶奶分享经验，因此她们也成了朋友。奶奶1976年还专门回去和她相聚。那段日子应该是奶奶一生中最难忘的时光了。要照顾家里的几个孩子，每天还要面对一大群小孩子围在自己身边，奶奶没有抱怨过。相反，奶奶总是提起和她一起上班的朋友，奶奶记不住其他人，然而对一起当保育员的同事的脸和名字都记得很清楚。人的一生中一定会遇到几位曾经一起同甘共苦的朋友吧，在人生的后半段回想起来还能觉得美好。这二十年中，如果说奶奶有什么遗憾的话，就是那时大姑上完学身体不好，没赶上下乡，无法调到厂里参加工作。

后来，爷爷奶奶便随着祖国建设的步伐来到了甘肃天水。

三、西北这些年

爷爷奶奶举家来到了甘肃天水，也就是我出生的地方。天水古称秦州，悠久的历史文化滋养了一代又一代的天水人。这里也是"三皇之首"伏羲氏的诞生地、伏羲文化的发祥地，八千多年的文明史、三千多年的文字记载史和两千七百多年的建城史赋予了这里"羲皇故里"之称。

我生在这里，长在这里。其中，一个老厂区——航修厂，便是我度过人生前十几年的地方。航修厂也就是上文中提到过的第5722厂，我称之为"小东北"。这里人们浓重的东北口音为我的生活增添了不少东北味儿，因为厂区里大部分人都是和爷爷奶奶一起从吉林过来的。这个厂子虽小，但五脏俱全，在航修厂生活学习的日子是我最快乐的童年时光。

我从开始记事起，就像一颗生菜心被爱包围着。那时爷爷奶奶都已退休，退休后的爷爷没闲着，还时不时地出去帮忙做木工，顺便给厂里人修修窗户。爷爷的木活儿在我眼里可以说是巧夺天工了。我小时候真就像个小男孩，每天不是在地上跑就是在树上爬，有天看着电视机里的奥特曼，突发奇想，想着自己也该去拯救世界了，想着想着就跑去让爷爷给我买把一模一样的剑。没过几天，爷爷就领着我去他的煤棚子里取出他给我做的木剑，那时的开心用言语还真说不出来，倒是家里的几个玻璃杯都被我演示技能的时候打碎了。

说到煤棚子，那是爷爷晚年长期"驻扎"的地方，里面全都是爷爷保存下来的零件、五金工具、木材之类的东西。那里面还放着三辆自行车，一辆是我的"小四轮"，一辆是哥哥的旧自行车，还有一辆是爷爷自己的。自行车也是爷爷带着我学会的，小时候学东西快，没过几天就会骑了，这样我的"小四轮"光荣退休，抛下两个小轮子出落成一辆两轮自行车。随着身高逐年见长，就在我苦恼原先的自行车太矮的时候，爷爷花了两天时间把哥哥那辆自行车修好带到我面前。爷爷就像是魔术师，总能带给我惊喜。可惜的是，煤棚在爷爷去世后不久就被一个没熄灭的烟头点着了，现在什么都没有了。退休后，奶奶如爷爷一样闲不下来，除了照顾孙子孙女还会帮邻居们缝缝衣服、被子。我印象中的奶奶也是心灵手巧，家里那有了年头的缝纫机伴着我的童年，也见证着奶奶的付出。小时候的被子、棉裤都是奶奶缝的，毛衣也是奶奶织的。奶奶想着我爱长个子，每年冬天都要给我织几件新的，每年穿上新毛衣也变成了我在冬天的特别期待。

爸爸上完学后接了爷爷的班，大姑接了奶奶的班也成了一名保育员。妈妈先是经营着一个小商店，后来也跟着进了厂子上班。平平淡淡的生活，简单却也幸福。姑姑伯伯们也总是惯着我的任性。爷爷奶奶更是将能给予我的爱都给了我。

刚读小学时，去学校会经过爷爷奶奶家门前，偶尔有一天我抬头看了一眼爷爷奶奶家的窗户，就发现爷爷奶奶在跟我打招呼，从那时起我才知道他们每天都在看我上学。三年级转到厂子外面读书，在家门口的车站接我放学也成了爷爷的日常工作。在五年级时，我因为在打羽毛球时一不小心踩空了把腿摔骨折了，上下学都是奶奶一路陪着我坐公交车，送我进教室。奶奶有时就到学校附近的商场坐一上午，中午接我吃饭，然后再逛一下午。奶奶腿不好，扶我上楼梯时也很艰难，三个月的时间奶奶就这样一直陪在我身边，我也愧疚不已。奶奶还特别地勤俭持家，用卫生纸时，要沿着那条虚线撕下来一块，还要再对折，撕下来一半，留着剩下那一半以后再用。1986年爷爷退休后，爸爸作为最小的儿子也接班工作了，从那时起，家里困难也少了，但奶奶也不会乱花钱，能走路就不坐车，能坐公交车就绝不打车。爷爷也是能走路就不骑车，能骑车则不坐车。奶奶还是一个很要强的人，几年前，已经八十多岁的奶奶，有时因为送纯净水的人没有时间，就偷偷地去卖水的地方自己搬一桶水回来。爷爷奶奶都是过平凡日子的普通人，勤劳能干，将一辈子都献给了这个家。爷爷在我们家是个很有威严的人。姑姑伯伯们都有点怕他。可能是因为爷爷的"正"吧，做错事就是错了，爷爷从来不惯着孩子。小学的时候因为比谁写作业第一名，我和我同桌打了起来，本想着是对方先惹的我，我没什么错，爷爷还是大晚上的带我去人家家里道歉，跟我说不管怎样打人都不对。小时候气不过，长大后才明白爷爷是对的。我们家里爷爷奶奶没说过什么家训或是要有什么家风，但他们其实都在身体力行地影响着我们后辈，要勤俭持家，要坚守正义，还要孝顺，最重要的是要记得有这么一个家。

四、结语

爷爷奶奶在我们家就像是一个吸铁石，总能将一大家子人聚在一起，还在精神上将我们凝聚在一起，无论什么困难，大家都一起努力，一起克服。在中国，一个最大的文化特征应该就是"家"的观念吧。无论走到哪里，在哪里上学或工作，因为家的存在，大家总会聚到一起。将家里的一个个成员吸引在一起的这种归属感，我觉得就是一种家风，无论什么事情大家都共同面对。记得表哥投资过一家饭店，但没多久就倒闭破产了。当时奶奶就立马给几个孩子打电话回家来商量，一起帮哥哥把困难熬过去，每家出点钱，事情很快就解决了。听奶奶说要回老家时，大伯、大姑、二姑不放心也都陪着坐火车一起去，来来回回的，虽说是在火车上，但家人都在身边的感觉就像是在家里。

我慢慢地长大了，家乡山上的路修上了水泥路，路边都安上了太阳能路灯，小卖部变成了停车场，生活水平在一步步提高。可在回顾家族史时，却总觉得缺了点什么，比如那个被烧掉的煤棚。以前路过那个小平房，总能想起爷爷以前就在里面用电钻钻着木头，仿佛爷爷还没有离开，可现在什么也看不到，什么也想不起来。每个人都应该写一部自己的家族史吧，听听自己从哪里来，再看看自己该往哪里去。当我记录完爷爷奶奶的一生，仿佛那个煤棚又重生了，还能在脑海中时不时再看一眼。

这就是我跨越了大半个中国的家族史，曾经的我以为我们平凡的一家就如蜉蝣于天地般那样渺小，了解一番后发现家族平淡的变迁也时时刻刻体现着国家的发展变迁。经历了闯关东、日军侵华、新中国成立、三大改造和建设三线等一系列历史节点的一家，和祖国命运与共。

　　这是我们家在历史洪流中冲刷出来的故事，一个让我向往又依恋着的故事，里面是一群普普通通的中国人，跟着祖国的发展建设一同前行的人。偷偷藏粮食的日子很苦，建设三线的日子很苦，用有限的粮食养活一大家子一定也很苦，可一大家子都熬过来了。这不仅是我的故事，也是那个时代千千万万人家的故事。那个时代的中国人熬过了动荡与战争，靠着骨子里的顽强建设着新中国，还养育了一大批为改革开放、为现代化建设奉献着自己的年轻人。这不仅是每个人的家族史，更是新中国人民为自己书写的一部浪漫史。家族的变迁，往往是整个时代的缩影，小家连着大国，我很荣幸出生在这样一个家庭。

第二篇 流动记忆

　　本篇主要记录共和国发展历程中的流动记忆，或从内地到边陲，或从中部到东部沿海，或跨海远行、奔赴海岛。流动的过程，也是社会变迁的一部分，流动中形成的家族记忆，也是家族最宝贵的财富。

植根于国，成长为家

尼玛巴姆（汉名：李洁）

我的家族史要从 1939 年说起。1939 年的中国满目疮痍，正处于抗日战争中最关键的战略相持阶段。日本帝国主义的入侵导致中国民不聊生，人民食不果腹。对于当时的中国来说，最重要的任务就是将日本侵略者赶出中国的土地，维护国家主权和领土完整，实现民族独立。那个时期有无数的家庭支离破碎，分崩离析，或战死，或饿死，或病死；也有无数的家庭顽强拼搏，努力求存，最终迎来了历史的转折。他们怀揣着对家族繁荣、国家富强的美好向往，向着未来不断奋进，将一个个家庭的小梦想，铸造成大大的家国梦，将家国融为一体。我的家族史也正是这宏大叙事的一部分。

一、生如逆旅，一苇以航

我的爷爷李俊生，出生于战火纷飞的 1939 年，家在四川省邛崃市前进镇的骑江村，是一个世代以种地为生的农民家庭。邛崃市由成都市代管，古称临邛，"临邛自古称繁庶，天府南来第一州"。临邛系西汉著名才女卓文君的故里，始建于公元前 311 年，迄今已有 2 300 多年的历史，是四川最早的四大古城之一。爷爷命苦，父母都在他年幼的时候因病去世，至于得了什么病爷爷也记不清了。不仅是因为这个事情已经过去了很多年，还因为当时的医疗技术落后，加上家里穷根本看不起病，所以得不到治疗更不知道病因。爷爷当时只有 9 岁，自此以后便由他的舅舅抚养长大，但在很大程度上是靠自力更生成长起来的。我们家再向上去溯源，故事就无从谈起了。下面就从我们这三辈人的历史，深入挖掘关于我们家伴随着新中国的成立和发展谱写的家族故事。

偶尔听奶奶说起过我们家原本不是目前这个姓氏，以前也没有想过去问为什么，也可能是不敢或者是不感兴趣。如今专门问询过后才了解到，爷爷本来姓邓。改换姓氏对于中国人来说不是一个随随便便的事情，所以这个特殊原因就是，爷爷在年幼时父母都去世了，且爷爷家族姓邓的人也都不在人世了，这其实也就意味着爷爷是邓氏家族最后的独苗。爷爷由其他人抚养，也就跟了别人姓。这种整个家族的覆灭在当时那个年代可以说不足为奇，这是时代的悲剧，所谓生不逢时可能就是如此，命运不能由自己掌握，生如浮萍，任风吹任雨水打。和平安宁的日子如今被视为常态，在那时却是人们心中美好的憧憬。

一个家族的命运，是由国家的命运之轮所推动的。我相信以前的"邓"姓于爷爷肯定是一个特殊的存在，同时"李"姓对于爷爷来说也寓意着人生的转折和新的起点，就如后来我们李家在爷爷独立生活以后的枝繁叶茂、子孙满堂。国家富强起来，小家也繁盛了起来。我们家无论搬到哪里，门前都会有一棵李子树，以前在老家门前有三四棵，搬家时将树苗也一起带走。李子树也跟我们家庭一样，承载着我们全家人的记忆，它到新的地方也结结实实地成长然后开花结果，一直哺育一代又一代李家人。我们家每个人的成长记忆中必然有每一个炎热的夏天都少不了的李子，对于我们来说这也许就是独特的家的味道。

我的爷爷和奶奶

我的奶奶李雪华，出生于 1940 年，家在上安镇的一个乡村。上安镇隶属于与邛崃市只有一河之隔的大邑县，我们家的成员也大多来自这两个邻近的县市，一条河融汇了一家人的不解之缘。奶奶的父母生育了 10 多个孩子，在当时生活水平低下的年代，对于以种地为生的农民来说，家庭人力就是生产力，但是以前的医疗卫生条件落后，加上孩子们生下来以后的养育等问题，后面存活下来的只有 4 个孩子，奶奶成为"幸存者"之一。奶奶清楚地记得当时家里的老人尤其偏袒男孩子，男孩子通常吃得多一点、好一点，女孩子在很多时候处于吃力不讨好和受委屈的状态。

因为家庭条件艰苦，爷爷和奶奶都没有读多少书，爷爷在公办小学读了一年半的书，奶奶读了两年书，但是爷爷认识的字比奶奶多一些，奶奶说这也是她不认真学习的结果，最主要是因为爷爷在后来即使没有读书但仍然坚持学习，他的学习没有停滞于那一年半的读书生涯。爷爷在年轻时做过许多小生意，比如卖烟和修车，这些比干农活要轻松得多，打我记事起爷爷就没有干过农活，全是能干的奶奶承担下来。爷爷负责烧菜，是因为人民公社时期，爷爷就在公共食堂里煮饭，负责全生产队的伙食，厨艺相当了得。由于表现优异，爷爷当时担任了生活排长，后又在 1960 年担任生产队的会计，负责记录每家每户的工分等工作。这项工作所要求的知识技能远远超过了爷爷在学校里学习的知识，证明爷爷在那时已经通过自学拥有了承担这项工作的能力。

我依稀记得刚刚开始识字时还是爷爷教我的，爷爷的字写得很好看。爷爷的识字能力广泛应用于识别药物中，好多生僻的药名我都不认识，爷爷却都识得，还能看懂药物说明书，当然这也是一个继续学习的过程。在我眼里爷爷是一个万能的人，什么东西坏了都会修理，还会自己造东西，比如组装残破的凳子和家里的其他物件，用木头竹子做个工具，厨艺还了得。家里人生病了，爷爷会把自己买来的药进行配比后给我们吃，虽然我小时候常被一瓶子的药量给吓到，但实践证明还是有效果的。以前的电视只需要懂得调台就好了，但是设备更新换代后旧的操控方式被淘汰，需要通过网络连接搜索节目，爷爷就开始学习如何通过复杂的遥控板和繁杂的流程来搜索电视剧，进行了一遍又一遍的尝试和学习，目前对这个技能的掌握简直是炉火纯青。如今在我们家总是会聚集一大堆老年人一起追剧，就是因为很多老人自己不会搜剧，而在我们家经过爷爷一番操作后，大家就可以不看广告进行沉浸式追剧，还能一起讨论剧情，不亦乐乎。最开始家里是台式座机，记得我小时候还得垫个凳子才能够到，后来爷爷开始使用按键手机，如今爷爷已经会使用智能手机，并且会用微信来发语音和看消息。他紧跟时代发展的脚步，一直在学习新的知识和技能，这就是终身学习的鲜活榜样。爷爷奶奶总说，如今过的好日子，连以前最有钱的人家都没有享受过，他们非常知足。

二、不幸的记忆：关于大伯

爷爷奶奶的家跨越两个县市，相隔十几公里的路程，在当初交通闭塞的农村，主要靠步行，距离是很远的，所以我很好奇他们是如何相识的。果不其然，两个人是经人介绍认识的，这就是他们那一辈人最常见的婚姻形式。两人相识相爱，此后一起组建家庭，开始柴米油盐酱醋茶的日子，一生中共同养育了8个孩子。爷爷奶奶的第一个孩子在儿童时期就夭折了，第二个孩子也就是大伯不幸在1997年正值壮年的时候去世。爷爷奶奶和家中其他长辈都对大伯的离去非常痛惜，从奶奶时不时的提及中能够感受到她深深的悲痛："我们家老二长得又高又白随他舅舅，很是吃苦耐劳，干起活来一点不含糊，没人比得过他的干劲儿，人品又很好，当时许多姑娘都想跟老二处对象，特别受欢迎、特别好的一个孩子，可惜了！"问及原因，爷爷奶奶说，主要是因为年轻时落下了病根，一拖再拖不舍得去看病，没承想就恶化成了要命的顽疾。

当时为了医治大伯，家里束手无策，只得开始变卖东西，把家里能卖的东西都卖了，并且四处借贷。但在那个年代，就算是有钱，也没法保住已经病入膏肓的大伯，更何况是家徒四壁，最后他还是去世了。大伯走了，留下一个女儿，我们这一辈的大姐，被大家庭一起抚养长大；而他的妻子也因为接受不了他离去的事实，精神出现问题，回到娘家以后又嫁给别人了，一个小家庭就这样支离破碎。我真的很想看看大伯意气风发的模样，可惜连一张相片也没有，只能从大姐身上寻找大伯的影子。希望天下的病痛少一些，这对任何家庭来说都是一个沉重的打击，不论是在物质方面还是精神方面。

大伯的离开，也与当时整个时代大背景有关。过去经济发展水平较低，缺医少药，人们对健康也不是很重视。如今人们吃得饱穿得暖，精神层面的需求也越来越丰富。粮食产量节节升高，农业技术突飞猛进，农民生活富足。医疗卫生条件得到改善，百岁老人越来越多，孩童的教育也有保障，这一切都立足于我们背后强盛的祖国，得益于中国经济的快速发展。

三、家族的壮大：从独苗到四代同堂

奶奶说到那时候我们家小孩子多，就被别人家嘲笑，说我们家是孤儿院。我奶奶日夜忙于农活，在她怀孕或者刚刚生产完也一直下地干活，以至于落下一身的病痛。那时候家里小孩子只能靠大孩子带，就这样一个拖一个地才都长大成人。在家庭联产承包责任制开始实施以后，爷爷没有继续担任生产队的会计，而是回家重新致力于农业生产。那时土地承包是按人头来计算，土地改革之前出生的人可以承包土地，土地改革之后出生的则不能，这时候就体现了我们家人多的优势，于是就分得了15亩地。家里的房子原本是在土地改革的时候分得的，房子的大小也是按家里的人口数量来分配的。现在人多不够住，于是爷爷奶奶就将原来的屋子拆了重建。他们提及我童年记忆中的三连排的大木门和家里房梁的柱子，都是他们亲自从其他地方背回来的，屋子是家里人合力建造的。我父亲后来买下了我们家旁边的一个房子，本来三家之间是独立的，但是为了一家人之间往来方便，就都打通组成了一个整体的超级大院。我在小学四年级之前一直住在那个房子里，后来农村集体拆迁，老房子就拆没了，但是那里承载的我童年的记忆和快乐是永远不会被拆解的。

一般家里面最大的孩子会成为分担父母责任的主要力量，也是最辛苦和委屈的存在，我的大老子（邛崃话：老子就是姑姑）也是如此。大老子作为家里的长女，扮演的是小大人角色，在爷爷奶奶不在家的时候，整个家都靠她来主持。她每天早上天没有亮就起床喂鸡喂鸭喂猪并且要做好饭，安排好弟弟妹妹以后，才能拥有属于自己的时间。那时候她上学，别人都上两节课了她才赶到，因为必须把家里面的事情都忙完。她很爱学习，即使有如此多的外部因素干扰，还是坚持不放过上学的机会，成绩也非常好，但是家里不支持她继续读书。这就是中国几千年来的封建文化弊病，认为女子不需要接受过多的教育；尤其是在贫困人家，更需要劳动力种田而不是浪费时间去学习，所以当时的人们对于教育的意识都很淡薄。但是从大老子身上能够看到，爱学习的人即使是脱离了学校的特定场所，还是会用自己的方式坚持着，大老子一直坚持学习，从小我就觉得她是所有长辈里最有文化的人。而我父亲那几个男孩子，就是属于不爱学习的类型，有机会就要跑去玩，导致大字不识而后又懊悔不已，只能将自己的遗憾寄希望于下一代，并且时时叮嘱后代避免吃没文化的亏。这很大程度上反映出国民意识的觉醒和教育意识的增强。

家族第三代大合影

我们家小孩子多，以前有人看我们家幺爸生得乖巧就想要抱回去养，但奶奶坚决不同意，宁愿再苦再累也要自己养孩子。虽然大家日子过得苦，但整整齐齐就是圆满的。爷爷奶奶的七个孩子后来都组建了自己的家庭，大家庭不断地加入新成员，不断地壮大起来。以前的家族是有族谱和姓氏谱的，取名都按上面的谱来，爸爸那一辈是"潮"字辈。其中年龄最大的大老子57岁，年龄最小的幺爸46岁，有11岁的年龄差。到我这一辈就没有按照辈分上的字来取名字，在一定程度上说明人们思想的解放和自由。我这一辈年龄最大的是大老子的儿子，今年33岁，最小的是我弟弟，只有7岁，他们之间有着26岁的年龄差。我们家庭是一个年龄跨度大、人口数量多、非常热闹的四代同堂大家庭。

四、高原上的儿女

当时，家里的孩子一般会早早地出去务工，家庭生活条件好起来得益于我的父辈们在外面打工赚钱。当时家里买了村子里第一台黑白电视，非常洋气，很多村民都会聚在我们家一起看电视，这对爷爷奶奶来说印象非常深刻，是我们家从贫困转向富裕的起点，也是跨入新时代的见证。此时正值中国市场经济快速发展，年轻气盛的父辈们就开始想要去外面寻找发展机会。20世纪末，西藏还是一个没有被完全开发的市场，相较于西藏的地广人稀，四川就是一个人口大省，四川内部的劳动力市场趋于饱和，青年人在本地的竞争力弱，很难找到满意的工作。尽管西藏和四川的地缘条件接近，但当时的西藏对许多人来说是未知的，然而正是因为未知，西藏对于人们来说更具吸引力。于是西藏就成了商人、打工人和冒险者的目的地，我的父亲也是在这个时候开始加入"闯西藏"的浪潮。那时候的西藏交通闭塞，还没有通火车，但就是在这样的情况下，我的父亲仍然坚毅地来到西藏拉萨，依靠劳动获得报酬。

而后他又跟着施工队越走越远，来到了与尼泊尔接壤的边境吉隆县。在这里他刚开始时以打工为生，后面遇见了我的母亲。那时候我母亲不会汉语，他也不会藏语，两个人竟然就相爱了。所以说，有的时候爱情无关语言、文化和宗教信仰。他毅然决然地与家里经人介绍的妻子离婚，跟我的母亲结婚，但留下了第一任妻子生的女儿，也就是我的二姐，她大我10岁左右。他之前的妻子，许多次听奶奶提起过，其实对父亲特别好，家里的事都一手操持，但父亲就是不喜欢她，可能是因为包办婚姻没有感情基础。我父母的爱情也并不是一帆风顺，双方家里都非常反对，他们最终排除万难，结合在一起。至此我的父亲开始在西藏扎根，一待就是20多年，吉隆已经成为他的第二故乡。

这也成为我们家的第二个转折点，我父亲在西藏扎根后开始尝试在吉隆县做生意。在市场经济刚刚开始发展的时候，单一从事农业生产的家庭收入远不如做小生意的收入多，我父亲在当时成为我们大家庭里收入比较多的一个，后来将我的大老子叫来一起做生意。那时候的我刚刚出生，母亲和父亲两个人在彼此的影响下互相学习对方的方言，最后我母亲掌握了四川话，交流畅通无阻，可是她怎么也学不会普通话，说话总是一股"椒盐普通话"的味道。父亲会一部分藏语，更多体现在听得懂方面。而我作为他们的"产物"，小时候就需要学习两种方言。在我两岁的时候，我被小老子和小姑爷带回了四川，大概是父母忙着做生意没办法继续照顾我，同时觉得四川的各方面条件都比西藏好，有利于我以后的成长和学习，当时爷爷奶奶60岁左右还有力气能够带得动我。我回四川后用藏语跟别人交流，没有人听得懂，我如果有需求只说四川话才能被回应，于是藏语就基本在我生活中消失了。

藏族人的名字大部分是将星期一到星期天作为不同的前缀，我是星期天出生，所以就取名尼玛，也就是太阳的意思。我的汉名比较简单，父亲的姓加上母亲的名，但是我在开始读小学时就突然觉得这个名字太简单了，就凭自己刚刚学到的那一点知识，擅自给"吉"加了三点水。到现在看小时候的课本，还能看见"李洁"。四川话里面"吉"和"洁"的叫法一样，所以除了字不同，家里人叫我还是一样的，只是普通话里两个字的读音有明显差别。身份证上名字一直是藏名，不会对日常生活和学习产生影响。我从记事起一直被叫汉名。在四川上学被叫藏名会显得与众不同，小孩子不太喜欢那种"另类"的感觉，当时的老师也觉得别扭，大家索性都心照不宣地叫汉名，文件才填写藏名。

　　后来，我回到西藏已经是我小学三年级的时候了。回到的地方不是小时候出生长大的吉隆县，而是距离吉隆县 70 公里的吉隆沟，一路走来，海拔从 4 300 米降到 1 800 米。吉隆沟不同于西藏大部分地区风沙大植被少的荒凉景象，这里山清水秀、植被茂密、四季分明、气候温暖，是珠峰自然保护区内面积最大的森林景区，被称为珠穆朗玛峰的后花园。这里有足够的氧气和风景宜人的环境，很是舒适，这里同时也是中国与尼泊尔的通商口岸。我们一大家子人就在这里做生意，吉隆沟成了我们家的第二个基地。我总是隔几年就来一次，每一次都会感受到这个边陲小镇的变化，看着公路越修越宽，看着游客越来越多，当地人的生活也越来越好。当你看腻了西藏其他地方的黄沙戈壁，想要得到身体和心灵的放松时，或许吉隆是一个不错的选择。你会看见小镇上广场中央的寺庙，它必然会吸引你走进；随便走进一家川菜馆，就能够品尝到大厨师的手艺，欢迎来到美丽的吉隆。

点亮城市，凝练生活

颜湘枝

每一个时代都有自己的故事，而我们不过是芸芸众生，来这人世间一趟，带来故事，却带不走故事。其实我也想过让退休的爷爷动笔写一部关于他个人或者关于家庭的传记，因为他在退休之后比较清闲，而且我高中时候的下饭故事大部分源自我爷爷。这里的爷爷其实是我的姥爷，只是我家习惯如此称呼罢了。

冬夜里我把母亲做好的热腾腾的夜宵端上客厅的桌子，隔着缓缓升起的白雾，听着爷爷讲着过去的故事，这就是我对家庭最温暖朴素的体验。我诧异于他的大学学历，因为家里许多老人是文盲。他无法拿出毕业证等一系列证件来证明他是哪所大学的学生，但是他"指点江山""挥斥方遒"的模样，又让我深深地信服，相信这个男人身上有不同寻常的故事。我也意欲探究是什么样的经历打造了我面前这样一位老人，好奇他有着怎样的教育经历、去过什么地方、遇见过什么样的人，有着怎么样的爱情、婚姻和家庭，更感兴趣的是他经历过怎样的时代巨变，或者说时代在他身上烙下了什么样的印记。我用着不熟练的采访技巧和对人性最原始的观察开始了我的历程。

我之所以选择动笔或者说整理这一段的经历，有这么几个原因。一是，课程的安排给了我一次进行家族史汇报的机会，让我打开了尘封的记忆，发现这些长辈的故事依旧吸引着我，所以我选择用家庭史或者用个人传记的方式来对爷爷的成长生活环境做一个梳理和描述。二是，我觉得自己给自己写传记，多多少少有些不好意思，许多事情不好直接评价，所以舍弃了让爷爷自己写作的想法，选择用我的观察和体验来尽力客观地描述他的平生。三是，作为一名在人文社会科学领域学习的学生，我本身就对历史事件感兴趣，可以从微观的个人视角看社会让我兴奋不已，迫切地想要知道个人和主流的历史描述之间的差异性。四是，爷爷即将迈入古稀岁月，我希望他健健康康长命百岁，但是岁月无情，我只希望能够刻录下他的经历，为他也为家庭留下一段文字，回忆峥嵘岁月也好，供后人缅怀也罢，也算是我对家庭一点绵薄的贡献。

渡长江，赴武汉，至甘溪。

下广州，落南京，回澧县，

抵海南，过温州，迁龙山。

一、努力读书，辞职离家为生计

颜道力，也就是我爷爷，1953年生人，出生于湖北省松滋市刘家场镇百木洲村。

爷爷出身贫寒，家里共有七个兄弟姊妹，光是靠种田养活这么一大家子人已是勉强，更何况孩子还要读书。于是，像那个年代大多数家庭一样，将家里的男丁送去上学，如果成绩优异就继续读书，若不是读书的料，念几年书识得字就作罢。

在农村，家家都希望能供个读书人出来，这种想法可能源于中国延续千年的科举制度。就这样，爷爷作为家里的老三，在他8岁的时候就去村里读小学。那时的小学只上五年，由于师资力量不足，一般由一个老师承担多个年级的好几门课，全校也就五六个老师。在爷爷二年级上学期（或者三年级）的时候，国家形势发生了变化，教学也受到影响。那个学期他们没有课本，只有报纸杂志。老师上课的时候给同学们读报、读文件，读完之后叫同学谈谈体会感想，如果发言深刻、立场明确，那么这门课的成绩就高。

我的全家福（前排左一是爷爷）

才十一二岁的小孩，也还不懂什么是政治，只是觉得没有课本的上课形式新鲜好玩。

那时的小学没有"数学课"，只有珠算和算数，加上语文，就是全部的理论课程。其他课程最多的就是劳动，包括种树、种菜；文艺方面也算丰富，会学唱红歌、唱样板戏，现在我爷爷还能哼上两段《红灯记》哩！

爷爷的笔下能写东西，现在还念念不忘当年在宣传栏里展示的金句——"饭可以不吃觉可以不睡，学习毛主席语录一刻也不能松懈！"当时的老师很喜欢学生这种写法，出的作文题也大多是这种方向，学习领导人思想和语录，成为语文这门课程的必胜法宝。

高中增加了英语课，换了更远的地方上学，于是爷爷只能选择在学校寄宿，两个礼拜回家一次。

读书的日子总是平淡如水，高中毕业之后爷爷选择回到村里的学校教书，一是因为家里的其他孩子陆续需要读书，家里的劳动力跟不上；二是当时的大学需要推荐，光是凭考试分数是没有办法读大学的。

爷爷当了几年教书先生，之后通过推荐制度和考试去往武汉读大学，学的财会专业。毕业之后分配到松滋刘家场镇企业管理站工作，之后便结识了奶奶。

关于我爷爷和奶奶的婚姻，也是当时最常见的媒人介绍的结果。在大学里，爷爷不是没有过自由恋爱的对象，但是当他把对象带回家之后这段感情也就走向了终结。因为爷爷家里实在是太过贫困，一家十几口人挤在两间狭小的土房子里，饶是站在面前的这个青年是如何意气风发，也改变不了姑娘的心。

凭着爷爷大学生的身份，说媒的人也是要踏破门槛，但是碍于家境，没有办法给出丰厚的彩礼，举办气派的婚礼仪式。

而奶奶在她们村，大小也算个干部。她是生产大队的副队长、民兵团副团长、妇联主任……"帽子"是不少的。爷爷在回忆奶奶的时候，也说："你奶奶的枪打得可准哩！"当时这桩婚事，算我奶奶"下"嫁给爷爷，她不过是用自己的一生去赌我爷爷这个人，赌这个家境贫寒的大学生是个"潜力股"，两人能开创属于自己的一片美好未来。在这点上，我奶奶和母亲倒是相似的。

在三年左右的"自由恋爱"后，爷爷和奶奶步入婚姻的殿堂。奶奶说，这个人虽然家里穷，但是志不短，好日子会来的。当时奶奶估计也没有想到，往后的日子却事与愿违，但最终在经历百般曲折后迎来了柳暗花明。

不久母亲出生，为了照顾母亲，爷爷从管理站辞职，在村里寻了一个职务。成为村里的干部之后，一家人的生活并没有改善，加上我母亲的降生，一家子的日子依旧过得紧巴巴的。

日子就这么像流水般过去，生活也就是从每天对吃饭穿衣的担心中溜走。

在成为村干部没有几年之后，因为百木洲村需要修建水坝，于是所有河边的住户需要搬迁。一些人家选择往海拔高的地方搬去，而爷爷则选择将家搬到奶奶娘家那边，也就是湖南省澧县甘溪村。在土地分产到户后，爷爷和奶奶面朝黄土背朝天，当起了农民。

偶然的一天，爷爷的大学同学联系到他，说是要出门一起做生意，这对于一家人来说是一个改善生活的机会。爷爷和奶奶一合计，决定让奶奶和母亲留在老家，爷爷独自出门闯荡。这是那个时代家庭的常态。

爷爷也没有想到，这一去，他的人生滑向一个未知的深渊。

1986年，爷爷和一些朋友共十三人，南下去了广州。当时有一家叫石普化工三厂的企业，希望能在国内外打开市场，于是雇用了我爷爷这批年轻人，给了他们每单5%提成的回报，让他们施展拳脚。

爷爷他们最开始的策略是做外贸，这也是他们选择南下去广州的原因。但显而易见的是，他们对当时的形势判断有问题，一是西方国家的工业发达，自身化工产品物美价廉，进口需求较低；二是一些新兴国家工业百废待兴，对于化工产品的需求不高，所以他们还是被迫将视野放在国内市场。

他们起早贪黑，日夜奔波，有一点风吹草动就立刻出发。但是由于判断失误，他们在广州的日子十分艰难，产品推销不出去，也就没有生活来源，最困难的时候甚至吃不上饭。

二、剑走偏锋，走私珍珠终入狱

爷爷这些人出来闯荡，大多是迫于家庭的压力，需要找到挣钱的路子。这十三人中，有些人坚持不住了，于是开始起了其他的心思。

当时的广州还没有迎来"南方谈话"，经济上十分疲软；但是隔海相望的香港，作为"亚洲四小龙"之一，无论是经济发展还是消费水平都是广州不能相比的，因此对奢侈品的需求十分旺盛，珠宝首饰备受人们的追捧喜爱，品质好的珠宝更是有价无市。

当时珠宝走私行为屡禁不止，一是没有直接的法律处罚依据，二是技术条件有限，查禁成本太高，所以国家对于这些走私行为也是十分头疼。在这种背景下，他们当中有一人偷偷地将一些珍珠卖到香港，在尝到甜头后，就把这个"生钱的办法"告诉了大家。大家再三考虑，这个买卖虽然是"富贵险中求"，但是当时这样做的人并不少，而且贩卖珍珠比推销化工产品的利润高得太多，只要找到优质的珍珠来源，就不怕没有市场，于是他们便辞掉了化工厂的工作，开始在全国各地寻找优质珍珠。

从沿海城市到内陆的湖泊，从诸暨、盐城、常州、江阴、洪泽湖到高淳，都留下了爷爷和他同伴的足迹。他们踏遍祖国的山川湖泊，只为寻找优质的珍珠产地，这样的不辞辛劳，当然收获了不菲的回报。大大小小的商单纷至沓来，爷爷也做回了老本行——会计，管理着这个不大不小的团队的日常开支。

凭着当时尚见不得光的珍珠生意，爷爷和他的伙伴很是潇洒了一阵子。让我印象深刻的是，在交通不发达的年代，爷爷返乡没有选择乘坐火车，也没有经历无数次转乘、搭便车，而是选择了直接打车回家，到家之后付给司机双倍的路费。在那个公路都不是很宽阔的乡间，一辆小汽车载着赚得盆满钵满的年轻人驶来。爷爷从车上下来，用现金支付车费，不用找零！当时的爷爷是何等的"意气风发"。

爷爷返乡一般是在逢年过节的时候，平常只有奶奶和母亲二人处于相依为命的状态。奶奶迫于生计，在水泥厂给人烧火做饭，下班回家就在家里缝缝补补来补贴家用，爷爷带回来的现金，奶奶也不敢多用，就藏在陶罐子里面以备不时之需。

有一年，爷爷他们在江苏高淳找到了一大批珍珠，这次珍珠的数量足有一千多斤，并且珍珠质量也不错。对他们来说这是最大的一笔单子，甚至在他们付款的时候，手头都没有那么多现金，只能付三分之二，他们和珍珠养殖户商量好，过段时间将珍珠陆续销售出去再补上欠款。这一次，他们十三个人全部出动前往高淳，通过火车、飞机、汽车等方式将这一千多斤珍珠运到他们在广州的住处。

在接下来的日子里，大家要做的就是通过频繁进出香港的方式，将这些珍珠分批带到香港。谁都知道这件事情有风险，但是面对发家致富的机会谁都不想放弃，况且之前已经有了很多次成功的经历，这一次就碰一碰运气吧。

其实爷爷他们本质上还是庄稼汉老实人，做这种不符合当时法律的事情，心里总是不踏实。他们商量着把这批珍珠卖出去之后，大家也赚得差不多了，就回家买点田地再修一栋房子，做一个快乐的庄稼汉。老婆孩子热炕头，比这种天天战战兢兢、如履薄冰赚钱的生活来得安稳舒心。

可是事与愿违。

就在这一次，他们中有一个人在过海关的时候被工作人员拦截下来，眼看事情败露，此人便将所有事情和盘托出，以希望减轻处罚。警察迅速地找上门来，所有人都措手不及，全部落网。爷爷为了减轻处罚，将所得钱财全部上交。

因为珍珠来源地是江苏高淳，所以一伙十三人全部被扭送至江苏南京接受审判。根据当时的法律和个人的表现，十三人全部锒铛入狱，刑期从五年到无期徒刑不等。爷爷由于上交全部所得，被减轻处罚，判了六年有期徒刑。爷爷自此进了监狱，自己的生活没了期待，只是日夜忧心家里的妻女。

奶奶熬了几年苦日子，眼看着家里顶梁柱在外挣钱，生活马上就要好起来了，但情况却急转直下，可谓人财两空。不仅如此，还要被街坊邻居指指点点在背后议论。面对巨大的苦难，奶奶能做的只是一口一口将其吞咽，慢慢消化。

其实奶奶的生活并没有发生很大的变化，还是一个人去水泥厂烧火做饭，在家缝缝补补陪孩子。关于罐子里的钱，奶奶想着能攒就攒着，没有到最困难的时候就不使用。每次年关，奶奶便牵着母亲，坐船前往南京探监。

时间从监狱的窗户中溜走，六年的服刑期说长不长说短不短，一晃三年时间就过去了。爷爷在监狱的劳动主要是在一个大理石厂搬运石块，属于纯体力活。一次偶然石块滑落，好巧不巧砸中了爷爷的右脚，只听一声惨叫，爷爷便瘫倒在地，狱友们把石头搬走，将爷爷送去医务室，结果是骨折。

骨折了的爷爷没有办法继续参加劳动了，需要申请保外就医。消息传到远在千里之外的奶奶那里，她只觉得天又昏暗了些。但是没有办法，生活还是要继续，好在爷爷以前回家的时候带回了些钱财，现在取出来用，应该也能度过这段苦日子了。

奶奶小心地拿出当年存钱的罐子，掀开盖子一看，却发现那些钱早已因为潮湿而发霉腐烂，这无疑又如同晴天霹雳。奶奶只能卖掉家里的房子，再加上四处借来的钱去了南京。只身前往南京的奶奶人生地不熟，也不懂监狱的办事流程，只能无功而返。来来去去折腾了三次，也没能把爷爷的保外就医办理下来。

这时候，监狱里一个湖北籍的狱警伸出了援手。他是爷爷的老乡，在监狱里跟爷爷接触得多也就熟悉起来，在他的帮助下，爷爷获得了保外就医的机会，和奶奶一起回到了湖南老家。

三、回家养伤，树倒人散再离家

在爷爷回家养伤的那几年，家中格外困难。爷爷是病号，终日躺在床榻上，甚至日常起居都需要别人的照料，奶奶的负担也就更重了。为了养家糊口，奶奶又在水泥厂做兼职，一个人把母亲拉扯着长大。

当时的水泥厂为居民提供了大量的岗位，同时也为当地经济发展作出不俗的贡献。但是由于管理不善，许多水泥因为"批条子"被私人贩卖，这部分所得没有收归集体，反而进了拿"条子"的人的腰包。这些人利用制度缺陷中饱私囊，受苦的却是在厂里上班的员工。

当时，在厂里上班每月工资是20元左右。可是由于缺少流动的资金，厂里的财务手里只有一大把"条子"，没有办法兑换成现金，所以每个月的工资都是以物品的方式发放，多是纸巾、油粮等生活用品。凭借这些生活物资，一家人的生活可以勉强维持。

爷爷在家里也积极地进行康复训练。日日夜夜地抱着他骨折了的腿伸展弯曲，承受着生理的剧痛和心理上的压力。他恢复得很快，一年左右就可以正常走路了。"伤筋动骨一百天"，何况是骨折，难以想象他是如何挺过来的。只能说在那个时代，人人都需要拼命地生活，他们被家庭和世俗推搡着、拖拽着曲折前进，不能停下来。

虽然奶奶身形瘦小，但在我心里她的形象一直是高大且温暖的。奶奶已经去世多年，她在我为数不多的儿时记忆中，都扮演着极其重要的角色。小时候父母工作比较忙，在我肆无忌惮玩耍的时候，旁边陪伴的都是奶奶的身影。我快乐玩耍，奶奶专心纳鞋底。即使家里的经济状况得到改善，她还是坚持自己纳鞋底，说自己缝的比外面的结实，一家人大大小小的鞋垫都是出自她手。

做家务的奶奶

奶奶虽然人不在江湖，但江湖仍有她的传说，这就包括我母亲经常提起的"五块钱过个年"。

这个故事就发生在爷爷在家养伤的那段时间。水泥厂发不出工资，平日里靠着那些生活物资还可以勉强度日，但是新年怎么办呢？

春节在中国家庭里具有特殊的意义，特别是大年三十总要团圆，而且要和和气气地、体体面面地过年。于是奶奶去跟水泥厂的人磨，说家里实在困难，没有劳动力，还有卧床不起的病人和年幼的孩子，就还指望着过年能吃上一顿好饭。在奶奶"晓之以理，动之以情"下，水泥厂财务给奶奶发了五元的现金，凭着这五块钱，奶奶买了两斤肉，几斤梨子。在年三十这个阖家团圆的时刻，一家三口硬着头皮办下来一桌子菜，总算在过年的时候见上点荤腥。

在勉强可以走路之后，爷爷也去村里的砖厂工作以补贴家用，事情不算多但也烦琐，包括抽水、烧饭，偶尔还负责修理一下厂里的机器。爷爷年轻好学、踏实肯干，厂里的工人也愿意教授他一些实用的技能，例如电焊和简单的零部件拼装。这份工作虽然烦琐但也算清闲，胜在有稳定的收入。

村里的砖厂和水泥厂宣布私有化之后，家里的靠山突然没了，原来的铁饭碗丢了，一大批下岗工人无处可去，刚刚找到工作勉强度日的爷爷，再一次失去了工作。村里的青壮年都不约而同地选择进城务工，用自己的劳动换取更好的生活。

爷爷虽然刚恢复，但是也不得不随着大流出门务工，这一次他选择了海南。

初来乍到的爷爷只能找一些短期工，他傍身的技能多，也不挑钱多钱少，主要想找一个容身之处。他开始的时候是普通的建筑小工，负责搬砖和搅拌水泥，还砌过墙打过钢筋。后来工地的包工头在雇用长期工的时候，发现爷爷虽然刚刚学会电焊，但是也焊得有模有样，便让爷爷随着建筑队做专职焊工。工地包吃包住，但一般按月结工资，这对省吃俭用的爷爷来说不算大事，于是他便欣然答应。在成为焊工后，爷爷的薪资待遇提升了不少，一天能有三四十块，在那个年代已经相当不错了。

在海南打工不到一年时间，爷爷混得也算风生水起，日子越来越有盼头。这时候，他的小舅子（我奶奶的亲弟弟）不远千里，带着好几个人从湖南老家赶过来"打秋风"。都是一家人，爷爷便给他们介绍了工作。爷爷结识的包工头多，介绍的也是一些相对轻松但是工资不错的工作。本想着一家人齐心协力朝着美好的生活前进，但是舅爷爷好吃懒做，偷奸耍滑，不久就被老板辞退了。他天天在街上游手好闲，挑衅滋事，没钱了就找爷爷借一点。爷爷每次给完钱后总要叮嘱他，还是要找一份稳定的工作。舅爷爷表面上答应着，可行为照旧。爷爷由于工作原因，也不能时时照看他，祸根就这么埋下了。一天，舅爷爷带着一群人和别人当街起了冲突，性质比较恶劣，用他的话来说就是"警察正满大街找他"。于是他赶紧跑去找爷爷，希望得到帮助，爷爷只能带着他连夜离开海南，就连前一个月的工资都没来得及要。

四、几经波折，重聚温州筑家庭

回家之后不久，爷爷就换了一个地方继续打拼。当时的沿海城市普遍需要劳动力，所以换一个城市对爷爷来说不是什么难事，于是他随着村里的许多年轻人来到了温州。第一年，他只是来尝试一下是否能在这个城市生存，非常小心谨慎地在这个即将兴起的城市打拼，但还是有许多后悔和遗憾。

当时他的工资也是按月结算，每个月都要去邮政局一趟给家里汇款，如何去市里的邮局便成了一个大问题。一次，老板的小女儿新买了一辆自行车，于是爷爷想着借一下骑去市里，老板大手一挥便同意了。爷爷骑着崭新的自行车就踏上去邮局的路。到达之后，他把自行车一停，便冲进邮局汇款，等他汇完款出去一看，自行车早就没了踪影。这可急坏了爷爷，这是辆全新的自行车，被偷了先不说赔偿，如何回去也需要想办法。爷爷便一路步行回去，走了几个小时，一路上都惴惴不安地想措辞。回到工作的地方，爷爷向老板说明情况，表示这个月的工资已经寄回家了，只能从下个月的工钱里扣，作为对其自行车的赔偿。老板很无奈但是也表示谅解，然而小姑娘却发起脾气来了，就要自己的自行车，这让爷爷一个铁骨铮铮的汉子束手无策。老板和老板娘一起将小姑娘安慰好，说下个月一定买新自行车，小姑娘这才作罢。时间一转眼就到了下个月，爷爷也寝食难安了一个月，他在领工钱的时候跟老板说，把自行车的钱直接扣掉就好了。然而老板告诉他，看爷爷每月工资只有一点点，还需要贴补家用，自行车的钱就由他自掏腰包了。听了老板这句话，爷爷工作起来更加卖力。

那年春节，爷爷商量着让奶奶也出门打工，让我母亲跟着老太太（我奶奶的母亲）生活，因为随着我母亲的长大，家里的开销费用更大了。爷爷作为大学生，想让母亲享受更好的物质条件，让母亲受到高等教育，但是这笔钱可不好攒。趁着母亲还小，宁愿自己辛苦一点，也要为后辈多攒点钱。于是年后，奶奶便和爷爷一起去了温州打工，将我母亲寄养在老太太家里。

初来温州的奶奶在爷爷的介绍下，进了爷爷所在的工厂，从事仪表车床加工，也就是切割模具的工作。两人在攒了一点钱之后，爷爷想着不如自己承包一个小厂。于是一个地址在我们家族里留下深深的印记——温州市解放路35号。

爷爷奶奶揣着打工挣的辛苦钱，告别对爷爷有诸多恩情的老板一家，在解放路35号盘下一栋小房子，一楼用来加工汽摩配件，二楼供人居住。这么个小小的地方，成为颜氏家族的据点，我的幺爷爷、幺姨奶奶、大爸、二爸、三爸都曾经在这里当过学徒。那时他们从农村涌向城市，碍于没有知识和技能，一时不知道干什么。爷爷便尽力帮助他们，让他们在解放路35号学了一身本领，再奔赴其他地方。然而后面因为经营不善，这个小厂转出去了，爷爷奶奶便又找了一个工厂继续上班。

一对普通的湖南夫妇，为了给女儿创造更好的物质条件，离开女儿跋涉千里去往温州这个依托政策兴起不久的南方小城市，从此两代人之间开始了长达八年的分离。然而我母亲为了补贴家用放弃了考大学，来到温州和家人团聚。她没有大学文凭，只能进厂打工。这一次，他们发誓一家人再也不分开，可未曾想到，今后的日子里是数不尽的离别。

我的母亲

为了家人不再分离，他们招了上门女婿。这里边也有颇多故事。我父亲原来是一个工厂的副总经理，母亲也在这个厂里上班。因为高中学历加上相貌、性格等因素，母亲从文秘做到了人事部经理，两个人也走到了一起。虽然他们俩的头衔很高，但其实两人家里都很困难，父亲需要在每年年初找老板预支工资，供家中的弟弟上学，而母亲也需要在养活自己的同时帮衬家里。爷爷本来极力反对这门亲事，但是拗不过我母亲的执着，所以只能提出入赘这种挑衅式的要求，以阻退父亲，但是他没有想到父亲同意了。

在父母亲结婚的次年，我出生了。奶奶便含饴弄孙，不再工作。后来奶奶去世，家里的地址几番变更，父母也不断跳槽。随着家里经

父亲和母亲

济条件的不断改善，2009 年我的弟弟呱呱落地。爷爷也随着年纪的增大，只能从事一些比较轻松的工作。然而不变的是，他依旧闲不下来。即使现在退休了到父亲的老家龙山居住，爷爷也要每天出门散步，哪怕碰上阴雨天，也会郁闷地在家里走来走去。夏天的时候，爷爷会拎着鱼竿下河钓鱼，钓回来的鱼还要送给邻里亲戚；冬天会上山砍柴，在家里烧火做饭。

爷爷压着年龄的界线考了驾照，买了一辆属于自己的小车，隔三岔五就开车出游。家里的几个奶奶嫁到不同的地方，他便拉上兄弟几个去荆州、武汉，兄弟姐妹们谈天说地倒也十分潇洒。人到老年，总是回忆过去，不过他们也会谈论当下，谁的孙子满月了，哪家又接新媳妇了，自家土地的收成不错，但是因为雨水作物不够甜……

钓鱼的爷爷

爷爷正式开启了他的退休生活，而我的家庭史也就讲述到这里，当然颜氏家庭的故事永远未完待续。

五、结语

总的来说，爷爷这一生点亮了无数座城市，经历过许多事，见过许多人。老一辈总爱念叨的"吃过的盐比你走的路还多"，其实不无道理。原来我会疑惑，盐和路的比较，是如何提出来的，二者看似毫无关联，而且在重量和长度上无论如何都没有办法找到一个合适的衡量标准，后来才知道，原来生活都藏在一日三餐里，生活在我们脚下。一些阴晴圆缺、悲欢离合不过是生活的调味，长辈们在柴米油盐酱醋茶中度过一天天、一年年，他们跟人攀谈，和城市打交道，与自然搏斗，同时代和解。他们的眼睛看过太多的人情冷暖，舌尖尝过太多的酸甜苦辣，以至于看轻、嘲笑甚至贬低我们一些幼稚的念头，吐出一口烟雾，或者微抿一口酒之后感叹："你走过的路，还没有我吃过的盐多，你还是太年轻……"

"大人的事情你（小孩）不要管/问"，我不知道是否全国通用，只记得每次我试图打探的时候，长辈们都会抛出这一句说辞来搪塞我。随着自己年龄的增长，我知道的事情越来越多，也渐渐成为一个"大人"，偶尔需要向家族里的后辈们解释为什么"大人的事情"他也不能管。

我以一个"记者"的身份和爷爷交流，感受非常奇异，因为他们很少有这么知无不言、言无不尽的时刻。我现在不仅可以问，甚至还可以刨根问底，尽管我知道爷爷还是会有所遗漏或者隐瞒，但是对我心理上的满足是不可估量的，因为我看到了过去，触摸到了时代。

　　回到时代对一个人的影响的话题，爷爷带着那个年代的鲜明印记，朴素且踏实，热心且醇厚。爷爷的一生也离不开那个时代：如果没有教育事业的建设，爷爷无法受到高等教育；没有大学毕业的分配工作制度，爷爷不会那么快地找到工作，分担家庭负担；没有改革开放，爷爷也不会进城务工，从而组成我的家庭……所有的人物行为看似个人的选择，但其实都暗含着时代洪流下的必然性。

　　时代看起来是个宏大的概念，但其实质与生活是相通的，都是个人所经历、所体验、所感悟到的。历史洪流中，他们称之为生活的，就是后人凝练、命名的时代。

在这善变的人世间，我能看到永远

王隽雅

"我总觉得她是很爱他的！太爱了以至于多年以后他依然是她心里的唯一，不经意提起他的时候，白发苍苍的她眼睛还是亮亮的；太爱了以至于她总是对那一次永恒的分离闭口不提，仿佛每提及一次，那些无法相伴走过余生的遗憾都会从难以愈合的伤痕当中汹涌而出；太爱了以至于这份延绵不绝的真情慢慢演变成为她照料家庭的动力，逐渐拓展成了她独立自强的个性以及对这片她所生活的热土的朴素热爱。"

这是我在做完家族史口述采访后，脑海里立马浮现出来的一段话。这或许是一个很容易湮没在历史浪潮中的关于微观个体的平凡而不起眼的爱情故事，但它却是承载着满满爱与温暖的一段历史，写就我们的家庭延续。

吕瑞芳女士，中共党员，1948年出生于广东广州的一个小商贩家庭，安稳而踏实地在广州市第五中学完成她的初中学业后，于1965年顺利考入了广东省人民医院护士学校。1968年在护士学校毕业后，她开启了辗转海南、佛山、广州等地的职业生涯和多地奔波的家庭生活。1972年开春，她嫁给了温文尔雅的王秩之先生，成为他的妻子。1990年，鉴于其工作表现优异、思想进步、敬业乐群，她被举荐成为一名中共党员。2003年，奶奶在广州威达高实业有限公司（原广州人民造纸厂）兢兢业业地奉献十余年时光后，在生活福利部部长（原行政科科长）的职位上光荣退休。

在奶奶热忱而富有意义的一生中，有个真正拨动她命运的重要年份。这需要我们将故事翻回1966年。

一、重叠的命运轨迹——相遇

1966年，奶奶正在护士学校念书。对于年轻的她来说，她其实并不清楚这一年到底意味着什么，只知道别上红袖章跟着其他同学一起离开学校，前往武汉、北京等地参观学习。学习与否倒是其次，真的能学到什么可能也没有多重要，重要的是不管去到哪里都可以免费吃住。"这听起来就像是'公费旅游'。"据我奶奶的描述，旅游对于那个年代的学生们充满了莫大的吸引力，想免费去别的地方看一看，是当时很多学生的朴素心理。这不仅可以完成国家的指令任务，还可以旅游，是一件一举两得的好事。但奶奶的家庭当时还是穷啊，没有钱买厚衣服，因而在冬天北上武汉、北京的时候，适应不了北方寒冷的天气，在冒着风雪上街的时候染上了风湿病，导致心脏瓣膜粘连，落下了心脏病的病根，一直跟了她一辈子。

在奶奶即将毕业的 1968 年，由于政策的原因，奶奶的未来工作安排发生了变化，即 68 届毕业的护士学校学生都被调到当时划归广东省的海南万宁东澳卫生院担任护士。奶奶在和我叙述这段历史的时候，总是很习惯性地使用"下乡"这一词语，因此我也去翻看了相关的历史资料。1966 年以后高考中断，很多高中毕业生无法继续进入大学深造，而高等教育秩序被打破也导致很多大学生无法继续学业，成千上万的城市知识青年"上山下乡"，开始"接受贫下中农再教育"。一批同我爷爷奶奶一样下乡的广州知青，拿上属于自己的船票，将自己的青春、汗水与热血留给这一片他们本不熟悉的土地，帮助琼岛人民建设家园。

在历史大潮的推动下，奶奶在东澳卫生院开启了她新的人生篇章，她在这里，遇见了她一辈子忠贞不渝的爱情，遇见了爷爷。奶奶和我说，爷爷学历比她高，他是作为一名大学生从佛山调往海南，担任药剂师的工作。而她，则是在医院的病房里，在无意间的接触中对爷爷暗生情愫。我仍然清晰地记得，奶奶提及这一段往事的时候，眼睛亮亮的，仿若那些曾经被藏得严严实实的喜欢一下子就透过眼睛偷偷跑出来了。我从她的眼神、声调中都能深刻地察觉到爱情的模样。她平日里鲜少和我提及爷爷的事情，因而我忍不住追问了她三个问题。第一个问题是，"你们那时候有时间谈恋爱吗？"奶奶的第一反应是"没有，那个时候哪里有时间谈恋爱啊！"顿了顿，她又补充道："但那个时候单位偶尔会组织一起去海南的农场游玩，大家可以上树摘椰子、下地抓鸡，分到的椰子和鸡最后都可以直接寄给广州的亲戚；虽然机会不多，但有时候也会趁着出去玩的机会，和他（爷爷）单独去海边骑自行车。"果然，每个时代都会有每个时代给予个体谱写浪漫的自由。我暗自感叹，并问出了第二个问题："你们那个时候在海南就'私订终身'啦，家里人不反对吗？"老人家笑容灿烂地告诉了我答案："不会啊，那么远他们哪里管得着我，而且就算他们反对也动摇不了我想和他结婚的决心。"一种笃定的幸福感从奶奶的回忆当中慢慢流淌出来，我紧接着又抛出了最后一个问题："你到底喜欢爷爷什么呀？"奶奶抿了抿嘴唇，缓缓地和我说："喜欢他厉害呀，喜欢他聪明，也喜欢他学识渊博、理解能力强，而且待人接物还温和，现在想想还真是哪里都喜欢，从瞧见第一眼就喜欢了。"奶奶的话语一字一句落在我心里，分量沉甸甸的。我想，那大概就是不曾被时光侵蚀的，以爱意锻造的宝石吧。

日历翻到了 1972 年的元旦，爷爷和奶奶在新年伊始一同去登记结婚了，"那个时候结婚可没有什么仪式,我们甚至连结婚证都没拿到"。纵使是相对草率的形式,奶奶依然将日子记得很清楚,从小到大每当我问起奶奶的生日,奶奶由于记忆模糊不确定自己身份证登记的日期是否准确总是含糊其词,相反,她却把成为我爷爷妻子的那一天记得那么牢。

二、分岔的命运轨道——辗转

约莫到了1975年或1976年,爷爷和奶奶拿到了申请迁往香港的批准答复。根据奶奶的回忆,那个年代很多人对于香港这个地方还是充满向往的,虽然当时香港也会受到经济危机的困扰,那几年经济更是处于萧条后恢复的阶段,但对于大家而言,"经济危机"的感受并不真切。在他们朴素的理解和直观感觉当中,香港就意味着发达、进步,意味着更高的工资和更好的生活环境。因而特别是"近水楼台"的广东人更容易萌生想要迁往香港的想法,有尝试通过正当渠道申请的,也有尝试直接偷渡的。我妈妈那边的亲戚就有成功偷渡后在香港落地生根、开枝散叶的;也有爷爷家族里的亲戚偷渡被发现,最后被调离了原本工作的医疗系统,落得下放农村的结局。

奶奶和我聊起20世纪70年代香港的那一番光景之时,也勾起了我儿时对于香港的记忆。因为妈妈有亲戚在那边,我年幼的时候就经常有机会去香港,即使是到了21世纪初,香港和广州给人的落差感依旧明显。城市环境的干净、整洁,林立的高楼大厦带来的高级感,便捷的轻轨和赫赫有名的香港国际机场,每一处对比显示出来的差异都在默默地滋生一个孩子对于香港这座城市的痴迷与好感。更不用提香港迪士尼、香港海洋馆以及旺角的登打士美食街、铜锣湾食街等地对于当时年幼的我所能产生的无尽吸引力。香港作为一个有名的"美食天堂",旺角的鸡蛋仔和咖喱鱼蛋、荃湾的豆腐花、铜锣湾的日式放题、广东道的"美食万花筒",仍然是我现在十分熟悉的味蕾记忆。除此之外,香港在当时领先内地的娱乐产业对我们家的生活习惯也产生了一些深远影响。比如TVB的翡翠台几乎是拥有电视机的广州人必看的频道,而翡翠台更是我奶奶习惯性接收各种新闻讯息的重要窗口,成为我们家庭很长一段时间里吃饭必播放的"画外音",TVB的连续剧也承载了我大半的童年回忆。

现在回想起来,初中时候的我甚至愿意花费一整个周末来回香港一趟就为了去吃一顿饭,这足见香港的魅力了。然而随着我逐渐长大,我也在见证着广州的飞速发展所带来的市民生活质量的陡然提高,广州和香港之间的差距也在不断缩小。从前认为只有在香港才能见到的进口车厘子、进口奶粉、进口零食,如今在小区附近的港货店就能买到;从前感觉在香港购买进口商品更实惠,但如今坐落于南沙港的巨大免税商城里的商品由于节省了交通费,性价比更高。

回过头来继续说奶奶的故事。奶奶进一步和我谈起了他们当时希望迁往香港的另一重要原因是，需要在香港那边照顾爷爷年迈的太婆。但申请成功的批复刚刚下来，家里又产生了一些新的变故——爷爷得病了，检查出了肝癌早期，这是由肝炎引起的癌变。基于当时香港"要住满一年才能拿到香港居民证（香港户口）"的政策背景，又考虑到当时香港、内地往来的诸多不方便之处，深思熟虑之后，奶奶还是放弃了迁往香港的计划，毕竟当时举家迁去香港，不仅意味着"人生地不熟"，一切生活都要从头开始，更代表着奶奶需要独自勉力支撑起一个五口之家。

改革开放那一年，爷爷向单位申请了病假，从海南回广州做手术。手术比较成功，也着实对爷爷恶化的身体状况起到了一定的和缓作用，但我还是听见奶奶用不舍又惋惜的语气对我说，"就算手术再成功，其实能再活四五年已经很好了"。"生死有命"，大概就是这种感觉吧，一刹那我又想起了妈妈和我提过的，同样是没等到我出生便去世的外公，也是死于肝硬化所引起的肝癌。奶奶告诉我，那个年代死于肝炎、肝癌的人数较多，这也是国家后来努力研发乙肝疫苗的原因。我稍微回溯了历史，等到"80后"一代出生的时候就可以接种乙肝疫苗了，90年代逐步实现了全面普及，在2005年更是实现了新生儿乙肝疫苗接种的普免。回顾完上述重要历史节点后，我的耳畔仿佛又回响起了奶奶最爱念叨的话语："我们党和我们国家其实一直在为我们的生活幸福而默默努力着，所以不要总是去耿耿于怀那些我们不曾得到的，或者看起来还比不上人家的，而更要珍惜我们眼前扎扎实实的快乐和幸福。我们党这一路走来确实提高了大家的生活质量，你们这一辈啊，生活的方方面面都比我们当时有保障多了……"

1982年，改革开放逐步推进，许多人口流动政策都开始松动。当时广东省政府开放允许个人自主申请岗位调动和地域流动，只是不再"分配接收单位"，需要个人自己解决。沉浸在回忆当中的奶奶同我说，她和爷爷当时想回广州，一来是希望两个儿子（爸爸和叔叔）能回广州念书，接受更好的教育，二来是觉得广州的医疗水平相对更有保障。在寻找接收单位的过程中，当年的广州市第一人民医院、广州医科大学附属第二医院等都向奶奶抛出了橄榄枝，然而奶奶最终选择了佛山市第三人民医院（佛山地区的精神病院），其实是相中了人家提供的宿舍环境条件更好。为了更方便地照顾在家休养的爷爷，以及爷爷从香港接回来的那位太婆，奶奶希望拥有更独立、更宽敞的生活空间。而相较之下，当年广州几家医院提供的宿舍条件，大概就是五六个人挤在一个10平方米大小的空间中，比较逼仄。

最后去佛山工作的奶奶解决了住宿问题，另外一个现实问题又来了。由于当时的户口跟着工作跑，户籍所在地就转移到了佛山，但是关于孩子的教育问题，奶奶还是坚持想送爸爸和叔叔回广州读书。但如果户籍所在地非学籍所在地，学费就比较高昂，正常情况下的学费为3元/月，而我们家的情况则直接导致了爸爸和叔叔的学费是每人80元/月。奶奶总是和我调侃，说爸爸和叔叔念的就是"天价书"。回广州读书，教育水平固然更有保障，但我了解到奶奶当年平均工资约为 50 元/月，那家里怎么支持这一笔相当大的学费开销呢？在倾听故事之时，我向奶奶提出了我心中的疑问。

奶奶云淡风轻地告诉我，"方法总比困难多"，她向我介绍说当年医院有一个政策，就是会鼓励员工拿资金入股医院，筹措来的员工资金会用于购买医疗器械，之后等到这些"共同购买"的医疗器械投入使用，所收回来的钱就会按照一开始的初始资金比例进行分红。根据妈妈的补充回忆，这一政策一直持续到 1997 年她刚开始工作的时候，而后好像就取消了。听说了这一政策之后，奶奶就咬咬牙把家里的一部分积蓄拿出来到医院入股了，入股之后倒也没亏，每个月都能比较稳定地给她 200 元左右的分红。同时，奶奶为了补贴家用，在周末还会织毛衣用以出售，或者去自家亲戚经营的纺织厂里做兼职。奶奶还记得，当时织好的毛衣可以以 19 元/件的价格出售。

"虽然很辛苦，但辛苦都是值得的，多打几份工，就是为了让大家的生活都好一点。"在奶奶的辛勤奋斗下，那几年家里整体收入比较可观，虽然为了照顾爷爷，顾不上两个在广州上学的儿子，但物质基础整体有所保障。这也恰恰是那个年代对于充满乐观精神的奶奶最好的回应，正如她所说，"当时国家还是给了我们很多弹性空间和选择自由的，只要你肯努力，这个时代总归不会太过亏待你"。

三、前进的时光列车——奋斗

1983 年 5 月，爷爷还是被病魔带走了。

爷爷去世后，顾家的奶奶挂念在广州读书的两个儿子，又开始谋划要从佛山申请调回广州工作。1988 年，奶奶接受了调往广州人民造纸厂下属卫生所的工作。那个年代医疗系统的编制相对混乱，内部分科界限并不十分明显，因而奶奶很长一段时间担任的都是全科护士。全科护士，顾名思义，就是熟悉内科、外科、妇科、儿科等多个科室的护理工作。奶奶曾同我分享她当年的规划，便是抓紧机会，趁年轻，多逼自己一把，"想着多学点东西，多赚点钱，所以打算去把医师证也考了"。奶奶顿了顿，又满怀感恩地补充道："而且总感觉单位的同事也待我不薄，于是想着多学点东西能帮助到更多有需要的人吧，也算是一种简简单单的回馈社会和回报国家的方式了，其他的我也就没想那么多了。"只是计划总是赶不上变化，她刚准备了一段时间，1989 年就接到通知，不允许护士跨考医师执照了。

"幸好，皇天不负有心人。"奶奶继续和我说，当时的管理层看到了她的努力，认为她是个"思想进步的好苗子，应当好好栽培"，就把她调到行政科。在管理层的提携下，奶奶很快就晋升为行政科的副科长。奶奶回忆她"副科长生涯"的时候，还跟我提到，因为当时的工厂不仅拥有下属医院，还拥有下属幼儿园等，所以她作为行政科的二把手，管理范围就非常宽泛，包括工厂的后勤、财务、厨房、卫生所的行政工作，幼儿园的分配问题等等。因此，为了把自己的工作打理得井井有条，让她管理下的部门都井然有序，奶奶更是虚心向学，不断向领导干部们"取经"，吸取经验教训，掌握了多种多样的技能，在工作中也屡获好评。凭借着踏实端正的工作态度，勤勤恳恳为工厂员工服务的出色表现，奶奶在 1990 年被发展成为一名光荣的中共党员，之后也顺利晋升为工厂行政科的科长（相关编制变动后，广州人民造纸厂改名为广州威达高实业有限公司，行政科变更为福利部）。

"所以在我眼里，你就是全能型的'女强人'。"我总是觉得这是我所能做出的对她的"副科长生涯"最为贴切的评价了。

最后，奶奶还跟我聊到了"房改房"。"房改房"是 1994 年国务院发文实行的城镇住房制度改革的产物，是从单位分配转化为市场经济的一项过渡政策。奶奶向我解释的时候说，"这就相当于凭'行政级别＋工龄＋工作积分'实现低价买房"。补充资料显示，这里的低价大概指的就是按照员工家庭的平均经济承受能力所制定的标准价，而标准价往往总是低于成本价和市场价的。基于这样的分配逻辑，按照行政级别、工龄、积分的排序不同，分房子的次序与房子面积大小也会形成不同的等级。比较幸运的是，奶奶的"工作狂"属性使得她自 1988 年在造纸厂任职以来，几乎每年都能被评为"优秀员工""积极分子"，因而最终的累积积分排名较高，再加上"科长"的行政级别，成功在 1997 年拿到了最后一批"房改房"当中地理位置较为优越、房型为三室一厅的一套房子。这也成为我童年成长之地，每个角落都随处可见我和奶奶的回忆。

2003 年，奶奶的"女强人"生涯正式结束，她退居二线开始接手照料我的日常生活。那年，我还是个只会拽奶奶头发的两岁小孩。

四、结语

奶奶讲述的故事到这里就要划上句点了。我个人觉得，给亲近的人做一次完整的口述史采访，真的是一件有意义又能给人带来情感能量的事情。毕竟，很多时候，历史最有温情也最有魅力的地方往往不在于宏观历史环境的变迁与变化，而恰恰在于在人生海海、历史浮沉当中每一个微观个体身上所承载的际遇、选择和体验，这样我们才能从历史中归纳出许多关乎生产力与生产关系、经济基础和上层建筑互动的必然性规律，更重要的是，我们能看到人性，并感受到历史的温度。

其次，便是奶奶所讲述的过往，就好像又带我游历了一遍她所见过的河山、度过的清晨和经过的人群，她通过缓慢而笃定的话语带我重温，她是如何朴素地热爱一个国家，又是如何深情地爱着她的丈夫，深切地爱着一个家庭的。这是一种基于血缘联结的独特传承感，我能感受到，她向我传递的是一种如何去爱这人世间的能力和胸怀，正如同她这一生所践行的信条——"我爷爷所爱的，她替他在余生通通都爱了一遍"，这同样也是我想把爷爷奶奶的故事概括为"在这善变的人世间，我能看到永远"的缘故。

"永远"从来都不是个玄乎的概念，它源于生死边界爱之记忆的传递，长于时代裂缝之中为小家、大国奋斗的接续，在这瞬息万变的时代，或许每个不起眼的我们，都不过是一粒渺小的微尘，是历史长河当中的一颗沙砾，但无数微尘便可以成就绚丽星云，无数沙砾也可以累积成宏伟的金字塔。我们每个人，不应当仅仅是国家高速发展中的一颗螺丝钉，而更可以是人类文明永续当中一个鲜活的印记，关键在于我们能否拥有拥抱时代浮沉、找寻人生意义、热爱这片伟大土地的能力，来抒写"永远"的爱。

最后，之所以说这段往事也为我带来了情感上的强大治愈力量，是因为这其实也补足了我对爷爷的记忆缺憾。虽然我们从不曾相见，至今我也只能在只言片语中努力拼凑他的形象，但我觉得，不管是1972年的那个元旦，奶奶成为他的妻子，还是1972年12月我爸爸的出生，抑或是2021年我记录和讲述他们的故事，我猜，我爷爷的这一生都不是孤独地度过的，因为记忆和惦念已经来到我这里了。从今往后，除了奶奶、爸爸、叔叔，还有我，都会腾出内心靠左的位置继续爱他。

向阳而行

——奋斗铸就的家族记忆

向春江

我出生在四川省广元市苍溪县彭店乡，虽然出生在这里，但我只在老家生活了两三年，之后便随父母去了远在西北的新疆，在新疆成长与学习，度过了人生的十几年时光。我家的故事就从四川的小乡村开始，又随着家人的迁徙延伸到千里之外的新疆。总的来说，我家的故事并没有太大的波澜，不过是在时代的洪流中前进，在奋斗中走向美好的未来。但我家的故事也是新中国几十年来不断发展的缩影，见证着祖国的繁荣与强大。

前言

我的爷爷出生在一个普通的农民家庭，他是家中长子，另有五个姊妹。1974 年，爷爷和奶奶结婚，他们共同孕育了两个女儿，分别是我的母亲和小姨。后来我的母亲结婚，和我的爸爸生了两个女儿，就是我和妹妹，我是家中长女。

爷爷作为家中长子，并不受父母偏爱，劳动成果经常会被拿去补贴家庭和兄弟姊妹。这种情况甚至持续到了他和奶奶结婚以后。或许是由于父母的不偏爱，我爷爷的兄弟姊妹对他也并不友好。按奶奶的回忆："过去我们家总是被人欺负。"对此，爷爷任劳任怨，没有过多的抱怨。这样的情况在爷爷奶奶婚后一连生了两个女儿而没有儿子以后变得更加严重。在那个重男轻女的年代，没有儿子，是让人十分瞧不起的，这给欺负我家的人多了个话头。或许是受此影响，我母亲结婚是招了个上门女婿，这在我们那儿又被叫作"抱儿子"，而我作为家中的长女，也就跟着母亲姓向。因此，我的家族史主要是我母亲这一边向家的故事。

一、生活条件不断改善

四川省广元市苍溪县彭店乡地处四川盆地北缘的深丘，这里多山、土地零碎、交通不便。受自然地理条件限制，这里的农业生产很难实现规模化、机械化，基本是处于一家一户的小农生产状态，社会经济并不发达。杂交水稻推广以前这里的粮食产量并不高，所以在较长的一段时间内，我家的生活质量很差。

在过去物资匮乏时期，我家处于可维持基本的温饱不至于挨饿的状态，这得益于爷爷奶奶的勤劳。在集体生产时期，需要凭工分领粮食，不同的工分对应不同的等级，可以分到不同数量的粮食。爷爷奶奶干活获得的工分不算少，因此分得的粮食也还算够吃。即使遇上特殊情况粮食不够吃，也还能有解决的办法。据奶奶回忆，在我母亲出生时家里粮食不够吃，为此我家向生产队借了储备粮来渡过这一难关。20世纪70年代末，农村分田到户，我家按人头分得三个人的土地，除了交税以外基本自给自足。在爷爷奶奶的辛勤劳作下，吃饭没有大的问题。那时候家里还养猪，一头猪要卖给国家半头，再刨去交税的部分，一年也能吃上肉。只不过那时人吃的粮食都不充足，猪就更养不肥了，能吃到的肉也极少。在母亲的回忆中，她幼时就基本没有挨过饿，等到后来农业技术和社会经济都逐渐发展起来，我家就更不会有吃饭上的困难了。

尽管在吃饭问题上我家没有特别困难，但是这一时期的生活水平仍然很低。红薯、米糠是饭桌上的常客，在粮食短缺的时候，会将没有成熟的玉米掰来吃，甚至将泡过水而变质的稻子割来吃。这时，家里的饮食条件还是比较差的，基本没有选择性，数量上也仅够糊口。

以往，家人在穿衣方面的条件也比较有限，衣服不够穿，还基本都是补了又补。虽然一年到头也能有新衣服穿，但仍不免拮据。20世纪80年代，母亲已经上学了，那时她需要步行数公里去学校，若是遇到下雨天衣服鞋袜被淋湿，也没有可换洗的衣物，只能等被弄湿的衣服自己风干，回程时也是如此。母亲贴身衣物的松紧带坏掉，家里也没有多余的钱给她买新的，她只能用绳子绑一下凑合着继续穿。

后来母亲外出打工，家中的条件也逐渐变好。如今，我家的生活水平已大大改善了。在我家的收入水平范围内，不仅能满足温饱，还能有享受性的消费，生活资料的数量和质量都得到了极大的提升，日子有了更好的保障。

二、逐渐脱离农业生产

在我母亲出门打工以前，我家人的生活轨迹基本局限于村子及周边县区，谋生手段以种地为主。爷爷有理发的手艺，偶尔也能有机会帮别人理发，可以补贴一下家用。

种地的直接好处就是基本自给自足，不会特别发愁吃饭问题。但是这也有很大的弊端，那就是基本没有其他现金收入，大家都差不多一样贫穷，这也是靠种地为生的人们普遍面临的困难。以我爷爷给人理发为例，他给村上或者是周边村的人理发，很大程度上收到的是糖、烟等物品，收到的现金报酬很少，这也从侧面反映出地里刨食的人们缺乏现金收入。

靠种地为生很难有现金收入，而农村生活中要花钱的地方并不少。其中一个重要的花钱项目就是孩子上学，除此之外还有购买种子、化肥等。我母亲上学时家里穷，一个学期结束时学费都交不齐，为此还经常被老师点名。母亲学校开运动会需要运动服，也不是很正式的运动服，版型就像现在的秋衣秋裤，我家却没有钱买。母亲只能向关系好的同学借，但同学的运动服对她来说并不合身，可是也只能如此。

因为家里贫穷，母亲选择辍学外出打工以补贴家用，供养小姨上学，因而她没能读完书，这成为她一生的遗憾。从母亲外出打工开始，我家的谋生手段就扩展开来了，变为以种地和打工为主，从此有了现金收入，小姨也得以读完义务教育阶段。小姨还读了当时很热门的中专，从此走上了和我母亲完全不同的人生道路。

我母亲的打工历程并不是一帆风顺的。

那是在 20 世纪 90 年代，改革开放刚刚起步，户籍制度对人口流动的限制逐渐放松，农村人口外出打工的潮流才刚刚开始。在此之前，由于户籍制度的限制，人们基本上一生就生活在一个地方，要迁移流动是十分不易的。爷爷虽然曾经去过外地修铁路，但是属于按计划调配工作，人口想要自主流动迁移是很困难的。

正因为以往对人口流动的严格限制，村里的绝大部分人从没出过远门、没见过外面的世界，想要出去打工也比较迷茫，不知所措。这给了一些人钻空子的机会，有少部分出去闯荡过的人就利用这一点，借助信息差赚钱。他们以介绍出去打工为名，牟取暴利。

我家同样也面临着绝大多数人出门打工遇到的信息闭塞问题，于是求助了专门带人外出打工的介绍人。当时，我家贷款了四百元给介绍人，由他带我母亲去到广东打工，路上经历了三天三夜，介绍人只提供了几袋方便面作为食物，连水也没有。等到了广东进了工厂，介绍人还要收取五十元的押金。而我母亲身无分文，除了吃饭的碗以外没有任何其他生活用品。等到进工厂工作满一个月，有了第一个月的工资，一切才逐渐走上正轨。

也正是从我母亲出门打工开始，再到后来小姨学成进入工厂，我家逐渐摆脱了以种地为主的谋生方式，生活慢慢变得好起来。

农村劳动人口外出务工，是改革开放以来中国社会的一个重要特征，即使在当下，这一特点也十分明显。众多青年劳动力离开农村，去到经济更加发达的大城市工作、定居，这造成了农村的空心化。我的家乡也不例外，村中的年轻人大都去了大城市工作、生活，村中只有老人留守，年轻人到了年节才会回到家乡，劳动力急剧流失。这种状态下，家乡经济发展缺乏活力，许多地方仍然十分贫困。从本质上来说，这是由于家乡经济发展水平和条件无法满足人们美好生活的需要，从而导致人口大量外流，进而造成恶性循环。

好在党和国家关注到了这一问题，提出了乡村振兴战略和精准扶贫政策。家乡完善了基础设施，修成了便捷的水泥路；优化经济发展方略，因地制宜发展特色农业，种植特色水果雪梨和红心猕猴桃。现在，家乡已经向好的方向发展。虽然当前家乡各项建设成果仍然有限，但是我相信，在党和国家的大力支持下，家乡会变得越来越好。未来，家乡新一代的年轻人都能够有条件完成自己的学业，不用像母亲过去那样辍学离开家乡谋求生存和发展。

三、定居他乡

在三岁以前，我和爷爷奶奶住在老家，父母在外打工；三岁以后，我和父母一同来到了坐落在祖国西北的新疆，在这里度过了十几年的时光。四川老家距离新疆将近三千公里，坐火车需要 30 个小时左右。在过去，从四川到新疆的路途所需时间远不止这些，据说我的父亲就曾坐过七天七夜的火车。不仅路上耗费时间长，火车条件还很差，卫生没有保障、车厢十分拥挤。有的人甚至需要从车窗挤进去，车上拥挤得也只能容纳一只脚站立，根本无法去上厕所。数年来，我国的铁路运输事业不断发展，而今人们能够更加有序地乘火车出行，旅途时间也大大缩短，还能享受更加洁净、宽敞和安全的列车环境，旅途体验大大改善。人们乘火车出行的消费体验得到升级，但是火车票价却没有大幅上涨，可以看出我国的铁路事业是为人民服务的事业。

新疆昌吉是我现在定居的地方。21世纪初始，我和父母来到了这里。十几年前这里并不是多么繁华的城市，甚至有些地方还比较荒芜，但与老家相比，条件终归是好上很多。父母在这里从事建筑行业，做钢筋工。这是干苦力的行业，十分辛苦，化用那句形容农民辛勤耕作的谚语来说，就是"面朝工地背朝烈日"。就是在这样的辛苦劳动中，父母供养了我和妹妹两个，把爷爷奶奶接到我们身边让他们免于辛苦的耕作，也为建设昌吉这座城市出了一份力。昌吉筑起的一座座高楼中，就有我父母的心血，万家灯火里，有许多家庭在我父母参与修建的房屋中安居乐业。昌吉给了我父母发展前进的空间与机遇，我的父母也以自己的劳动建设昌吉，回报昌吉，我们与昌吉这个城市早已融为一体。

在多年的奋斗后，父母在昌吉买了房子，把户口迁到昌吉，就此正式定居下来。我也在这里一步步完成学业，参加高考，步入大学。对于我来说，我的家乡是四川的那个小村庄，而对于我的后代来说，他们的家乡则会是昌吉。

在我父母到昌吉定居的同时，我的小姨获得了在成都工作的机会，并在那里成家、买房、孕育后代，爷爷奶奶会在我们两家轮流居住。就此，我们这个大家庭算是离开老家，定居他乡了。

四、渐渐摆脱重男轻女思想

  重男轻女的思想是封建糟粕，我家曾深受其害。爷爷和奶奶共同孕育了两个女儿，因为没有儿子，我家曾被族中长者以及同辈的兄弟瞧不起，受尽欺负。

  据奶奶回忆，母亲小的时候遇上农忙，需要请祖奶奶帮忙照看。祖奶奶会因为母亲是个女孩而索要工分作为照顾母亲的报酬。即使如此，母亲也得不到应有的照料，她相对于整个大的家族来说身量较高，因此还被人说过长得高做衣服费布料。甚至母亲和小姨只是过路，都可能被人骂，或者在一些小事上被人无故冤枉指责。此类事情在我家屡见不鲜。

  重男轻女思想产生的一个重要原因是农业生产需要劳动力，而男性在农业劳作上更具优势，是不可或缺的劳动力。因此，没有生男孩的家庭会受人歧视，尤其是像爷爷奶奶那样生了两个女儿的家庭。随着社会经济的发展，社会经济形态不再只是以农业为主，工业、服务业也发展起来。女性有了更多的机会发挥自己的能力，创造更多的财富。这对重男轻女的思想起到了较大的冲击作用。我家就是个很明显的例子，从我母亲外出打工以后，家里的条件渐渐改善，被人瞧不起、受人欺负的情况也就逐渐减少了。

  爷爷奶奶虽曾因家中长者的重男轻女思想而受到不公正待遇，但可贵的是他们并没有因此抱有重男轻女的思想。他们没有因外界的鄙视而对自己的两个女儿不好，而是在能力范围内对她们的读书、生活都给予支持。我的母亲和父亲孕育了我和妹妹两个女儿，爷爷奶奶对我和妹妹也都十分疼爱。

  爷爷十分喜欢我，在我小时候经常背着我抱着我不离手，还总是向其他人炫耀他的孙女，爷爷总记得给我带糖果、饼干等好吃的，出门赶集总不忘这件事。爷爷出门理发得了什么好东西，赶十几里路也要带给我。有时赶集忘记了给我买好吃的，即使已经在回家的路上，他也会返回集市，给我买了好吃的才回家。我的名字，也是爷爷爱的凝结。那是在二零零几年的时候，爷爷花了50元钱请附近有学问的人取的，结合了我的属相和生辰。50元钱在现在看来不算什么，可在当时却是不小的数目。我的名字将会和爷爷的爱一起，伴随我一生。

  奶奶对因为没生儿子而受到的欺负耿耿于怀，但她从不抱怨自己生了两个女孩，而是教导母亲和我们要好好读书，将来有出息，不叫别人看不起。她并不将外界对她生女儿的鄙视转嫁到子孙身上。

  对于我家来说，过去的种种，也是不断摆脱重男轻女思想影响、免受欺负的过程。

五、受教育程度随代际不断提高

我家一代一代人的受教育程度是不断提高的,并且可以保障新一代的所有孩子都完成学业。奶奶读到了小学,母亲由于家庭贫困只读到了初中,小姨读到了那一时期流行的中专。到了我这一代,我读到了大学,并且有继续深造的机会,我的妹妹未来也会如此。

随着社会的发展,人们有更多机会接受更多更高质量的教育,对教育重要性的认知也不断增强。在奶奶那个时代,人们对读书并没有很强的意识,甚至班里学习好的人可能会受到欺负。在我母亲那个时期,人们对读书重要性的认识有了极大的提升,因为那一时期存在分配工作的制度,人们真切地看到了读书的好处。

到了现在,读书的重要性基本成了社会共识,人们越来越关心教育问题,不断地丰富受教育经历,延长受教育年限,党和国家也在不断扫除人们接受教育的障碍。还记得在21世纪初,我处在小学阶段,那时由于户籍对人口流动的限制未完全放开,我在昌吉这个非户籍所在地上学,还需要一定的手续。我需要在原户籍所在的学校开一个借读证明,才能保证我在昌吉继续上学。那时候,学生想要在非户籍所在地参加高考,也是十分困难的,这给我以及和我情况类似的随父母在外地上学的学生带来了困扰。后来,党和国家注意到了这方面的问题,进而完善了有关政策,学生在外地上学更加方便了。

过去,人们受教育与否以及受教育经历的长短主要受到经济因素的影响。有无数家庭像我家(母亲)一样,以牺牲一个孩子受教育的机会来换取其他孩子受教育的机会。随着义务教育政策的普及,以及国家各种帮扶补贴政策的实行,越来越多的人能够拥有受教育的机会,能够上得起学,并以此改变自己和家庭的命运。这都得益于党和国家对教育事业的重视。

不仅如此,人们对教育越来越重视,一定程度上也反映了我国社会公平与正义的不断完善。在奶奶和母亲上学的时代,有子辈为了继承父辈工作、走人情"买"工作的现象为数不少。一些人不需要多么努力或者读多少书,就能有不错的工作,这在一定程度上打击了人们对教育的重视程度。随着社会公平制度的不断完善,不合理现象被取缔,代之以更具公平性的考试制度,人们对教育的重视程度也就不断提升。

六、结语

我家的故事就是这样平淡而简单,是百年社会变迁中一个鲜活的实例,见证了祖国的发展与变化。我的爷爷奶奶、父亲母亲,他们历经苦难而不被压垮,顺应着时代的变迁,抓住时代的机遇,用自己的勤劳和奋斗,把自己的生活经营得越来越好,走向了更美好的未来。我的父母,用他们的努力,给我和妹妹创造了更加优渥的条件,让我和妹妹这一代免受他们经历的困苦。作为家里的长女,我不需要再像母亲年轻时那样牺牲自己的学业来照顾家庭,而是可以追求自己更美好的明天。

  不断奋斗,朝着光明美好的未来前行,这是我家族记忆的主线。往后,奋斗不止,脚步不停。

水底的故乡
——忆家族移民史

余晨晨

"电量夺天日,泽威绝旱涝。更生凭自力,排灌利农郊。"修建新安江水电站是祖国的水利大事业,是造福人民的大工程。这样的大工程大事业,离不开万千家庭的支持,这也是中华民族得以发展延续的力量之一。"家是最小国,国是千万家",舍小家为大家,几代人的无私奉献建成了今日举世瞩目的新安江水电站,也造就了日新月异、国富民强的新中国。

一、举家为国迁金溪,回望淳安不见家

"新安江上出平湖,客涌如潮景不孤。"泛泛轻舟给予千岛湖丝丝烟火气,迭迭碧波倒映着大半个世纪前一代人的家族移民史。一座座沉没在湖底的村落,只留在了老一辈人的记忆中。那是家,是故乡,是不能遗忘的根。

我的老家位于江西省抚州市金溪县,是一个安宁祥和、山清水秀的地方,而这里是祖父的第二个家。于祖父而言,新安江畔的淳安县也是家,是生他养他、承载他幼时回忆的故乡。每当祖父谈起自己这辈人的移民经历时,都流露出对故乡的深深眷恋,但他从未后悔用自己的努力去支持祖国事业的发展。

那时新中国刚刚成立,华东电力极度匮乏,上海的全部电力是 30 万千瓦,浙江电力仅仅是 4.1 万千瓦。当时预计新安江水电站建成后,平均每年能发电 18 亿千瓦时,相当于 14 个浙江省的发电容量。为了加强电力供给能力,为国家经济发展提供可靠保证,1956 年,新安江水电站项目被列入国家"一五"计划,这也是中国第一座自行设计和自制设备的大型水电站。中国从此有了一座雄伟壮观的大坝,华东工业有了充足的电力,工业生产能力得以提升,促进了中国现代工业的发展。

根据当地情况,建水库必须先移民。当时,除了远离新安江畔、生活在高山峻岭中的

贫困山民，超过一半的淳安人陆续离开了故土。这是新中国成立后第一次大规模的水利工程移民迁徙行动。

1957 年 4 月 1 日，水电站正式投入建设，淳安、遂安 2 个古县城 49 个乡镇 1 377 个村庄将要被淹没在水底，而居住在这里的近 30 万人民则要背井离乡，挥泪告别亲友和祖祖辈辈生活的家园，移往浙江其余地区以及江西、安徽各地。祖父的老家——浙江省淳安县百亩畈乡中宅村，就是这 1 377 个村庄之一，我的祖父，也是这 30 万淳安移民之一。

自 1959 年新安江水库开始蓄水，到 1977 年间，淳安县经济发展一直不顺，由一个原来每年向国家上交近 3 万吨商品粮的余粮县，变为每年由国家供应 12.5 万吨商品粮的缺粮县；由建库前的甲等县、富裕县变成建库后的贫困县，经历了十年倒退、十年徘徊、十年恢复的曲折历程。

1965 年，距新安江水电站建成已过去了 5 年。据爷爷回忆，就是那个时候通知要求搬迁我爷爷所在的中宅村。通知一下来，年仅 14 岁的爷爷跟随着全村老小从山下搬到了山上生活。山上的生活总不如以往便利，但为了国家的发展，全村人义无反顾地离开中宅村，开始了不知何时才会结束的山上生活。

1968 年召开的江西、浙江两省协调会上，江西领导表示："我们非常欢迎浙江移民到江西来，这决不是浙江一个省的问题，也决不是两个省的问题，这是关系到国家建设的问题。关于安置时间问题，以 10 万人计算，可分两到三年完成，明后两年完成。关于安置地点问题，现在初步定在抚州地区安置 15.5 万人，上饶地区安置 3 万人，九江地区安置 2 万人。关于安置方式问题，安置要因地制宜，原则上以队插到大队，或者以大队插到公社为宜……"江西省领导的一席话，让中宅村的村民看到了回归山下生活的希望。

1969 年，全村人在山上生活了近 4 年后，国家各方面的安排和调整均达到可以支持移民的标准，村里终于接到了移民的通知。当时的村长，也就是我的外曾祖父，与国家分派来此地的移民办负责人进行了选址对接，在移民办提供的安置地点中，综合多方考虑，最终选择了江西省抚州市金溪县黄通乡，也就是我的老家，现在爷爷奶奶生活的地方。

"早蓄水、早发电，水库移民要为国家作贡献。"响应国家的移民政策和宣传口号，村里的移民工作迅速开展起来，各家各户有条不紊地为移民工作做准备。移民只带必需的农具、铺盖、碗筷，时称"一根扁担搬家"。因为移民安置地区范围和物资有限，并非村子所有人都能离开家乡，去往新的地方定居。也有不少人选择留在了山上。他们或是舍不得生育他们的这片土地，或是为其他人留下移民的名额。留下来的人包括外曾祖父的堂兄妹，据爷爷说，他们至今都住在那片山上，但多年没有见面，已经断了联系。

当时，从淳安县到金溪县有四百多公里的路程，大半个村子的人都坐火车显然不现实，而拖家带口进行长途跋涉也是艰难的，好在国家细致地安排好了迁移路线和方式。先由货车将村民从老家浙江省淳安县送往浙江省衢州市，然后再安排火车将他们送到江西省鹰潭市，再从鹰潭坐货车送到最终的目的地——江西省抚州市金溪县黄通乡曾家大队中宅村。爷爷说，其他村落也是被零零散散地安置到了抚州市的其他几个县，如资溪县、崇仁县、南丰县等，距离再远一点的还有浙江省、安徽省、福建省的一些县城。三十万人，上千个村子，每村整体移入安置地，所以基本上都还保留了原来的村庄结构，名字也就沿袭了在淳安时的村名。

当时爷爷村子对应的移民安置点原定接收的移民人数为 100 人，但最终移民人数远远超过了这个数字，除去留在原地住在山里的人们，最终移民人数为 157 人。由此带来的问题是，安置地的田地和物资是有限的，人多了就意味着今后的生活可能会更加艰难。当时国家给的补贴是每个移民 500 元，除此以外没有其他补助。而黄通乡四面环山，交通很不方便，通信很不发达，且当时江西经济发展也较为落后，生活可以说是从零起步，异常艰苦。

爷爷和其他人初来乍到，除了移民时一根扁担挑起的物资，一无所有。他们只能暂时寄住在邻村曾家村村民的家里。据爷爷回忆，当时住的房屋破旧而潮湿，做饭、种田、造房都要自食其力，手上仅有的就是国家给的每人 500 块钱的补贴。1969 年到 1972 年的三年里，在当地政府和村干部的关心下，祖辈们上山砍树、割

中宅村街景

草、搬土、砌墙，靠着自己勤劳的双手盖起了最初的房子，住宿条件这才得到了改善。对于他们来说，耕地种田是谋生的主要手段，但当地的空余田地数量实在有限，根本无法向移民提供足够的粮食，所以爷爷经常自掏腰包，拿自己本就不多的补贴金来购买一些粮食蔬菜，希望尽可能地提高生活质量。

虽然居住条件得到了一定改善，但是因为田地有限，最根本的温饱问题尚不能彻底解决，移民们的情绪逐渐焦躁起来。后来，随着移民的不断争取，移民办也反复做工作，到 1975 年，中宅村的田地面积逐渐扩大，粮食也逐渐能够满足一村人的基本需求，家家户户都能吃饱穿暖，有地可种，有房栖身，移民们更是珍惜得来不易的美好生活。

1975 年以后，随着温饱问题的解决，生活条件也开始逐渐地得到了改善。之后的数十年里，在当地政府的扶持下，淳安人充分发挥自己的聪明才智，艰苦创业，兴修水利，改田造地，改善交通、用电、饮水设施。通过两代人的努力和辛勤劳动，全村人民不仅生活条件大幅提升，甚至比邻村人的生活质量还要高很多，而且与邻村乡亲们的关系也越来越好，最典型的一个例子就是，我的叔叔和邻村曾家村的姑娘喜结连理。可见一切幸福和尊

重都需要靠自己的劳动和奋斗争取得来。当然爷爷说，这也要归功于当地政府的不懈努力和国家的关切扶持，给予了移民更多争取幸福生活的机会。

乡音不改，民俗未变。虽然离开了淳安，但是淳安的乡音不能改，民俗不能变。爷爷奶奶的生活习惯仍旧沿袭着淳安风俗。至今，整个村子里面的乡亲们相互交流，还是都用淳安方言。进村淳安话，出村江西话，二者变换自如，比如淳安话的"吃饭"和江西话的"恰饭"。在我年幼的时候，爷爷奶奶还时常给我制作一种淳安食物，土话称作素馒。人不能忘本，即使移民了，淳安在淳安人心中也永远是故土，是魂牵梦萦的养育自己的土壤。

1985年，爷爷担任村长，勤于处理村子里的事务，努力配合政府开展工作，比如计划生育工作，以及收取代替农业税的公粮、购粮等。爷爷任职期间始终兢兢业业，尽心尽力帮助村里的困难村民，大家都非常认可他这位村长。

1991年，爷爷当上了大队长（10个村子为一大队）。在任职期间，爷爷积极带领各村村民齐心协力，改善生活条件，铺路、修水库、改善交通，带领村民们过上了更幸福的生活，建设更好更新更发达的农村。同时，除之前的收取公粮、购粮，爷爷还要负责农村提留款（在农村，提留款是指向农民收取的"三提五统"，即公积金、公益金、管理费提留和五项乡镇统筹）的收取。

让爷爷最骄傲的一件事，是爷爷在1997年为当地建了一所小学——曾家小学，这个小学至今还在运营。他常常和我说，自己最遗憾的事情就是没有上过学，吃了没文化的亏，自己的工作也就只能止步于大队长。所以爷爷深知教育对于人生的重要影响，想必他把自己没有上过学的遗憾都转换成帮助其他人获得受教育机会的强大动力。他深知只有培养优秀的后代才能真正为家乡的未来发展保驾护航，如今村民们所有的艰辛奋斗都是为了能让后代拥有更好的生活和更多的机会。

爷爷在1999年从大队长岗位上退下来，尽管如此，他作为一名光荣的共产党员，始终保持初心，时刻关心国家大事。2001年，爷爷响应国家"建设新农村"的号召，积极参与村里的公路重修工作，想来这便是一名党员所具有的责任感和使命感吧。这也激励着我，给予了我成为一名党员的决心和信心。

爷爷代表的第一代移民群体，由于时代的特殊性，并没有获得优越的补贴和较好的生活条件。不过国家没有忘记他们，在1994年全国两会期间，当时的浙江省委书记就写过《关于新安江水库移民遗留问题的调查报告》，这是他专题调研了一周的结果。从此，党中央、国务院把解决移民遗留问题摆上了议事日程。2006年，国务院出台了《关于完善大中型水库移民后期扶持政策的意见》，规定从2006年7月1日起，对纳入后期扶持范围的水库移民按照每人每年600元的标准给予补助，连续补助20年。我们整个村子，我爷爷奶奶、我的父亲以及我，都得到了国家的补助，村民的生活质量越来越好。这也充分说明，移民搬迁面临着传统的社会关系和经济网络的破裂,决定移民安置的不仅是简单的补偿与家园的重建,更需要系统、完善的移民政策,并且通过相关法律和行政法规来保护移民的利益,规避移民风险。

我的祖辈们参与的这次移民,是中国水电建设史上第一次大规模移民,淳安人有一句古话:跌倒都要抓一把泥土回家。浙江移民肯吃苦,敢开拓,在穷山恶水中创造奇迹。他们舍小家顾大家的无私奉献、勇于牺牲的移民精神也在感染着我,教我成长做人,这种精神亦值得后人铭记。

二、筚路蓝缕,奋斗不息

1978年,我的父亲出生于江西省抚州市金溪县黄通乡中宅村,已经算是土生土长的江西金溪人了。由于村里都说浙江淳安话,父亲的淳安话和江西话一样精通。

爷爷奶奶有两个儿子,父亲是长子,从小聪明,7岁时开始上学,16岁时初中毕业,待业在家。由于是外地移民,家里的田地很少,迫于生计,父亲17岁时离开了家乡,前往浙江温州打工5年。当时的时代潮流便是外出打拼,在这样的时代背景之下,新一代青年人开始脱离农村传统的农耕生活,寻求更多的途径来继续创造新的美好生活。父亲也是这一代外出拼搏的青年人之一。

2000年,受同乡人都在做面包的影响,父亲来到了江苏省高邮市,在当时唯一一条商业街上开了一家烘焙店,正式开始了自己的经商之路。现今在高邮市,近一半以上的烘焙店老板都是江西老乡,可见当时很多江西人为了谋生与发展漂泊到了扬州。

2008年,由于同行竞争日益激烈,父亲考虑再三,决定转行,开始了自己的服装经营生涯。他加盟了一家名叫"第二印象"的品牌店,将原来的烘焙店转型成了一家牛仔裤专卖店,这是一次大胆的尝试。当时,高邮只有三家专业服装品牌店,而父亲加盟的品牌算是质量好、价格也相对较高的优质品牌(一条裤子两三百元)。现如今,"第二印象"这个服装品牌依旧存在,也可见当年父亲的商业眼光是经得起考验的。

2013年,受到网购浪潮兴起的影响,服装店无法继续经营。于是父亲决定重新开始经营烘焙店。2016年,父亲从经销商转行到厂商,开始做烘焙店的"幕后工作"——烘焙包装,起初在浙江省义乌市(包装产品之都),随后又搬回到扬州市。

爷爷的大半生记忆是属于江西的,而父亲的记忆包括江西和扬州两部分。逢年过节,父亲也会回到江西的老家,去看望爷爷奶奶和住在江西的亲戚。

父亲的创业经历是跌宕起伏的,有过辉煌也不乏坎坷,经历了这么多年的颠簸,父亲从未放弃他的初心,也从未停止过奋斗的脚步,至今一直努力地坚持在创业路上。

尽管当时新一代青年人外出漂泊、创业打拼的生活异常艰辛困苦,与父亲同辈的几个叔叔仍纷纷离开家乡外出闯荡，有在扬州开鞋店的，有在深圳开摄影公司的，有在贵州开烘焙店的。为了改变靠种地谋生的命运，年轻的他们有的瞄准了商机，通过自己辛勤的双手和智慧的头脑在创业之路上跌跌撞撞地前行；有的进城务工，用自己跟老师傅学来的手艺，在远离家乡的地方为生活奔波忙碌。他们背着鼓鼓囊囊的蓝白红相间的编织袋，登上开往异乡的绿皮火车，想来这就是一个时代的缩影。曾有人说过，现在最苦的一代就是我们父辈这代。父辈们肩负着上有老、下有小的家庭重担，咬着牙在异乡搏一条出路，他们的执着、责任感、不怕辛苦不怕困难，支撑起了一个家庭。他们是辛苦的一代，也是奋斗不息的一代。

三、新时代大学生在路上

2001年，我出生于母亲的老家河南省太康县，7个月大时随母亲来到父母在江苏省高邮市经营的烘焙店，从此在这里扎根下来。从小长到大，也算是半个地道的高邮人。

在家里，父亲、母亲和我交流用的是普通话，所以到我这里，浙江话、江西话、河南话都能听懂部分，但都不太会说，高邮话是全能听懂，会说部分，普通话说得最标准，也算是个粗通4种方言的人。

因为我一直在高邮上学，所以只有在寒暑假、过年过节才会回父母各自的老家，看望家乡的爷爷奶奶和外公外婆。尤其到初中、高中以及大学阶段后，一旦忙起来，只能每逢寒假暑假交替前往江西、河南、扬州，看望家里长辈的间隔周期也越来越长，可能一年也只是见上一面。尤其是在疫情的特殊时刻，河南又经历了大水，更是很难回一趟河南老家。我对家乡的情感，可能没有父亲、爷爷那么深厚。每每回江西，家里的亲戚、同村的邻里，都知道我是晨晨，说着"晨晨回来啦"。听到热情的问候，看着熟悉又陌生的面庞，我努力在记忆里翻找，却也没什么印象或者不太叫得上名字。我对家乡话只是半通，即便想和土生土长的本地人沟通，也属实有一些困难。

在经济生产方式飞速变化的当下，祖辈们从事的农业和父辈们从事的商业都成了传统行业，"移民"和"艰苦创业"也成了他们那个时代的代名词。新时代要求我们这一辈从小接受良好的教育。我自小听着"读书会改变命运"的教诲长大，虽有些絮叨，但也明白其中的道理。老一辈人对于教育的缺失是深有体会的，更明白没有知识的人生是何其艰难。同时，老一辈未完成的愿望，会倾注在后辈身上，看着我们走过他们虽然憧憬但未曾有过的经历。我很庆幸我通过十二年求学之路的重重考验，最终有幸进入河海大学，更有幸选择了计算机与科学技术专业。与爷爷和父亲的路不同，我选择了学习科技技术，顺应时代的变化，满足国家对科技人才的需求，努力在科技领域有所作为，成为推动时代发展的先锋。

四、家族传承，铭记历史

随着时代的发展，农民手中的土地逐渐转变为集体管理，村中的年轻人更加向往外面的繁华，离开家乡外出打拼、生活、定居，越来越多的"空巢村"开始出现，曾经意义上的乡土情怀也开始淡去；教育的发展，普通话的普及，越来越多的人只会以普通话交流，方言文化的流逝，亦是乡土文化传承的一种缺憾。这或许就是社会飞速发展带来的遗憾吧。

我有时会想到一个问题，等我的下一代出生后，我该怎么向他们介绍故乡，怎么带他们回到我自己都了解甚少的家乡？也许只能像爷爷和父亲这般，把大致的情节像故事一般讲述给他们了吧。而乡音，怕是难以传承下去，这也是令我深感遗憾之处。可能我的下一代与家乡就再无联系了，但他们若是连自己的根在何处也不知晓，让这般值得铭记的家族史被遗忘了，那是多么地可惜。

以前我不知晓自己家族的过往历史，但当我听年迈的爷爷娓娓道来这一切的时候，对家族奋斗经历的敬畏之情油然而生，更为长辈不惧艰难困苦的意志感到自豪。我曾觉得自己是一叶浮萍，但当我走进我的家族史，才深深感受到一种家族血脉间的紧密联系，一种荣辱与共。脱离了家族的传承，中国是无法延绵到今日的。每个人的家族史都值得一探究竟，那是祖祖辈辈留给后人的宝贵财富。去了解家族的过去吧，尽管你可能从未去过甚至从未听过那个"根"，但家乡的记忆依然能够活在我们的记忆里，一代一代传承下去。

移民富阳的一位老师在《故乡行》中写道："祖籍青溪邑，沦为千岛湖。离乡四十载，归来不识途。湖底埋祖辈，梦中常祭哭。湖底多良田，梦中常耕作。心潮伴松涛，热泪满湖流。他年作古日，骨灰撒此湖……"在爷爷那一辈人心中，家乡是养育他们的故土，是给予他们奋斗和幸福机会的地方。尽管在我们这代人中，对于家族的归属感不再强烈，但乡土情怀不会过时，正如史铁生所言："人的故乡，并不止于一块特定的土地，而是一种辽阔无比的心情，不受空间和时间的限制；这心情一经唤起，就是你已经回到了故乡……"于我们这代人而言，故乡是一种精神寄托，"吾心安处是故乡"，是心船停靠的避风港，让常常漂泊在外的我们有一丝丝牵挂和寄托。

在中国，身在异乡的人们最终都在盼望着"落叶归根"，这是中国人铭记在骨血里的对故乡的执念。如果以后有机会，我想带着我的爷爷奶奶，回到记忆中的浙江省杭州市淳安县百亩畈乡中宅村，即使看不到淹没在水底的村落，也要看一看如今美丽的千岛湖……

五、结语

  我很荣幸我的家族史见证了新安江水电站的建成,见证了一次大规模的移民和中华民族的不断发展壮大。以史为镜,可知兴衰,中国自古便是个热衷于记录历史的国家。家族史是一个个家族存在于历史之中的证明,是先辈们做出的壮举的真实记录。一部家族史能反映一个国家、一个时代的历史特点和发展变化。这种鲜活的历史是课本中所没有的。这里面还蕴含着平衡小我与大我的命题,建造新安江水电站淹没了祖辈们的故土,但它的建成为更多百姓、为国家提供了通往美好生活的条件和更多的发展机会。

  祖辈们的大规模移民是国家发展的无奈之举,也是国家走向富强的必要之举。爷爷提及移民的时候从未后悔过,也从未抱怨过,只是浑浊的眼中满含着对故乡的眷恋。也正是这种宽怀的胸襟和奋斗精神让他们在移民后依旧能够重建美好幸福的家园。

  时代的进步靠的是每一个个体不懈的奋斗,在每个时代,一定有许许多多和我们家一样的家庭,有许许多多和我祖辈一样的奋斗者,以个人微薄的力量,以简单的方式,推动着家族、家乡、国家乃至时代的车轮滚滚向前。

从重庆到贵州：一部"走出来"的家族记忆

胡 雪

一花一世界，一叶一菩提。一个家族的历史，可以说是一段历史的缩影，融汇着家国情怀，贯穿着时代的脉络，我的家族也是如此。在动荡年代里逃荒迁居，在和平岁月里服从国家政策扎根贵州，宏大的"合作生产""改革开放"，深刻地影响着那个年代每一个平凡的人，他们几经沉浮，形成我的家族记忆。

一、迁居记忆

我是土生土长的贵州省玉屏侗族自治县田坪镇人，从出生到长大，一直生活在这座南方小镇。田坪镇是两省交界的小镇，地处玉屏侗族自治县东北部，东与湖南省怀化市新晃侗族自治县接壤。与玉屏相比，小镇离湖南新晃更近，因而忆苦思甜的时候听祖辈说了不少新晃的故事。在老一辈生活的年代，步行是大多数人的出行方式，据爷爷说他们那时候多去新晃赶集，天刚亮挑上一担米就出发，为了尽快回来大家很少休息，一般会在路程过半的冻坡歇脚。即使这样，一来一回也是大半天。直到现在，田坪人依旧有着去新晃赶集的"传统"，因为湖南相较于贵州更为发达，田坪人购物医疗都倾向于选择新晃，到现在我都还有一家三口去新晃采购年货的记忆。田坪为山地丘陵地形，雨水充沛，群山环绕，是个山清水秀的好地方。舞阳河从西南的罗家寨流入田坪，经玉露村出境，长5.2千米，因此小镇依势而建，呈条带状，童年时代仅有两条长街。

坪，平地也，原指山区或黄土高原上的平地。因为地形，在我家一带以坪为地名的甚多。田坪镇古名田堙坪，1941年建乡时，改称田坪，之后历经"第五区""四区""田坪公社""田坪区"之名，直到1992年，原田坪、长岭、彰寨撤乡建镇组建田坪镇。[①] 在以往

---

① 中华人民共和国民政部编：《中华人民共和国政区大典·贵州省卷（下）》，中国社会出版社2017年版，第1335-1337页。

年代，大家对于地名变动的关注度并不是很高，从父辈口中也没有听说过详细的解释。往上三代，我们称爷爷的妈妈为"太太"，在我印象中她是位比较"抠门"的农村妇女。太太这一代从重庆秀山逃荒到田坪，最初太太自己开饭馆，新中国成立后实行公私合营，她在饭馆合营后到供销社上班，依然从事餐饮业，直到退休。20世纪初在贵州农村能有退休金算是不错的条件，自己能够养老吃穿不愁。可是太太因为动荡年代逃荒饥饿的苦涩经历，即使在和平年代后有退休金也舍不得吃穿，有时把食物储存很久，等到吃时却发现早已坏掉。

太太一共生了三个儿子，大爷爷继承了她的工作，继续在供销社岗位上奋斗；二爷爷比较精明，抓住时机下海经商，在农村比较富足；我的爷爷比较老实，从事农业生产，即使在今天也放不下祖辈传下来的几亩地。就这样，因为历史流变，骨子里崇尚乡土情怀的祖辈背井离乡，从重庆到贵州扎根，现在我们的家族在这个新的家园已经延续到第五代了。

二、缺盐岁月

我国有湖盐、井盐、海盐，然而贵州是唯一不产盐的省份，是食盐纯销区，严重依赖外地运输。黔北古盐道分水、陆两道，川盐是从四川合江运至赤水，转船逆赤水河水陆结合运到集散地茅台，再由茅台陆运到黔北、黔中和黔西北各地。1935—1949年，国民党当局实际掌握、控制贵州省党政军等事务。这一时期，食盐问题得到高度重视，但贵州地区的人们仍饱受盐贵淡食之苦。统计数据显示，1937—1948年贵州盐产业平均年销售量仅为86万担，而该时期全省人口即使按最低1 200万人计算，年需盐量就达144万担，可以看出这些年平均销量还不到需求量的60%，无论是生活用盐还是工业用盐都十分紧缺。遇到灾荒战乱，缺盐现象就更为严重。

长久缺盐的历史，使贵州人民从"酸"中缓解淡食之苦，汲取食用盐酸。家乡出名的饮食就有"酸汤粉""酸菜鱼""酸辣椒"以及各种腌制酸菜。伴随贵州缺盐历史的是私盐史，古来"自管仲相齐正盐策、立法禁以降，除北魏一段时期及隋开皇三年后一百二十八年间无税亦无所谓私盐外，任何一代封建政权，从来就没有真正禁绝过私盐"[①]，而贵州更是盛行。我父亲曾说过，他的爷爷因为生计曾铤而走险贩卖私盐，不幸被抓，好在数量不多、贩卖时间不长，很快就被释放出来。

新中国成立后，国家对贵州盐业十分重视，多次召开全省盐务会议，对贵州盐运、盐税、盐销、盐价等问题进行多方探讨，着力解决贵州"盐贵""盐荒"等困难。奶奶这代

---

① 宋良曦：《川盐缉私略论》，载《盐业史研究》1986年第1期。

吃过"石头盐",指甲大小,很苦,可即使这样价格也不低。炒菜时要先把"石头盐"在锅里滚一下,或者自己提前加工——在锅子里炒热,然后用工具碾细。这一过程中盐遇热易飞溅,弄在眼睛里特别疼。在外婆的回忆里,集体经济时代就不再食用"石头盐"了,只有父亲小时候因为盐荒而有过短暂的"石头盐"经历。在我小时候食盐已经与现在市场上的加碘盐一般无二了,细腻皎洁十分可人。但是我的记忆里也会偶尔闪烁出一些记忆片段,不知从哪里传来盐荒的消息后,老百姓几番囤盐的场景,有的家庭甚至直接囤一大袋。当时我尚不知道贵州这段长久缺盐的历史,以至于觉得世界也是这般。

三、合作生产的时光

"靠山吃山,靠水吃水",这对于农民来说就是如此。技术不发达时代,气候土壤等自然条件是农业发展最大的限制。小时候去外婆家,印象很深的是当地属于黄土地带,土质不黏、蓬松、干燥,即使年幼不懂任何地理知识的我也下意识觉得田坪的深褐色黏土更好。朱家场镇降水比较丰富,但由于贵州独特的喀斯特地貌,地表水难以储存,时常处于缺水之中。直到挖了 33 口深井,家家通自来水,才彻底解决村民生活用水问题。

在这样的自然条件下,朱家场镇的农业并不发达,世代在这片土地上劳作的农民大多生活困苦。外婆说:"打土豪、分田地的年代,朱家场没有多少地主,因为大家都穷。" 1943 年出生的外婆,九个月时父亲去世了。因为生在重男轻女的时代,外婆的妈妈和她的奶奶抱养了一个男孩给她当哥哥。那个时代女子要裹脚无法下地劳动,父亲去世,哥哥尚小,家里没有劳动力,只能以织布为生。遇到自然灾害收成不好的时候就会闹饥荒,外婆说家里有位亲戚就在新中国成立前因为口粮被抢而饿死了。

新中国成立后,贵州的小山村实行集体生产模式,尽管粮食仍不是很充裕,但比以前好多了。当时按照劳动能力实施工分制度,男性劳动力因力气大、干活效率高,工分也要比女性劳动力高些。男劳动力六七点起床,做一天活有十工分;女性劳动力即使劳作十分突出也只有八分,普通女性劳动力仅六七分。集体生产采用深耕的方式,产量不高却很累。因为家里缺乏劳动力,外婆开始承担养家的重担,作为长女拼命干活,能拿到八工分,年底时用钱结账。集体生产并不等于平均分配,共同劳作的同时也要计算平均劳动力,劳动力少但是人口多的家庭,还要补钱给生产大队。食堂吃饭也不是完全平均,要按照劳动力、性别和年龄进行等级划分,外婆是一级,太外婆是二级。外婆说"管食堂的人要吃得更好些"。一个生产队除按人口留部分粮食外其余全都交给国家。乡间重人情往来,关系好的生产队在遇到困难时也会彼此互相扶助。在未培育出杂交水稻之前,大家都是将自家种的水稻留一部分作为种子,产量低种类也少。在集体模式中,除了集体生产之后还有集体副业,比如做稻纸。当然,集体经济不代表就没有"私心",有些人把纸做薄一点,然后把剩余的材料拿出去悄悄卖掉。但这样做要承担莫大的风险。总的来看这一时期的集体生产，起码在那个年代里给这片土地上的人们提供了必要的生活保障，大家不用再独自面对饥荒，不用怕没有土地，生活有了前进的方向。

四、改革开放的春风

改革开放初期，中国大地的变化还不大，但给了年轻人一条出去闯荡的路子，广东、深圳、上海，这些发达地区成为"打工潮"的收纳地。朱家场镇民风保守，起初对女性外出打工普遍不认同，既害怕被欺骗拐卖，又认为这是一件"不体面的事"。但是妈妈想走出这片土地去看看外面的世界，和外公外婆几番争执。小时候外婆家依旧住着旧木屋，用着谷壳枕头，睡着小小的炕，在不大的灶台做着全家人的饭。我问过妈妈"为什么想要出去打工"，回答是为了生活得更好。尽管两个舅舅已经出去了，但"在家从父从兄"的思想依然影响着这一年代这片土地上的人们，最终在妈妈和外公的双方协商下，妈妈给在远方的两个舅舅写信，经过兄长的同意才得以出去。

同一时期，我的爸爸在知识的改变下走上了另外一条道路。当时对于少数民族已经出台了不少优惠政策，少数民族考生在贵州可以加20分，爸爸努力之下考上中专，毕业后被分配到政府工作。熟人社会十分重视乡情，妈妈在深圳认识了田坪的朋友，算得上是老乡，之后几番辗转去这位朋友家又机缘巧合认识了我的爸爸，开始了他们的缘分。沿海地区经济较为发达，工人在工厂上班一个月工资五六百元，比西北地区高两三倍，妈妈给家里寄钱时要先在邮局寄一张寄款单，然后在老家邮局兑钱。沿海地区的日用品质量好、款式新颖，妈妈每次回家都会给家人买毛巾、衣物等。外出打工的女孩回家变得时髦，似乎"打工"变成了一件让人羡慕的事。

我的母亲

深圳离香港很近，1997年我国对香港恢复行使主权时，本打算回家的妈妈想要目睹历史盛况，推迟了几个月回家。据妈妈回忆，7月1日那天，工厂特意放假，在厂里大屏幕播放直播，直到现在妈妈还记得其中一些细节。香港对于我家乡来说是十分遥远的地方，在家的爸爸就没有妈妈那种特别激动的感受，他说："香港回归祖国，在有电视的人家观看过。"

不同年代的人都为家人与自己而奋斗，但是不同年代的人们生活方式各不相同，改革开放"打工潮"的时代终究过去了。在妈妈的回忆里我能感受到她对这段美好记忆的怀念,"去看看外面的世界",是他们那代人的一种情怀与青春。

五、消失的乡音

　　青山如玉,流水似屏。田坪镇所在的玉屏县是个山清水秀之地,1983年9月7日,国务院批准成立玉屏侗族自治县,之后就进入了筹备阶段。政府把玉屏中学现有的6 000平方米体育场,采取挖矮填宽的方式,扩建成约2万平方米的会场,整修改建中山、人民、下巷子三条泥土路为水泥路,新建玉中校门、进场道路及一栋1 000平方米的教学楼,组建文艺队伍并用多种方式进行宣传。1984年11月7日,玉屏侗族自治县正式成立,由于人们出行不便,对于县庆并没有很高的热情,家里没有人特意前往,爸爸甚至没有一点印象。随着人们物质生活水平提升,精神生活也日益丰富,县庆在我初中时期成为全县人民热烈欢庆的节日,学校会特意放假一天表示庆祝。人们载歌载舞,文艺队伍穿上特色的侗族服饰进行表演,也会有中小学生吹奏玉屏特色箫笛,乡镇的村民在悠闲的情况下也会特意跑到县城感受欢闹。

　　玉屏有"黔东门户"之称,20世纪80年代湘黔线开通,玉屏侗族自治县成为整个铜仁地区唯一有火车站的县城,全市大部分外出人员都来玉屏坐火车,带动了经济发展。玉屏火车站成为一代人骄傲的记忆,每每谈及都会想起绿皮火车的时光。开放程度的提升也影响了原有的文化,侗语消失得很快,只有一个村庄还有所保留,也只有一些上了年岁的老人会说侗语。在我的记忆中,老师在侗语课堂上会做一些知识普及,玉屏电视台也有侗语教学节目。大家的方言里或许夹杂着侗族的一些词语,可是都不为现在的年轻人所熟知了,我们的下一代更说着一口流利的普通话,连方言都不会说,乡音正在村里散去。

　　说来很有趣,铜仁管理的二区八县虽各有不同,口音方面却比较相似。玉屏话好像独树一帜,与其他地方完全不一样。高中语文老师说玉屏话是古音调,因为市区高中有不少同学觉得我的口音好玩,玉屏话一度"风靡"全班。

六、幼年记忆里的箫乡民俗

　　我小时候没有意识到文化传承的重要性,对文化不甚在意。玉屏的箫笛历史悠久,其中的平箫可追溯到1573—1620年(明万历年间)的郑维藩,玉笛则始创于1727年(清雍正五年)。箫笛的制作工艺一直为人们所称道,其吹奏技艺也被传承下来,成为地方文化精髓。小学阶段,学校为传播箫笛文化特设一门教授学生箫笛的音乐课,由于我自己沉不下心没有持之以恒地训练,到了六年级还只是停留在手法的学习上,吹奏方面不尽如人意,现在想来也有一点遗憾。记忆中,走过玉屏老街的时候,两旁的平屋中偶尔会有老人吹奏，悠长灵动。初中有一段时间时常能听到有人吹笛，更为轻快婉转，每到这时就会想"虽没有静下心来学习我们的文化，但在耳濡目染中也有了几分品鉴的能力"。我们县侗族文化保存得比较好的属饮食、建筑和民族节日。每年辣椒红的季节，就是家家户户忙碌的日子，几十斤的辣椒剁碎，同盐、大蒜和料酒一起搅拌放入陶瓷大坛中，放置几个月就变成酸香的辣椒酱，成为每道菜的酱料。这种代代相传的饮食已经给玉屏侗族人打上文化烙印，融入血脉。还有"灰碱粑""蒿菜糍粑"等，这些都成为岁月里味蕾不可缺少的陪伴。

侗族建筑特色当属"风雨桥""钟鼓楼"，以木料为主，靠凿榫衔接。风雨桥桥面铺板，两旁设置栏、长凳，形成长廊式走道，石桥墩上建塔、亭，有多层，每层檐角翘起，绘凤雕龙，是夏天玉屏人常去的休闲场所。男女老少都喜欢坐在风雨桥的长凳上吹吹河风，与朋友闲聊。玉屏钟鼓楼始建于明永乐年间（1403—1424），清顺治庚寅、康熙辛未两次进行维修，属于玉屏侗族地区的标志性建筑。

"赶坳"又称"玩山"，原本是青年男女邂逅爱情的节日，侗族人民往往把坳场选在竹树苍翠的山坳间，欢唱侗歌。时至今日，玉屏侗家人过赶坳节以欢聚为主。我没有亲身参加过玉屏"赶坳"，印象中总觉得是老年人的节日，妈妈却喜欢热闹，每年都会参加，回来跟我絮絮叨叨地讲述"赶坳"时斗画眉、唱歌的场面。

七、结语

家族的历史是几代人的经历，也是后辈们的回忆，我的家族只是芸芸众生中平凡的一分子，却也经历了这么多的风雨。离开故土秀山如浮萍般漂泊到田坪，再到现在的定居，已经过去很多年了。岁月塑造了我田坪人的身份，秀山只停留在每年清明挂亲的记忆里。时代创造人，从新中国成立再到现在的新时代，我的家族生活发生了很多变化，小时候最早的记忆是居住在祖屋，做饭需要用古朴的灶台生火；到爸爸工作、妈妈做小生意后，我们搬到了自家修建的三层小楼，过着更加现代化的生活。这不仅是我们自身努力的结果，也是时代进步的产物。

我出生在新中国成立后的第五十年，家族记忆里的灾荒、合作生产、改革开放等离我都很远了，小时候每次挑食家里人就会说："像我们小时候哪有你们这样幸福，水果很少，谁家有颗酸橘子树都吸引人。"从父辈们的话语中能够感受到他们对现在生活的满足，而这一切都是与国家息息相关的。如今人生二十载过去了，更久远的家族记忆只能从与长辈们的对话中得来。通过长辈的口述，我见证了我家族的变化，也看到小镇的变迁，更看到生活方式的演变。小时候的小镇只有两条长街，河沟小山坳是我们撒欢的场所，到了饭点小孩还没归家，各家各户的妈妈都会在家门口呼喊，我有不少次被妈妈到朋友家喊回家吃饭的经历。乡村的熟人社会是代代交流的，大人遇到小孩通常会问"你是谁家的孙女"，小孩自我介绍时也会带上大人的名号。我发小的父亲和我的父亲也是从小到大的朋友，甚至还带点亲缘，因而到谁家玩一天都特别热情乐意。

从初中到大学，在人生的青年阶段我离开了家乡，从农村走向城市，生活方式发生了翻天覆地的变化。少年似乎不知乡愁，但写下这些文字的时候好像把儿时的情感回忆了一遍，这才明白家族记忆早已埋藏在我的血液，等我回过头，明明感觉也没过多久，怎么就这么遥远了呢？

第三篇 家国往事

本篇内容为不同地区的同学追忆家国往事，或于颍淮河畔忆往昔，阐释安徽地区的社会变迁；或谈读书改变命运，揭示社会发展进程与个人奋斗之间的关系；抑或通过点滴家族记忆，管窥广西地区的社会发展风貌。这些充分展现了家事中蕴含国事、国事也是家事的历史特征。

老 家

徐叶涵

传一家之史，承一国之情。我倾听往事星星点点的片段，却仿佛窥见了整个时代发展的脉络，正是祖辈们的接续奋斗汇聚成了实现民族复兴的历史洪流，为家国情怀写下最生动的注脚。我尝试把它们记录下来，是保留家族记忆，是敬畏"根"的坚韧。

至少对于我来说，那是一片有故事的土地。不是我长大的地方，却像多数人说的那样——根在那里。

这好像是我父母那辈人的普遍趋势：走出农村、走向城市，去打拼，去奋斗。由此，一批又一批的年轻人走出了祖辈生活的地方，到城中工作、定居，可能距离并不遥远，但"老家"这个词却在我们这儿逐渐流行开来。那是他们出生和长大的地方，远离市区，不热闹也不繁华，但那里有父母、有往事，还有剪不断的家的情感。每当有人问起"侬是阿里银（你是哪里人）"的时候，脑海中第一时间跳跃出来的多是那片自己扎根的地方，那个不远的故乡……

我是一个土生土长的杭州富阳人，"生活富裕、生命阳光"，我觉得这个小地方正给了我这样的生活体验。虽然从小在市区长大，但对于老家的那丝向往，就像是刻在骨子里一样，长辈们也总说："你的家在这里咧。"逢年过节、暑假寒假，老家就是一个必打卡的景点，优美的环境、闲适的生活，我仿佛已经找好了养老的地方（我总是这样开玩笑）。我外公外婆家与爷爷奶奶家距离很近，每次回去都特别方便，不用赶来赶去耗费时间，甚是悠闲。

一、太宰坞：两辈人的接续

传闻，外公家那边最早的祖先要追溯到唐朝的叶法善，之后迁至浙江处州（今丽水），直至清朝时才有一支发展到了今天老家的所在地——富阳贤德太宰坞，之后的家族延续一般就只知道自己往上两辈人的名字了。这个起源准确与否我不得而知，但多少给我们家增添了一些荣誉色彩，说起来是不错的。

我太外公（外公的父亲）一家有三兄弟，他排老三，家里有地数十亩，住的房子是四合庭院，中间有个天井，左右有两个大厢房。以前家里雇长工、佃农，条件属实是不错了。但我从未有机会一睹四合庭院的容貌，想来确是一件遗憾的事情。新中国成立后，家里不再雇用长工，全家人都亲自上手干活，直至土地改革的到来，我们家有所变化。在划分成分时，太外公的两个哥哥都被划为了地主。我太外公作为家中最小的孩子，平时为人勤勤恳恳，也很实在，和邻里关系也比较好，就被"放过一马"，成为中农。没有地主的"帽子"，在后来的道路上其实还是好走不少的。家中两个地主一个中农，家中的田地被分出去不少，那套四合庭院自然也不能幸免，中间的厢房就给分了出去。

自四合庭院被分了之后，外公家就在现有的土地上推倒了旧房子，建起了两层高的新房，但房子建好后没多久就被改成了平房。我妈和我开玩笑，或许是两层楼的房子影响了邻居房子的采光吧，大家也就这样笑笑过去了。

生活再次发生转折，应该是在包干到户时期。国家拿生产的小头，个人拿大头，人们的生产积极性提高了不少。对于外公家而言，最重要的是不那么在意家庭阶级成分的问题了，日子过得算是安稳。由于小时候家里条件好，读的书比较多，太外公就在村里面当会计，每一笔账都记得清清楚楚，因为写得一手好毛笔字，太外公还有一个特殊的职业，为村里每家每户的农具写上农户的名字，不同人家的东西自然也就认得清了。在老家翻起旧物的时候，还听我外婆说到过刻有名字的锄头。这种习惯据我所知一直流传到我外婆那辈，至少这是我亲眼见过的，在老家的旧瓷碗底部，还留有外公的名字。我太外婆由于很早加入了中国共产党，直接做了大队里的妇联主席，调解家庭纠纷、邻里矛盾之类的很有一套，等到包干到户后任贤德乡的妇联主任。到我外公外婆这一辈，我外公当过小队长，我外婆是妇女主任，但是在政治上的职务就没有更高的了，也许是不擅长、不感兴趣吧。

在听这段故事的时候，我总忍不住打岔说我们家真是紧跟时代潮流的家庭呀。在工厂经济兴起的时候，我外婆到五金仪表厂工作了5年；再到20世纪80年代改革开放的势头越来越好，市场经济的浪潮也越来越大，外公外婆就开始自主创业，办起了织布厂。头几年厂子的发展还是挺不错的，但好景不长，在贤德的小乡镇上也走不出去，实际效益欠佳，没几年他们就把厂子卖掉了，虽然创业算不上成功，但养家糊口还是没什么问题的。想起来，在家务农的生活算得上是当时最安稳的生活方式之一了。

母亲是姐妹中的老大，在那个时候，大姐就是弟弟妹妹的"母亲"，外公外婆出去干活，母亲就在家里做饭、打扫卫生，最让我记忆深刻的，应该是我妈说她那个时候年纪小，也不高，够不到灶头，就要搬来板凳，站在板凳上做饭。每次想到这里，我的眼泪总是矫情地开始打转，长姐如母，这一场景或许就能描述了吧。

之后，我外公因在外工作发生事故走得早，外婆不愿再与我多说这段旧事，我也不再多问，只知道外公是一个非常和善的人，如果他还在的话一定会准备一桌子好吃的等我们回老家。说起来也很奇怪，我总觉得自己小时候见过外公，潜意识里似乎还有那么一点点关于他老人家的印象，没有去深究，便也知道了外公在我出生前就走了。或许这就是一直存在于长辈们口中的那位老者的魅力吧，家人们关于外公的每一点描述都好像融进了我小时候的记忆，这才觉得与他的距离不那么遥远了。

外公总想努努力，给家里造一个新房子。这么多年来，外婆一直将这件事放在心上，我的妈妈、阿姨和舅舅也都格外地支持。外婆总说：要造啊，要给他看看。希望外公已经如愿了吧。

外婆是一个念旧的人，我至今还记得老家旧房子里的一些家当儿，如今都整整齐齐地摆在新房子的一角，没有人舍得丢掉。以前外婆总是一个人生活，我出生时，外婆便到富阳来带我，直到我上小学；我的弟弟（我舅舅的儿子）出生，外婆又去杭州带小娃娃，直至今日。但老人家总是闲不住，一有空就往老家跑，子女们担心却劝不住，哪怕是回去打扫打扫屋子，种种菜，帮帮街坊邻居的忙，外婆都是乐在其中。我想，这片土地与她之间的深情，永远都剪不断。

外婆与儿女

二、碧东坞：一辈人的立足

爷爷奶奶家在富阳新登镇下的碧东坞，依山傍水，眼所及处皆是满满当当的绿意，这大概就是乡村的美妙。我们家在这片土地上的起源，祖孙三代就到头了。我形容我爷爷奶奶是"迁移"来的，他俩总笑呵呵地说其实不是，来到这里是无奈，但也是新的开始。我的爷爷很小的时候就被卖到了这片山沟沟了，他的老家或许在绍兴、丽水那边，但究竟在何处，当时年龄还那么小的他又怎么能记得清楚呢？我想，"山沟沟"应该是爷爷对于小时候生活的一种主观描述，泥泞的小路、匮乏的物资、群山深处的闭塞，爷爷所说的"家门口那种野地上翻一点土就拿来种菜"，这可能就是山沟沟的模样。直到爷爷11岁时，国家进行土地改革，他才从山沟里走了出来，落脚在今天居住的地方，如今已经84岁高龄了。我的奶奶是被抱养过来的，据我奶奶回忆，她是村里最大的养女，想来那时应该已经能记事了。20世纪40年代的中国农村，穷几乎是一种普遍状况，而且每家每户孩子都多，抚养的压力也可想而知。虽然是被抱养来的，但奶奶在碧东坞村民的照顾下也就这样平安顺利地长大了。对于他们二老来说，这里称得上是第一故乡。

我总是喜欢问一些过去的事情，但他们都记得不是非常真切了。我在历史书中读到的特别不一般的几个时期，对于他们来说，也不过是数十载人生中的小插曲，没有太大的参与感，可能也就没有特别多的记忆点，很平凡很普通，但也很朴实很幸福。这就是一个很普通的农民家庭，一是很多社会上的事件都不大会波及农村；二是爷爷奶奶也不愿去掺和，而是专注自己的生活。

我的爷爷提起土地改革，至今都有那种动容之情。他从山沟沟里走出来的那年，被分到了田，三个人大概是四亩多地，也从老地主那边分到了房子，算是迈上了生活的正轨。但在此后很长一段时间内，生活水平仍然不高，大家仍会感到困难。然而，农民的质朴真得动人，即便是自己的日子过得紧巴巴的，但村里呼呼响应国家号召、支援经济建设的时候，他们的积极性也是极高的，从家里带着农具、炊具的也不少。早出晚归，田里干完活儿回来去排队打饭，即使食堂的饭算不得好，也从没有人嫌弃。遇上年景不好、粮食短缺，大人们宁可忍饥挨饿，但凡有一点大米，都会留给自家的孩子吃。我的潜意识里总觉得，这个时期的日子该是很苦的，但爷爷奶奶却从不那么觉得，自小过的便是农村的质朴生活，那几年更像是一个低谷期，更何况村里家家户户皆是如此，谁又不难呢？挺过去就好了。经历过早些时候的艰难岁月，老人们对于今天生活的美满总是加倍知足与珍惜。听爷爷奶奶讲述这段过往时，平淡仿佛才是主旋律，而我却总禁不住以后人的视角去经历那些故事，他们眼中的平凡在我眼中却更为不平凡，近百年的家族发展，直至今日，离不了老一辈人日日夜夜的坚守。

爷爷奶奶家的生活真正开始步入新阶段，差不多是20世纪70年代末80年代初。爷爷小时候读过三个学期的书，认识了不少字，算是村里有点文化的人，就在小队里当会计，记记账，那个时候管这叫经济保管员。一家人种种地，生活也就这样子安定下来了……

三、小娘的日志

我的小娘（我们这边的称呼，父亲的姐姐，也就是姑姑）有写日志的习惯，在2011年8月的一篇日志中，她写道："老房子要拆了，欣喜又纠结。"我把主要内容摘录如下：

"那是两间两弄的黄泥房，是1980年审批后父辈、哥辈们一石一泥亲手筑起来的。打地基的石头是从溪涧抬的，黄泥是从地里挖的，木料是黑夜山上偷的（因为那时只能批到作柱脚的木料）。泡石灰、浸纸浸、垒泥墙、刷墙壁，就这样经过无数的日日夜夜、起早摸黑，这项伟大工程最终完工，最终爸爸、哥哥的背都偻了。"

"老房子开了两扇大门，留了两张楼梯，因为爸妈有两个儿子，一人一半。可哥哥结婚几年后住进了老屋，再另起新屋，把老屋留给了弟弟。弟弟参军十几年后把家安在了富阳。老屋自然成了两位老人的栖身之所。"

"楼下未曾隔开，八仙桌、土灶、碗橱、竹床、躺椅等物品一览无余。我一去，就喜欢钻进灶间，不断往灶膛里塞柴火，看着火苗扑闪扑闪，听着柴火发出哧哧的声响，让火光映着我的脸、暖着我的身，不论炎热或严寒百做不厌。"

"西侧的小门口静静地躺着那副古老的石磨，它吱吱嘎嘎的声音陪伴我成长，如今只在过年过节时才派上用场。特别是春节前，磨豆腐的村人排成队，吱吱嘎嘎声从早响到晚。没闲空的邻居亲戚干脆把做豆腐的任务全委托给了我老爸老妈，老两口便起早摸黑烧水磨豆点浆，做成的豆腐一板又一板，直到年夜三十。我们劝诫老人，年纪大了，推掉一点，可爸妈总说，乡里乡亲的不好意思。老房子拆了，老石磨还有没有地方履行它的使命？我还能不能吃上这本色清纯的土豆腐？"

"楼上隔了一间房，白色的墙、本色的柱，素颜朝天，只有房门漆上了红漆、绘上了龙凤，那是哥嫂的婚房，后来又成了弟弟的新房。记得嫂子进门时，陪嫁了一台黑白电视机，我们一家人便窝在这新房里看电视，叙家常，融融洽洽。"

"老屋前的高山依旧青翠。夏天的晚上，看着这黑魆魆的山，想象成卧龙、仙女、长者，看着月亮从山的那头爬上，数着天上的星星，浮想翩翩：牛郎织女是否已相会？"

"老屋旁的溪水依旧清澈。喜欢赤脚走在滑溜溜的石头上，掬一口清泉，小心翼翼地翻开一块又一块的石头，按住石蟹的背或大钳，然后拎回家，去壳洗净后拌上黄酒、鸡蛋、面粉，在油里炸得黄酥酥、松脆脆的，满嘴香气。"

"老屋周围的乡音依旧亲切。'我家早上摘来的菜，吃不完，来拿啊。''饭没吃，到我家吃点吧。''挑不动的东西，叫一声。'农村人改不掉的永远是那份淳朴与大气。"

"只是老房子老了，与周围水泥瓷砖花岗石的'乡村洋房'格格不入。政府便要整理土地进行新农村建设。"

"只是老房子的主人老了，爸妈已是白发苍苍，脸上沟壑纵横。有生之年也望看到旧貌换新颜。"

"只能把它放在内心的褶皱里，静谧又安详。"

"只愿老人住上新屋，静谧而安详地度过晚年。"

小娘的这篇日志一直留存在我的手机上，描绘了我父亲那一辈人的"老家过往"，非"温馨"两个字不能形容。用小娘的口吻再述了她的日志，我想读来应该会更有感触吧。

2011年，老房子拆了，建起了新房，也步入了我记忆中的那个"老家"，不老，但也承载了不少旧时的回忆。老家专门留下了一层楼，摆着八仙桌、土灶、碗橱、躺椅……似乎还有20世纪80年代那两间两弄的黄泥房的身影。尽管楼上置办了一整套的厨房用具，但奶奶依旧喜欢在土灶上做饭，爷爷也依旧坐在一旁为土灶添火，数十年过去了，却又好像什么都没有变。

爷爷奶奶家合照

四、结语

　　一代又一代，老家这片土地上的人丁更兴旺了，我父亲年轻时是当兵的，在汕头当海军，母亲在富阳做医生。在我出生前，我爸还总是跑在外面。但就像无数电视剧可以预见的那样，那个在产房外等了一宿的男人也选择了退伍转岗，回到了家里。每次谈起我父母那辈人的生活，我对他们"分配工作"的羡慕之情总是溢于言表的，谁叫我们今天的就业压力那么大呢？

　　父母亲抽空就会带我回老家，小时候在河里抓鱼，长大了在屋里烘炭，喜欢外婆的青团，也喜欢奶奶的烧饼。这么多年来，我对于老一辈人的情感执着越来越理解，我与那片土地间的情感也越来越浓厚。都说"家是最小国，国是千万家"，人们的记忆与文字总是不可避免地被打上时代的烙印，我将故事与情感一一记录，便也看到了时代变迁对于一个家族兴衰的深远影响。我的家族史，没有那么多的轰轰烈烈，但也珍藏了往事中的一点甜，那是时代洪流中最平凡的人也能有的淳朴与大气、幸福与安宁，而这也会成为它最不平凡的地方。

　　"老家"不老，记忆不衰，我收藏往事，也期待未来。

颍淮河畔忆往昔

沈雪宸

故事要从一座普通的小城——阜阳开始讲起。阜阳，简称阜，古称颍州、汝阴、顺昌，位于安徽省西北部，华北平原南端，淮河、颍河从这片土地上穿流而过，10 118平方公里的土地上，养育了一千多万颍淮儿女。

这是一片人文荟萃的土地，姜尚、管仲、甘罗、吕蒙等人灿照星河，晏殊、欧阳修、苏轼等人都曾居官于颍，给后人留下了传诵千古的诗词华章。这是一块英雄的土地，南宋名将刘琦靠着枕头馍、钩镰枪，打败了凶猛的金兵铁骑，顺昌大捷，威震四海；近代以来，四九起义打响了皖北早期革命第一枪，呼应了秋收起义；刘邓大军从这里挺进大别山，英姿永存。这是一块厚德的土地，上善若水，汤汤颍淮水滋养出善的种子，传承了大爱，孕育了"舍小家为大家"的王家坝精神，也形成了大气包容的民风。

家是最小国，国是千万家。国家的繁荣富强离不开一个个小家庭的发展进步。即使是被社会历史变革裹挟着向前发展的小家庭，也会相应地对社会发展起推动作用。我们家便是在历史洪流中向前发展的一个小家庭。

一、马寨不养马

我的老家位于安徽省阜阳市颍州区马寨乡。我曾经问过父亲，马寨为何不见大家养马？父亲告诉我，马寨并不是养马的寨子，只因乡里姓马的人数比较多，因此得名马寨。或者在多数人的观念里，称其为马家寨更为合适。我对于父亲的回答持保留意见，在我的记忆中，乡里马姓虽然人多，但也绝不是唯一的大姓。张姓、皮姓均为当地大姓，但为何不叫张寨、皮寨？

关于马寨历史上究竟有没有养过马，我进行了一番考究，最终得出这样一个结论：马寨或许在古代曾经是养马的地区。距离马寨乡五六公里处，有地名为驿堂店。据老一辈人说，驿堂店是古代所设置的驿站，供过往的人更换马匹，休息停留。据北宋有关马政的记载:"两淮之地,承平之际,畜马成群。"江南地区在气候等各方面都不适合饲养战马,因此两淮地区的马匹只能用来运输,无法投入作战。若此地为驿堂店,则马寨乡养马以供往来之人更换马匹便是顺理成章之事。但这只是我个人的推测,没有真实的文字材料记录佐证我的观点。

二、走千走万不如淮河两岸

俗话说得好,走千走万,不如淮河两岸。淮河两岸,土地肥沃,物产丰富。这或许就是我的祖辈们在此扎根的原因。

据爷爷回忆,元末明初,为躲避战乱和饥荒,先祖们带着妻子儿女进行了迁徙。在明末清初的时候,我的太祖爷爷(即我的七世祖)兄弟三人分开。我们家这一支迁到阜阳以西,太祖爷爷的兄长迁到阜阳市阜南县中岗镇,太祖爷爷的弟弟迁到阜阳以东蚌埠以西、淮南附近。于是从我的太祖爷爷起,我们沈家就一直扎根在阜阳以西的马寨乡沈庄。从明末清初开始,沈庄至少有四百多年的历史。但同村庄里的人均没有出五服,即使最远的宗亲关系,也与我的太祖爷爷的爷爷是同支。所以庄里辈分总是一件格外有趣的事。有人尚在襁褓,我便要管他叫爷爷;有人儿孙满堂,却要与我称兄道妹。不过尽管我们庄历史悠久,却依然不是乡里的大姓人家,足可见别家先祖远早于我们在此地定居。

据爷爷回忆,他姐弟共九人,上面有八个姐姐,他是最小的那个。在他十二岁的时候,他的父母相继去世了,爷爷成了孤儿。但因有八个姐姐,他不至于饿死。但随着姐姐们相继外嫁,他生活得也不好。最困苦的时候爷爷要过饭,还是路过的红军给了爷爷吃食,爷爷才不至于被饿死。后来日子稍微好了起来,爷爷就上了几年小学,认得些字。

新中国成立后实施土地改革,爷爷分到了三亩多土地,日子渐渐好了起来。因为上过几年学、认得字,爷爷在生产队当过计工员,帮大家记录工分。后来爷爷当过民兵排长、大队团支部书记。大队合并后,爷爷又先后担任马寨乡大队团总支书记,马寨公社常务副书记,马寨大队革委会副主任、主任、党总支副书记,宋庄大队书记,马寨乡副乡长等职务。在建党一百周年时,爷爷获得了"光荣在党50年"纪念章。

我的奶奶是传统的农村妇女,平日里大门不出,二门不迈。最远的外出也只是与同村人去赶集购买生活必需品。奶奶是一个文盲,不认识字。其日常活动不是在田间地头劳作,便是与同村人闲谈。奶奶并不记得很多事情,或许只是在她的记忆中,有这些事情存在,但当我用一个概括性的词语去描述时,她却对应不上。我一直认为奶奶家的故事乏善可陈,但据我父亲回忆,奶奶的父亲曾经参加过淮海战役中的蒙城阻击战,前往支援前线。那时奶奶的父亲担任我们当地的农委主任,负责征集农夫到前线运粮食、弹药。此时我才深刻理解了课本中所说的"淮海战役的胜利是人民群众用小车推出来的"。因为我的祖辈们，真的是在寒冷的冬季推着板车，途经九龙镇，前往蒙城运送物资。

姥爷则可以说是命途多舛。姥爷的父亲家（后文称本家）在当地称得上是大户人家，至少相对来说日子过得不错。本家相对厚实的家底，给我母亲留下了深刻的印象。我母亲于 1977 年出生，那时改革开放尚未起步，大众生活水平仍然不高，但本家却有闲钱给她雇用保姆。

但由于姥爷的父亲离家出走，家庭生活充满波折。姥爷的父亲（我的太姥爷）与姥爷的母亲（我的太姥姥）育有一子一女（我的姥爷和姑姥）。但太姥爷随后又爱上了另一名女子，要将其迎进家门，太姥姥自然不应允，且 1950 年已经颁布了《中华人民共和国婚姻法》，以法律的形式废除了传统纳妾习俗，太姥爷迎娶另一位女子进门的计划破灭了。而后太姥爷便抛弃了原配妻子与一双儿女，离家而去，选择与其深爱的女子组建新家庭。太姥姥也是很有骨气，带着一子一女离开本家，重新生活，甚至给姑姥改了姓氏，让她跟随母姓。本家虽然对太姥爷太姥姥的举动都有所不满，但此事太姥爷有错在先，本家也不至于不明事理，因此即使太姥姥带着孩子搬出去另立门户，本家对他们也颇为照拂。

太姥姥的一生可以说充满着传奇色彩。在其二十多岁时，经历了丈夫的背叛，她能够毅然决然地与其断绝关系并带领孩子们独立生活。这一点尤其令我敬佩，因为即使是现代女性，也不是人人都有勇气与毅力做到如此地步。离婚后的太姥姥没有再嫁，而是独自拉扯大了两个孩子。在面对不公时，她不是妥协，而是斗争。在我小时候，太姥姥还在世。乡下的夏天屋内闷热，我们便将门板卸下来，睡在门前。小时候的我看着天色逐渐暗淡转黑，很是害怕。太姥姥却十分自信地说，她能保护我。她看起来瘦瘦小小，话语也不是那么让人信服。她却十分自豪地对我说，她可是连日本兵都不怕。当年，日本兵打到我们这里来的时候，曾经偷走了她的牛。邻居们都劝她算了吧，多一事不如少一事。但是牛对于单亲的小农家庭来说是极其重要的财产，她便前去找日本兵理论。虽然语言不通，但经过一番据理力争，最后日本兵把牛还给了她。她便一直把这件事情当成她一生的骄傲，讲给小辈听。遗憾的是，她已经过世三年了。倘若她还在世，我想她会中气十足地要我多听、多写她的故事。

姥姥的父亲，根据我们当地的习惯，我要称其为太姥爷。太姥爷曾经当过兵，但当兵的具体细节却颇有争议。在我的认知里，太姥爷曾经参加过抗美援朝。他的腿有一块是黑紫色的，每到冬天就疼痛难忍不能行走。即使坐在轮椅上，他的腿上还要盖上厚厚的毯子，据说是因为冬天在战场上曾经中过弹。但是当我向姥姥问及此事时，姥姥却告诉我，太姥爷并没有当过兵。后来姥姥的这段记忆被唤醒，她又说太姥爷没有参加过抗美援朝，但是的确当过兵，一开始是国民党的兵，后来弃暗投明加入共产党。直至现在，太姥爷已经去世十年，姥姥家的旧房前些年进行翻新，许多旧物件没有了，再加上姥姥姥爷年事已高，许多事情记不大清楚，因此关于太姥爷从军的这段经历无法再求证。但无论太姥爷有怎样的从军经历，他参加过哪场战役，有没有能够证明的材料与物件，这都已经不重要了。我想，只要他曾经参加过追求民族解放的伟大斗争，他就是值得敬重的。同德则同心，同心则同志，这就已经足够了。

三、改革开放春风起

改革开放后，阜阳开始推行家庭联产承包责任制，大家生产种植的积极性空前提高，沈庄也开始进行大面积生产种植，农村的日子一天天好起来。爷爷家有很多20世纪80年代的老照片，我觉得能够去拍照片、洗照片，说明日子过得还不错。但是相比之下，原本在供销社工作的姥姥姥爷就遇到了挑战。

中华人民共和国成立早期，马寨乡成立了供销社，负责分配生活物资、生产物资。那时候国家实行计划经济，农村个人不允许从事商业活动，只有供销社和商店可以进行买卖。像布票、红白糖票、煤油票等基本生活物资都是在供销社进行采购，因此生意很好，很抢手。但改革开放后市场放开，大家都开始做生意，供销社开始逐渐退出历史舞台。1987年左右，供销社生意极不景气，姥姥姥爷甚至无法按时拿到工资，必须做出重要抉择。

爷爷家的老照片（一）

于是姥姥姥爷顺应下海经商潮流，开始自己做生意，赚了点小钱。20世纪90年代前后，姥爷家盖了新房。在我母亲的印象里，姥爷家的新房子是我们马寨乡的"地标建筑"。除了供销社的房子，全乡属我们家房子最高，虽然只有两层楼，但这在当时十分罕见。

我的父母均在改革开放之际出生，他们见证了改革开放的历程。父亲受时代大潮影响，十几岁时满怀雄心壮志前往北京进行打拼。但是，父亲说他只"北漂"了两个星期，花完了钱还没找到工作，便灰溜溜地回家了。也许正是因为这一段经历，父亲才会逐渐

爷爷家的老照片（二）

甘于平凡，选择在农村当一名小学教师。不过虽然父亲没有"北漂"成功，但他总是希望并鼓励他的学生们能够走出农村，去大城市看一看。母亲姐妹三人，经历则各不相同。由

于姥姥姥爷受从上海过来插队的知青朋友的影响，家庭环境十分开明和谐，对于母亲三姐妹的选择并未过多干涉。我的母亲考上了行政干校，毕业后分配工作，当了一名小学老师；母亲的二妹则选择了考高中、读大学；母亲的三妹学习成绩不好，读了职高后便工作了。三姐妹虽然选择各不相同，但也都在岗位上认真进取、默默奉献。

四、结语

我们家的故事到这里就讲得差不多了。最后，我想讲一讲我的家乡。长期以来，阜阳一直遭受人们的地域歧视。在人们的印象中，阜阳贫穷落后，阜阳人素质有待提高。诚然，阜阳市作为安徽省人口最多的城市、全国五大民工源头输出地之一，每年有 300 多万人离开家乡外出务工，其中不乏素质低下者，但不能因此抹黑整个群体。这些外出务工人员为全国各地的城市建设提供了充足的人力资源，付出了辛勤的汗水。

古人云：父母在，不远游。但现实却是每一个背起行囊义无反顾地跑去大城市里拼搏闯荡的人，都有着各自难以言说的原因。他们都曾怀着美好的憧憬和心愿，因为生计，因为想让下一辈过得更好一些，因为想让上一辈的老年生活过得更舒适一些，因为那些他们在脑海里想象出来的美好图景。人世间的一切幸福都需要靠辛勤的劳动来创造，追求幸福的过程就是不满足于现状、不断追求和创造更美好生活的过程。

今天仍然是奋斗者的时代，书写新的辉煌业绩离不开新时代的奋斗者。在九百六十万平方公里的土地上，梦正在绽放，崭新的城市如日东升，喷薄升起。站在新的起点上，我们云程发轫，不忘初心，培风图南，赓续前行。

百年洪流下的家族往事

李亚楠

党在百年的变迁中也在慢慢见证一个个家族百年变迁的故事，每个家族也在成长中见证着中国的步步强大。百年的变迁中祖辈们在苦难中感念共产党，也因为苦难而更加铭记历史的变迁，教育后代牢记历史故事。我的小家也在一代代的传承中感受着中国的发展，记录着历史的变迁。我的祖辈们依土而生，代代伴土而居，在一棵槐树之下播下希望的种子，目睹着小村庄的成长，记录了祖国的日益辉煌。

一、槐树根下的家族迁移

从籍贯上说，我是安徽亳州人，但从小出生在宁夏银川。幼时因父母外出在银川务工，便在两岁时同爷爷奶奶回到了安徽亳州涡阳县大罗行政村后孙庄。当然，从这个村子的称谓就可以看出，这里的人要么姓罗要么姓孙，但我们家是个特例——姓李，在村子里几乎没有本姓的亲人。小时候在同别人玩的时候我就特别好奇：为什么这一个村子偏偏就几家人姓李呢？直至和爷爷聊天说起我的疑惑，这个谜底才得以解开。据爷爷回忆，我们家的家族史就是一部迁移史，而这一切的迁移都要从山西洪洞大槐树说起……

"问我老家在何处，山西洪洞大槐树；祖先故居叫什么，大槐树下老鸹窝。"在全国各地，尤其是北方的大部分地区，数以百万计的人都声称自己是山西洪洞大槐树移民的后代，大槐树的传说在华北一带也是人人皆知。大槐树的传说，涉及的是明初中国北方一场规模空前的移民运动。明朝初年，黄淮平原受到战乱及水患的严重影响，百姓存活甚少，山东地区"白骨露于野，千里无鸡鸣，乐陵一县，仅剩四百余户，唯存李、金二姓"。与黄淮地区民不聊生的景象截然相反，山西地区由于免受战乱影响，百姓安居乐业，日子过得很是安逸。而中原一带的百姓不断地向山西地区逃亡，如此一来，山西地区人满为患。据《明太祖实录》记载，明洪武十三年，全国总人口为 59 873 305 人，而山西地区达到了 4 103 450 人。明朝政府为了恢复黄淮地区的生产，便下令从山西向山东、河北等地移民。

当然，身处富庶之地的百姓是不可能自愿进行移民的，明朝政府便采取招诱、征派等方法，按照"四口之家留一，六口之家留二，八口之家留三"的比例进行迁移。而当时的洪洞县便是这场移民的中转地，移民在洪洞县广济寺办理迁移手续，领取"凭照川资"，按照官方指派的方向，在官兵的监督下迁往山东、河南、河北、安徽等地。按照爷爷的说法，我家便是从山西洪洞迁往山东的那一支，他也常说我们的根在山西大槐树下，也常念叨要去祭祖寻根。这场浩浩荡荡的历史移民也就此造就了山西洪洞的寻根文化。

家族的第二次整体迁移要从家族中一位素未谋面的老爷爷说起，据他留给后人的记录，我们家族是为了逃荒而从山东迁往安徽，不过具体的迁移年份已无从得知。

定居安徽后的家族谱系，最早可以推到我太爷爷的爷爷那一辈，他叫李向凡。李向凡家里有三个兄弟，三兄弟都以做木工营生，彼时家中发生变故，为了更好地生活，他们兄弟三人便开始离家营生，分别走了不同的方向，亲人开始分散。在家中无人、亲人四散的情况下，家中的一棵大槐树也莫名其妙地枯萎了两年。后来李向凡因放不下故土，又重新赶回家中，自此便举家定居于安徽的一个小村落。而在其回到家后，那棵槐树又重新活过来了。这段故事也成为家中的一段传奇，家中的大槐树也被蒙上了一层神秘的面纱。

然而，历史洪流中被冲散的亲人们，也因这棵大槐树的奇妙缘分重新相聚。2015年我上高一时，全家都回到了安徽老宅。一方面是要给奶奶过66岁的大寿，另一方面是要为这棵古树鉴定年岁，因为村长将这棵古树上报到了县里申请保护。也就是在这一年，家里突然迎来了大团圆。在过完年的一天，家里来了一群从来没有见过的人，自称是来寻亲。我也是这场寻亲的见证人之一，当时只觉得惊奇，并没有参与大人之间的讨论，只是在饭后静静地坐在那儿听他们谈论其中的缘由。来寻亲的那一系定居在安徽李小庙，据他们说，家里的老人在病床前一直念念不忘寻找我家的槐树。因为他记忆最深的就是家里那棵大槐树。在临终之前他嘱咐自己的后代寻根认亲，寻找大槐树的身影。

在历史的洪流中，我家仿佛一直都离不开这棵槐树。我在幼年时便一直记得家里的那棵大槐树。记忆中它躯干不大，但却有着很深的树洞，记忆中它总是在院子的那个角落里静静地靠着，因为年数已久，大家都早已不记得它是什么时候种下的了，只知道它是一棵百年古树。就算是村里上了岁数的老人也不知道这棵古树具体的年岁，只知道它就一直在那里伴随着整个村落的成长，伴随着我们整个家族的成长。而它也因年岁已大，整个躯干都已经空了，只有一个枝丫存活了下来。因为那个枝丫指向西北方，而我们家现今都住在西北的宁夏，所以村子里面的老人就常说，这是在指向我们家人所在的方向。

家族的第三次迁移，也是记忆最清晰的一次，是从我太太爷爷（太爷爷的爸爸）开始的。太太爷爷名叫李佳诚，出生于1912年的安徽，家里以木工、务农为生。太太奶奶姓张无名，便冠以夫姓以本姓为名，称其李张氏，出生于1910年。二人生下了三男两女，过着自给自足的生活，也算得以营生。随着时间的推移，其大女儿和二儿子相继成家。在1959

年左右，太太爷爷一家迎来一次迁移的契机。大女婿原本在当地担任乡长，但由于工作需要调动到宁夏银川。有了正规的调动手续，大女婿将太太爷爷一家也带往了宁夏银川。当时我的亲老太早已成家立业，就留在了安徽的家里。再往后，老太也带着二儿子投奔银川的亲人，而爷爷则留在了安徽。后因家中孩子众多，为了寻求更好的生活，姑姑作为老大最先前往银川投奔老太。紧跟着，爸爸也不满足在家里种田的务农生活，于1998年带着妈妈前往银川务工，自此便在银川定居，此后爸爸的其他兄弟姐妹也相继定居银川。

因生存而散，因槐而聚，槐树根下的家族不断成长壮大，最终也难掩念槐之情。这种情以槐为线，牵连难忘的血缘情深，牵连对于根的念念不忘，是中国人独有的寻根情节。

二、时代变迁下的农民富强之路

在老一辈的记忆中，随着时代的发展变迁，政策的不断调整，农民逐渐走上富强之路。在生产队时期，农村生活已经有了较大改善。生产队是农村基层单位，每个队都要集体劳动、集体生活，凭借着劳动挣工分来维持自己的生活，用工分换取粮食。而生产队也就成了那个时代所特有的标志。相较于人民公社运动前期，此时的农民也可以依靠自己的劳动挣得工分，换取维持一家人生活的口粮。姥爷受过一定的教育，故在回忆这段时期时讲得最有条理。他回忆道，"当时一个村分了12个生产队，大家一起挣工分，一个成年男性一天最多可以挣12个工分，女性则一天最多10个工分，而这些工分也是分时间段进行的，早上出工不论男女都是2个工分，中午出工男性5个工分，女性则是4个工分，下午和中午的工分数一样"，凭借着工分数分得家里人的口粮。此时的生产队就是一个小集体，生产队中有队长、会计和保管员。当我问到这些人是怎么选举出来的时候，姥爷跟我说，都是村民自己选举出来的，然而又会叹口气跟我说，谁家人多，谁当选的可能性就大。相较于前期的艰苦劳动，彼时有了耕地的老牛，农村的土地生产也是正常运转。然而据姥姥回忆，由于家里的劳动力不足，挣得的工分不足以维持一家老小的口粮。这时就需要向有剩余工分的人家买工分。姥姥说："有了工分就有了钱，没有工分就是欠钱。"妈妈家这边只有姥姥和姥爷两个劳动力，故要养活三个孩子还是很艰难的，经常是欠别人家的工分，最终必须赚钱还工分，勉强维持一家人的生活。

在爷爷奶奶的回忆中，除了日常劳作，也有关于其他社会生活的记忆。比如他们提到在那个时期不断学习《毛主席语录》，学习"老三篇"——《纪念白求恩》《为人民服务》《愚公移山》。晚上村里还进行喊操、跑步等集体活动，都是那个时代鲜明的集体主义生活的真实写照。

1978年安徽省凤阳县小岗村召开了一次关乎全村人命运，乃至影响全国改革进程的秘密聚会，这次聚会诞生了一份包干到户的承诺书。在当时，这个举动是一件石破天惊的大事。社员和干部协商好，包干到户，从此开启了中国农村家庭联产承包责任制度的改革，并取得了立竿见影的成效。小岗村当年粮食产量迅速提升，农民生活质量大为改善。小岗村的成功实践让人们看到包产到户、包干到户的积极性，1980 年，中央下发文件，肯定了生产队领导下的包产到户。1982 年 1 月 1 日，中国共产党历史上第一个关于农村工作的一号文件正式出台，明确指出包括包产到户、包干到户在内的各种责任制都是社会主义集体经济的生产责任制，此后便不断地完善家庭联产承包责任制度。

因为爷爷与姥爷家世代都依靠着他们脚下的土地来生活，他们对土地有着深沉的热爱。当被问到这一政策时，从他们的言语间便感受到了内心的喜悦和激动。据姥爷回忆，这四十多年里，家里分了 16 亩地，自己承包单干。这一制度调动了农民的生产积极性，世代以地为生的农民也因此变得富裕了起来。2006 年国家又取消了粮食税，转而给予农民以农业补贴。爷爷只要一提起这个政策就难掩心中的喜悦，直言道："国家的政策好呀！中国共产党好啊！农民的生活也好起来了啊！"

爷爷奶奶不在安徽种田营生了，现在家中最了解农业的便是姥姥和姥爷。作为一个淳朴的农村人，姥姥坦言说家里的地基本没人种了，年轻人大多外出打工了，好多地都连片承包出去。在市场化的今天，农村的土地经营权也流向了市场，曾经毫无生气的农村地区现如今也变得生机勃勃，土地资源得到了合理的配置，农村的建设也得到了相应的重视。新农村、新气象，这在与姥姥的交谈中得到了充分的体现，同时也在她拍摄的照片中得到了充分的体现。当然，这还是我记忆中的家乡，但这也不是我记忆中的家乡。

姥姥和姥爷虽年数已大，但依旧年年不忘家中的土地，依旧热爱脚下的田地，就算再辛劳也依旧守护着那片麦田。不忘的还是故乡的土地，祖国的田地。在市场化的今天也感慨国家实行的关于农村的政策使得农家人一步步走向富强和振兴，各种规划和补贴也使得农民更加感怀党的伟大。

三、结语

历史长河中不断延续的小家庭中的每一个人，最终在回首往事时总是心存感恩。感恩脚下的土地，感恩这个时代，感恩伟大的祖国，感恩中国共产党。苦难或许带给了他们悲痛，但是勤劳淳朴的农家人永远热爱脚下的土地，永远记得自己的根。很庆幸自己在家乡度过了一个无忧无虑的童年，记忆中的那些事物依然还在，记忆中的那棵槐树还屹立在那个墙角，记录着整个村庄的来来往往；记忆中姥姥家的饭菜还是那么香；记忆中的麦田还是一望无际；记忆中的麦香还是这么醉人。只是，人去楼空，如今的家乡也只剩下了那座年久失修的老房子和一棵枝丫朝西北的大槐树。虽然人已离去，但浓厚的土地之情却从未消散。

槐树根下储藏的是一颗农家人热爱土地和祖国的心。在国家成长的路途中，一个个小家也在不断发展变迁，伴随祖国而生，见证祖国强大的历程和党的初心使命。我们这一代人虽然生在祖国强大之时，但仍要感怀前辈们的勤劳奋斗为我们铸造了这强国之基。作为新时代的青年，我们应当继承前辈们的使命继续砥砺前行，展现祖辈们的勤劳之姿，绽放新一代的独有品性，让奋斗的精神代代传承下去。

点滴家族记忆中的社会变迁

黄安然

国和家自古以来就是两个不可分割的概念,家庭的前途命运同国家和民族的前途命运紧密相连,我的家族从新中国成立之初到改革开放后几经变迁,始终深受国情变化的影响,从生计、学习和婚姻等方面处处体现出国家的进步。本篇故事主要聚焦于爷爷奶奶二人社会地位以及各自家庭情况的变化,从而体现新中国成立后人民生活水平的逐步提高。

一、爷爷奶奶的家庭概况

"一本同根,光宗永照;建祠念祖,公德千秋",这是黄家族谱扉页上的题词。我的爷爷于1929年出生在广西藤县,是家里第四个孩子。新中国成立前家里在南洋经商,开着连锁店,卖一些日杂品。通过祖祖辈辈积累下来的资产,买下土地建起了房子。据家里人说,如今镇政府的球场以前都属于我们家,可想而知那时爷爷过的生活还是很滋润的。新中国成立后,在进行土地改革时,根据出身成分,爷爷家一开始被定义为富农,后被定义为小地主,多出来的一块土地收归集体,被划给了别人,自己家最终变成普通农户。

我的奶奶于1938年出生在广西桂平金田,是家里第三个女孩子,父亲在她两岁那年就去世了,她的母亲作为一个非常贫穷的农村寡妇,自己一个人将三个女孩子拉扯长大。家徒四壁,最值钱的物件只有一头牛。奶奶的小学和初中,是在当地一位傅姓地主建立的宗族学堂里度过的,不用交钱。那时候奶奶一边看牛一边读书,这段时间的经历无意中为她后来的工作发展打下基础。此外,奶奶还说这家地主因为没干过什么坏事,且乐善好施、有益于乡邻,所以在后来的政治运动中,村民都争着把他和他的家人藏起来,不让别人批斗他,这也是人性中一种最朴实的善良吧。

新中国成立前,奶奶家只有两亩地可以耕作,但也非自己所有,属于租种地主的土地,需要交纳不少的地租。当时其他村民很同情她们,会尽量接济她们。早晨奶奶带着米袋去买菜的时候，村里撑船的邻居都会提醒别人帮她多留点菜，可见当时奶奶家的情况是多么贫困。1948年的时候，那户地主人家因为有文化，自身通信也比较快捷，知道了北方在推行土地改革，所以要尽快卖掉租给奶奶家耕作的那两亩地变现。奶奶的母亲卖掉两头牛崽子，又去借了些钱，再加上平日去别的地方打工攒下的积蓄，在1949年的春天买下了这两亩地。新中国成立后重新分田地，地主退租退押。因为奶奶家所拥有的两亩地是在之前三年内买的，牛刚好卖了，所以还是可以被划成贫农，并根据人头数额另外分配土地，这时候家庭仅有的2亩地变成了5亩地，同时也分到许多衣服和农具，生活条件得到了极大的改善。经过这样的调整，旧社会那种明显的贫富差距得到了改善。

回头说爷爷的经历。爷爷早在藤县中学读高中的时候，就在地下党骨干的指引下参加了进步读书会，秘密传阅进步书刊以及收集敌伪情报资料，反对搞"反共宣誓"。在藤县解放前夕，原为地下党员的进步教师被国民党警察局逮捕时，爷爷参加了中学的罢课，和一百多名同学冲入警察局声讨当局迫害进步教师的罪行，并要求及时释放老师，展现了追求进步的坚定志向。

但是受到家庭成分的影响，爷爷身边的人经常忽略了他这段追求进步的经历，更多的是根据他的出身叫他"地主仔"。这个词用我的家乡话读出来会更有嘲讽的味道。不过嘲笑他的孩子并不多，只是在有些场合会受到区别对待，让他心里很不好受。但是总的来看，这时他并未受到太多影响。1950年他参加了当地组织的青干班，毕业后随工作队进入蒙江、瑶山等地搞清匪反霸、退租退押的工作。1953年春他参加藤县土改试点，也正好有了加入中国共产党的机会，成为一名光荣的中国共产党党员。后来他被调到土改委员会负责编印"土改简报"工作。虽然爷爷出身地主家庭，但爷爷当时坚定地跟着中国共产党的步伐，相信着中国共产党的政策，积极投身土改运动。

与爷爷的读书经历不同，在奶奶的记忆里，从1949年底广西解放到1950年消灭土匪动乱时期，家乡金田的学校都不开学，所以直到1951年她才重新开始读书。高中读了2年后，曾有土改工作队住在她家，问我的奶奶是想工作还是想读书，如果想工作的话，因为她是贫农出身，可以直接来土改队上班，但最后奶奶还是决定报考师范学校。这是因为师范院校不用交学费，并且贫农出身有助学金。当时很多穷人家的孩子都想考师范，最终只有包括奶奶在内的两个人考上了。先前村里从来没有女人外出读书的现象，我奶奶是第一个，当时村里的人都说"豆豉都发芽了"（因为豆豉已经成酱，不可能像黄豆那样发芽了）。在读书时，像奶奶这样从贫农家庭走出来的孩子会由于出身较好而得到老师更多的关注和疼爱。

1955年，奶奶完成了在师范学校的学业，跟大多数同学一起被安排去当小学老师。在工作岗位上，看到她是贫农出身时，领导和同事也给予了更多的关怀。据奶奶说，当时政府很注意培养贫下中农干部的能力，这样能有更多人为贫下中农发声。奶奶在这个时候也先后完成了她自己的三大目标：加入少先队、成为共青团员、成为共产党员。她在读书时就有解放军亲自授予红领巾，长大后因为自身的努力很顺利地加入中国共产党，这也成为她老年生活中常常谈起的骄傲。因为受到上级的信任，1957年奶奶被调去公安局协助甄别档案，即为出身不明朗的人判定出身成分。她说关于出身的判断还是有比较科学的依据，处理也是比较人性化的。

1958年，爷爷在陪同领导下乡视察的时候遇见了在村里帮忙整理材料的奶奶，然后奶奶看上了爷爷的老实，爷爷看上奶奶的精明，很快他们就自由恋爱了。总的来说就是地主的孩子和贫农的女儿在一起了，这也恰巧是后来爷爷在"文革"时期没有被革职的重要原因之一。据奶奶说，当时他们结婚时住的房子碰巧就是民国时期新桂系三巨头之一黄绍竑的别墅。

在爷爷奶奶结婚后，很明显奶奶的出身在社会上更有优势。她曾用"出身轮不到你选，但道路是由你选的"为爷爷辩解，帮助他不被送入五七干校接受改造。改革开放后，奶奶依然敢于为爷爷说话，帮助爷爷争取落实政策。

二、家族流传的时代记忆

跟姑姑和爷爷聊天，能够得到很多关于时代的记忆。在姑姑的回忆中，她对毛主席的敬仰占了很大一部分。

姑姑现在仍然记得她小学刚入学的课本和其中的内容，扉页上印有正在招手的毛主席，第一篇是《毛主席万岁》，第二篇是《中国共产党万岁》，第三篇是《全世界人民大团结万岁》，可惜这本书这几年搬家的时候被奶奶拿去卖了。

姑姑说，当时大量地印制并发放"毛主席像章"，我家也保存了不少"毛主席像章"。如今这些像章已经受到文物法保护了。"毛主席像章"作为独特的历史文化见证，以其繁多的品种、巨大的数量和广泛的流行范围，成为中国现代史上奇特的文化现象。

姑姑说，从她记事起到改革开放前，家里没有多少余钱购买漂亮舒适的衣服，由于条件有限，那时候几乎每条裤子都有补丁。但是人们对美的追求是普遍存在的。到1974年左右，像邓丽君这样的港台风潮悄悄进入内地，开始有人模仿她们的穿着打扮。由于思想观念的解放是一个漫长的过程，当时很多人对模仿港台风持反对意见，甚至不让穿花花绿绿的衣服，街上的人大都穿着蓝白黑灰颜色的衣服。但姑姑喜欢打扮自己，穿着打扮讲究鲜艳靓丽，很快就被老师找去谈话，被批评思想不端正。姑姑还讲过关于整顿"奇装异服"的故事，说那时裤脚不能太宽太小，有人拿着尺子站在街上观察，逮着一个看起来不合格的裤子就量，如果不合规定立马就剪了，还会大声说那是"奇装异服"。直到1982年，我的家乡还存在这种过于保守的思想。姑姑工作后参加培训班时，仍被告知不能烫头发。

有一个女同志没在意烫了头发，被支部书记点名批评。可见，即便这些保守思想被中央要求纠正了，但是距离形成一种开放的社会生活风气仍有一定的距离，这也说明了一种观念的扭转难度有多大。

当时我的姑姑参加了东方红小学文艺队，扮演《红色娘子军》中的人物，每天忙着训练跳舞，专门为农民和工人演出，她印象最深的两句口号就是"文艺为工农兵服务""工人阶级领导一切"。她同校的其他同学则上课就是劳动，上课就是学插秧，基本没有时间学文化知识。到了期末，看谁手上的老茧多，谁就得到优秀奖励。

恢复高考之前，大家都觉得参加劳动重要，恢复高考后才觉得读书重要。但是爷爷很重视子女的读书问题，在1972年左右，爷爷就买了许多书让姑姑在家里看。像《静静的顿河》《梁山伯与祝英台》《钢铁是怎样炼成的》，还有唐诗宋词等，让姑姑这样的青年接触到五彩缤纷的文学世界，帮助她树立起正确的世界观和远大的理想。

爷爷还讲述了当年备战备荒的故事。1969年到1972年，整个城市频繁进行防空演习，"备战备饥荒为人民"的口号进入了家家户户，很多单位都挖了防空洞，每个星期都要演习。过程大概是一星期一次，一次半小时，有时半夜三更突然拉警报、敲钟，大家要一切行动听指挥，什么东西都不拿，一家老小全都躲进防空洞。大家非常自觉，也没人有意见。当时市政府大院里就有六七个防空洞，而市中心地下全挖空了。爷爷说防空洞里没有灯，没有生活物品，不过1972年后这些防空洞就被填上了。

三、奶奶眼中的改革开放

改革开放初期，国家开始大力发展经济，科学的春天来了，像陈景润、华罗庚这样的人激励了当时的年轻人，让他们觉得真的要用读书改变贫穷落后的面貌，甚至越来越多的人开始觉得没有读书很丢脸，这使得社会中有着浓厚的学习氛围。一开始市场上的电子设备，像电视机、录音机都是进口的，可是没过几年市场上就都是国产的电器，并且质量不亚于进口产品。除此之外，当时大学毕业还有分配制度，学什么专业就去干什么工作，这也激起了我姑姑这一代人的学习热情。

改革开放后，对于奶奶而言，她印象最深的是做生意更方便、更自由了，在她的老家金田镇的大街上，从山上运下来的山货如木耳、香菇等可以自由买卖，金田的特色产品也开始慢慢出名。据她说，在此之前的一段时间，农民是不能随便做生意的，获取财富的途径非常有限。对于普通人家来说，生活质量明显提高了，原本要攒钱才能在过节的时候吃顿好的，而从这时开始平常日子饭桌上的饭菜变得丰富起来了，人民的幸福感也随之提高了。

我家最明显的变化就是奶奶他们在20世纪80年代住的房子，是按干部级别分配房间，一开始要交房租，但是到了90年代制度改革，就可以把房子买下，置办房产证。在国家的带领下，各种法律制度逐渐完善，学法、守法也成为人人称道的一种风气。

四、结语

爷爷奶奶家庭境遇变化的对比，必然会引发旁观者的思考。当初决定朝着共产主义社会前进的初心是明确的，让长期身处不合理制度压榨下的人民尽快得到解放的愿望是迫切的。在这种情况下，为了在当时的条件下尽快消灭剥削，消灭贫富差距，只能进行土地改革，重新分配社会财富。因此爷爷奶奶的家庭发展情况有所不同。往事已经成为历史，我们可以从这段家族的故事中看到正确解释一种历史现象的重要性。爷爷和奶奶的出身在不同时期被下了不同的定义，一个是地主，一个是贫农。从长时段看，二者在漫长的社会变迁中实际上是逐渐趋于平等的，这也符合社会主义实现人民当家作主的初心。从历史纵向发展和国家成长壮大的角度看来，社会趋向平等过程中需要一些人做出更多奉献，但也正是个人为集体的奉献，使得人在真正意义上的平等有了实现的可能。

绚烂归平淡，真放本精微

钱芮琳

我出身于江苏省常州市一个普通而幸福的家庭。父母在闲时常与我提起先辈们的故事，下面就由我来讲述一下我的家族史。我的介绍主要分为三部分：我的家族——常州菱溪钱氏；钱氏二山——钱名山与钱小山，也就是我的高祖父和曾祖父；我的爷爷奶奶。

一、我的家族——常州菱溪钱氏

根据《通志·氏族略》的记载，钱姓起源始于彭祖。传说，这位寿命高达880岁的寿星真名叫籛铿，他在后来受到尧的赏识，受封于大彭，成为彭姓的祖先。而彭祖之子籛孚，在西周都城任钱府（掌管钱财的官署）上士（官名），因此籛孚就以"钱"为姓。

秦汉时期，钱姓在江苏徐州一带渐渐发展起来，到了三国时期，钱姓已经遍布江苏、浙江和安徽等地。在唐朝之前，钱姓已经分布甚广。钱姓发展的鼎盛时期是唐朝灭国后的五代十国期间，钱镠成为吴越国王。钱镠的33个儿子多半被其父亲派往江浙各州，钱氏家族因此繁衍开来，特别是在江浙一带，钱镠也被尊为江南钱氏的开派始祖。

钱镠在治国期间实行"保境安民"的政策，兴修水利，重视农桑，开拓海运，发展贸易，体察民情，是我国历史上一位难得的政治家、军事家，为当年吴越国富甲东南和今日长三角的繁荣作出了历史性贡献，被誉为"上有天堂、下有苏杭"的奠基人。钱镠治家极严，钱氏家训对钱氏后裔影响极深，使钱氏家族成为继孔氏家族之后的又一望族。978年，钱镠之孙弘俶尊奉祖父遗嘱，纳土归宋，成就了中国历史上少有的和平统一，使"鱼米之乡"的江浙地区免于战火。《百家姓》将"钱"姓置于皇姓"赵"之后第二位，代表了宋朝皇室对钱家的高度评价，也含有当时知识界对钱氏的尊重和感激。

钱氏家族是一个绵延数千年，拥有辉煌历史的庞大家族。钱氏家族宗谱是目前国内保存最为完整的家谱之一，这在有着三千年修谱史的中国也是十分罕见的。钱氏菱溪族谱记载，钱镠第二十一世孙钱孟江，入赘菱溪高氏，这就是我们菱溪钱氏的世祖。

而菱溪寄园钱氏，是常州的一户书香门第。寄园的书院，便是由我的高祖父钱名山创立。

二、钱氏二山——钱名山与钱小山

高祖父钱振锽，字梦鲸，号名山，是著名的诗人和书法家，与胡石予、高吹万并称为"江南三大儒"。他的书法初学欧阳询，然后学颜真卿，中年后学汉隶北碑，晚年学写怀素。他早年的书法以帖学为基础，后来融入了碑书。他的书法用笔及运笔都痛快沉着，有颜书的雄强，又有碑的古拙，气度高远。在民国时期，他的书法极受当时的文化界推崇，一向自负的康有为见到高祖父的书作也说："除我之外，当世更无此公匹敌。"

高祖父自幼聪颖，少年时是名狂士，十九岁赴南京乡试之前，就敢在家门口写"解元钱某寓"。他十六岁就中秀才，十九岁中举人，二十九岁成进士，官至刑部主事。但面对强敌压境、民族危难的局面，高祖父是坚定的主战派，两次上书都未被录用，因此他对清政府失望至极，于1909年退隐回乡，在寄园创设书院授课。寄园所在地原本是高祖父的父亲钱鹤岑先生读书养气之所，当年是"购地为园"，实际上属于租赁性质，因此取名为"寄"，带有寄托、借用的双关意味。寄园的创设使常州学风为之一振，造就了一大批国学人才，其中著名的有马万里、程沧波、谢玉岑、谢稚柳等，高祖父也被尊为江南大儒。

寄园是书院而不是私塾，私塾是蒙童启蒙之所，而书院是传经论道之所，寄园的学子大多数是学有所长的提高者。寄园的课目以经、史、子、集等经典文献为主，常常谈古论今，激扬文字，纵论天下时势，商讨强国之策。高祖父创建的寄园，是常州最后一个古典书院，也可能是中国古典书院的终结。高祖父可谓是中华传统文化的重要传承者、集大成者。他不立宗派的精神，是常州人文精神的体现。他的治学方针，体现的是自己的观点，而不是崇尚哪一家哪一派。他跳出了汉宋学派和古今文派的禁锢，反对考据训诂，认为琐屑不足道，会埋没学者的天性和灵气。他在北京当官时，尚未进行维新运动的梁启超和他谈宋学，说："当今世道陵夷，总须先立乎其大者。"当时的高祖父年少气盛，不以为然，认为梁启超的话语过于空大。后来梁启超的思想变了，高祖父却颇读程朱之书。他认为研究学问要实事求是，否则一切学问最终都没有着落。他主张文章要讲清楚道理，语句有条理且言之有理，不能只是辞藻的堆砌或晦涩文字的集合。他觉得文章都是自然而然作出的，"文章本天成，妙手偶得之"，怎么总用派系区分呢？所以他说："鄙人文字既无宗派，又复空疏，不足与百年学者比；窃取之义，惟有不平二字耳。"

高祖父对自己的诗颇为自豪："我以诗事天，不得无诗死。气急言语尽，尚有心在此。"他一生留下的诗共1 100多首。

常州在清代初期就有"诗国"之称，因为常州在其时就形成了自己的诗词群体与部落,并且有着极其鲜明的特色:求新、求异、求变。代表人物,公认的有黄仲则、赵翼、张惠言、洪亮吉、钱名山等。高祖父的诗词创作受到了前辈乡彦的重要影响,又标新立异,当之无愧地成为常州"诗国"的重要代表人物和精神传承者,为常州的诗词发展添砖加瓦,增光添彩。而高祖父被誉为"常州诗伯",与黄仲则、赵翼、张惠言、洪亮吉等齐名。特别是在民国初年,政局动荡、文风黯淡,传统文化严重滑坡的时代背景下,高祖父创办的寄园书院为常州文脉的继承延续作出了巨大贡献,孕育了读书崇文的种子,捍卫了传统文化的尊严,传续了中华国学的经脉。

那时的中国多灾多难,但高祖父从没有放弃自己作为中国传统文人的责任和担当。

清光绪三十二年(1906),阳湖东北境芙蓉圩暴发洪水,田野、道路一片汪洋。当地居民不得已砍掉所有的树木,将它们放在屋顶暴晒,或是拔起农田里的稻谷植根,将这些东西当作食物。离开当地在外面乞讨的人也是越来越多。高祖父立马参与了赈灾事务,昼夜奔走,不辞辛劳,不仅处理水灾,还在当地兴修水利防止灾祸复发。从此当地居民不但休养生息,顺利发展,而且肥料充足,安居乐业,即使是路边的幼稚儿童也知道高祖父的功德。乡民为酬谢他的辛劳,以锣鼓爆竹庆贺,抬送着"曲全水利"的匾额来到他门前;他本来坚决拒绝,但实在敌不过乡民们的一片诚意,只好让他们把牌匾挂在厅堂上,过了几天,就叫人拆了下来。

有一件寄园内部的事情,我与父母了解得都不是很清楚,只知道是寄园弟子的"毁佛案",但查阅了一些家中资料,发现是件不小的事件。常州城中有两座贤祠,分别纪念两位乡贤:薛方山和唐荆川先生。当时东门富商戈莲生与邑令姚绍之称霸一方,改祠为观音堂。高祖父的弟子唐玉虬是唐荆川后裔,听说了这件事之后愤怒异常,联合数十个同学拥入祠内,将所有佛像捣毁,弃于河塘内,准备回去时,戈莲生已经带着数十人气势汹汹地赶到处理。当时高祖父正在朋友家做客,不知道这件事,等到回家才知道发生了什么事,听闻后惊骇地拍案起身:"危哉,今日之事,如果遭工人围殴,可若何?"当即就在黑板上写:"孝子不登高,不临深,今日之事有登高临深之危,可不戒乎?"又安慰道:"事已至此,不用怕,且沉机以观其变。"几天后,戈莲生向县上控告说:"寄园弟子倚势横行,捣毁公共佛像,破坏地方治安,流氓行径,出于洙泗,斯文扫地矣。"高祖父笑着应对:"彼辱我,不校也,然二贤祠必恢复,讲理可耳。"当日就写了《与人论二贤祠书》,刊印数十份,请人散发。没过多久,这个案子就无声无息地被撤销了,观音堂也不复存在,重新恢复成为二贤祠,戈莲生甚至亲自到寄园向高祖父道歉,高祖父一笑置之。这件事足以体现高祖父的铁骨铮铮,是非分明。

1931年,常州、金坛、溧阳各地遭灾,高祖父四处卖字募捐,捐款不论多少都送书法一幅,写到手上的皮都磨破。子女拿钱买米,立几口大锅施粥,粥发完了,买烧饼再发。常州的溧阳、西夏墅等地至今仍有纪念他的庙宇。

几年后，常州遭遇百年未有之旱灾，当政者不肯把囤积的粮食散发给饥饿的百姓。高祖父愤而疾书一篇《读孟子齐饥章》："呜呼，积谷防灾，积而不散，吾不知其说也！"他愤怒地说，粮食不是官绅种出来的，而是农民种出来的，农民是粮食的主人，而官绅只是代农民看管粮库钥匙的人，现在主人饥饿，而看管粮库的仆人却不肯开仓，"此诚倒行逆施之事，我不知其说也！"济世利人，为民请命，高祖父不遗余力，倾力而为。

我偶然了解到高祖父的孙女钱习之，也就是我的祖姑母，她竟然是我的母校河海大学的老师。她做教师的数十年间，将募集到的衣物送给贫困学生，先后资助贫困学生 3 000 多名，其中有 200 多名学生考上了硕士和博士研究生。她自己的家中，却连一台电视机都没有。她一生都是普通老师，靠着一份薪水，延续着"扶危济困"的家传。

1937 年全面抗战爆发，高祖父创建的寄园毁于战火，他被迫带着全家人避居上海。当时的伪政府十分想笼络这位前清遗老，然而高祖父坚决不肯。有一次，有朋友请高祖父参加饭局，却不告知饭局中都有哪些人出席。高祖父拒绝了，后来才知道是汪精卫过生日，想请高祖父去，又知道他一定会拒绝，才使出此技。

在卢沟桥事变刚发生、淞沪会战还未爆发的时候，当时的国民党当局正在庐山商讨和战大计，时局一片沉郁，高祖父率先在《大公报》上发表一篇题为《必战》的文章，主张"非战不足以求存"。他强调中国和日本自甲午以来的血海深仇，"此仇不报不用生！我中国人也，岂愿中国亡于异族！"他对抗战必胜的信念很强烈，淞沪血战捷报频传，更增强了他的主战信心。他兴奋地每天买了许多报捷《号外》赠送给过路的行人和邻居，让人们尽快知道胜利的消息。还有许许多多的事例，足以体现他感天动地的炽热爱国心。

大厦将倾，他以瘦弱的双臂扛起擎天重任；山雨欲来，他以极大的定力与敌对势力较量。"绚烂归平淡，真放本精微"，高祖父好似天边的一颗星，用自己的光和热，照亮着人们前行的征程。他对常州倾注了深切的情感，为保护一方民众的安危做出了努力，对常州的城市文化形成了深远的影响。

上面介绍的是钱氏二山中的一位。钱氏二山的另一位是我的曾祖父，钱小山先生。

曾祖父名伯威，字任远，又字汉卿，号小山，是著名的诗人、书法家。曾祖父从小在寄园读书，15 岁就自编诗集《结网吟》，高祖父高兴地题诗："留得家门风雅在，中原文物未消沉。"用以告诫自己要保护和传承中国优秀文化，不让它消亡和丢失。新中国成立后，曾祖父担任常州第一任文化局局长，担任常州政协、文联和书协的领导工作，关心常州文物保护和文化建设，为常州地区名贤先哲的故居建设和纪念活动尽心尽力，先后倡导和支持关于唐荆川、恽南田、段玉裁等人的学术和纪念活动。他以自己的古典诗词和书法实践，带动和影响常州地区文学艺术事业的蓬勃发展和繁荣昌盛。

20 世纪 70 年代末，常州民盟开始恢复活动。借曾祖父的声望，不少知名书画界人士接踵而至，以至到 80 年代中期，民盟文化支部几乎成了常州文化界的"半壁江山"。那时，改革开放刚起步,知识分子对金钱的态度,还是"犹抱琵琶半遮面"。而社会上对书画工作者的劳动,也不当一回事。但在曾祖父的影响下,民盟书画活动一直很活跃。大家聚集在一起,谈论的不仅是政治,还有诗词文章,更多的是金石书画。久而久之,这就自然而然地成了一个圈子,成了一个面向社会、面向基层并送书画下农村、进工厂、到军营的传统。

家人曾经给我讲过曾祖父的一个小故事。某一年的年底,民盟常州书画会开展送春联下乡活动,曾祖父也到场。书画家们因此都十分卖力地写。到了傍晚,会场的讲台上放满了大家一天的成果。镇领导对此十分满意,让文化站赠送书画家们大量的糯米、萝卜干、大鲤鱼等物,小山似的堆积在回程的面包车上,大家都很高兴。曾祖父幽默地开玩笑说:"今朝我们岂不是东洋鬼子下乡来?"大家顿时笑得前俯后仰,边拍手边大笑,彼此内心之间的距离拉得更近。

还有一次,曾祖父为某一家服装厂写招牌。那次民盟的书法家想要与老板谈论佣金的问题,但老板对此没有什么表示,因此书法家们都不太愿意写,老板捧着宣纸站在那儿,一时间很是尴尬。曾祖父看到后,没有说什么而是直接写了字,为老板解了围。老板走之前,让人问曾祖母的上装和裤腰尺寸,想要定做服装以回报。曾祖父拒绝了。老板走之后,曾祖父与大家说了一番话,大致是这样的:我们是盟员,任何时候都要注意自身的形象。书画家是文化人,要自尊自爱,不要摆架子,耍威风,要是为了钱,这样的活动以后可以不搞,不要为了钱丢了常州民盟的脸。这足以体现曾祖父高洁的品格。

曾祖父在腐败黑暗的旧社会,宁愿清贫生活,不从政,不当官,不参加党派活动;新中国成立后,他衷心爱戴中国共产党,拥护社会主义制度,积极参加政治、社会活动,是著名的爱国民主人士,长期担任民盟常州市委主委、市政协副主席等领导职务。他站在思想政治的前沿,在处理好政务外,经常用诗文表达与党和祖国共同进步的心声,先后在《人民日报》《光明日报》《诗刊》《常州日报》等报刊发表了近万首诗文,步入晚年才出版《小山诗词》。他的诗风清新隽永、明快流畅;书法长于行书,有独特风格,"苍润洒脱、神完气充"。曾祖父与周子青、胡一飞、孙江天并称"常州书坛四老"。

三、我的爷爷奶奶

我的爷爷受自己祖父和父亲的影响,也热爱诗词书画。但不幸的是,他幼时因病变成聋哑人,生活有很多不方便的地方,学习和创作受到了不少的限制。我的奶奶出身扬州,也是聋哑人。但奶奶从小就受到了良好的教育,在那个年代能够进入专门的聋哑学校学习。我在小时候曾看到过奶奶写的信,字形隽秀,内容大方。老照片中的奶奶时常开朗地笑着,她广交好友并与他们游山玩水,照相留念。爷爷奶奶这两个命运相似,也同样对生活充满乐观的人走到了一起。爷爷和奶奶经常活动于各种书画展，比如爷爷曾经参加过常州市天宁区和北京市东城区联合举办的残疾人书画展，并为书画展写字。爷爷奶奶也时常闲下来出去游玩，领略祖国的大好河山，用一张张相片把它们记录下来；或是前往合适的取景地，进行写生，生活充满了艺术和文化气息。

由于聋哑人在教育子女方面终归有所限制，我的爸爸和大伯最终并没有走上同样的艺术道路。我的爸爸长于工科，妈妈爱好读书，在我小时候就鼓励我拓展艺术兴趣。我对画画感兴趣，小学也上过许多兴趣班，有素描的基础，奈何天赋不足，终究也还是没有专心于绘画，只是作为日常的小兴趣陶冶身心。虽有遗憾，但我不忘祖辈故事，时时将他们传承的精神牢记于心。即使我家这一脉归于平凡，但在我小时候，爸爸就详细地将祖辈的故事告诉了我，让我知道我的家族故事，家里收藏着许多老相片和书画集，无不诉说着当年的故事。仍记得爸爸妈妈带我去常州博物馆看祖辈画作与书法的艺术展，也还记得第一次看到妈妈翻出家中收藏的书籍与字画，告诉我高祖父是谁，曾祖父是谁，和我讲我的家族故事，与我一同品味钱氏二山和爷爷的字画，与我一同整理，让我长大后再把这些传给我的子女，给他们讲祖辈的故事……

四、结语

每次回顾祖辈的故事，我都感到震撼并且心潮澎湃。我的高祖父忧国忧民、教书育人；曾祖父受其父亲教诲，致力于保护中国传统文化；我的爷爷在长辈关怀下长大，对生活积极乐观且潜心于诗词书画……从旧社会到新中国，从伟大的贡献到平凡而积极的生活，祖辈们的精神一代代传承了下来，并影响着我，我感到很骄傲并且感到振奋。我会将他们的精神继续传承下去，并不断学习，做对祖国有贡献的人，创造属于自己的精彩人生。

读书改变命运，信仰照亮未来

倪 茵

"蓝蓝泉州湾，青青戴云山，海上丝路从这里铺向世界。"从"涨海声中万国商"的"东方第一大港"，到享誉国内外的"鞋服之都"，我的家乡——福建泉州，这座位于祖国东南沿海的滨海小城，以其深厚的历史文化底蕴和千年孕育的海纳百川、爱拼敢赢精神，一步步登上世界舞台。2021 年 7 月，在第 44 届世界遗产大会上，"泉州：宋元中国的世界海洋商贸中心"获准列入世界遗产名录，再一次惊艳世人。一千年前，它是梯航万国、连接中外的"东方第一大港"；一千年后，泉州城依旧刺桐绚烂、活力四射，一代又一代爱拼敢赢的泉州人接力奋斗、努力续写着"泉州故事"的新篇章。生于斯，长于斯，我很自豪。

在千千万"泉州故事"的创作者和续写者中，有这样一个平凡、朴实的家族，凭借着孜孜不倦的求学精神与攻坚克难的进取精神，在风云变幻中扎根泉州大地，耕耘在田间地埂与基层岗位上，讲述了一段独特的中国故事。

一、用知识铺垫成长的阶梯——父母的教育经历

我的爸爸妈妈都是从农村一路打拼出来的。爸爸来自小山村霞溪，祖辈以务农为生；妈妈来自渔村蟳埔，祖辈以捕鱼为生。在我看来，他们能从贫困落后的农村走出来，在城市成家立业，"读书"功不可没。正是知识改变了他们的命运，帮助他们摆脱了贫穷，使他们过上了不愁吃穿的稳定生活。

先从我爸的求学生涯说起吧。说到爸爸的求学生涯，就不得不提爷爷的求学生涯。我的太爷爷在我爷爷十一岁那年就突然去世了，也正是那一年，我爷爷开始上学。他很争气，一路读到了师范，师范毕业后回乡成为一名小学教师，后与同样早年丧父的奶奶成家。当时村里有条件读书的人不多，爷爷很幸运，是其中一个。可以说，他的经历也是那个时代读书改变命运的一个缩影。当然，教书之余，为了养家糊口，他也得和奶奶一起辛

勤务农，养猪养鸡鸭、种田挖地瓜，在节假日挑担赶集卖西瓜……

我爸爸的求学生涯离不开爷爷的影响。爷爷在他成长的时代具有较为出色的受教育经历。而到了爸爸成长的那个年代，村里有条件读书的人多了起来，有过受教育经历的爷爷自然就让爸爸、叔叔、两个姑姑全都上了学。在爸爸十五岁那年，爷爷觉得他的成绩还不错，便为他办理转学，从村子里的中学转到了城里的学校——泉州三中，也就是现在的泉州五中。就这样，爸爸翻越了大山，开始独闯城市，大专毕业后考取了公务员，一直留在鲤城区工作。我的叔叔、姑姑们也都通过读书成为教师、医生，过上了稳定的生活。

爷爷、爸爸和我

再讲讲我妈妈的求学故事。相比于爸爸的求学生涯，妈妈的求学生涯更为不易。那时候，外公在江西当兵，妈妈是家中长女，下面还有一个弟弟、一个妹妹。受闽南地区根深蒂固的重男轻女观念影响，外婆在一开始是不同意妈妈读书的，她认为妈妈应该在家里帮助她料理家务、照顾弟弟妹妹。好在外公从江西写信来坚定地支持妈妈上学，她才有机会上了一年级。但由于年龄太小，她有些跟不上，外婆便想让她退学。在妈妈当时的班主任的极力劝说下，外婆终于同意让妈妈留级一年继续上学。

学可以上，但是家务不能停。妈妈说，上小学的时候，她每天凌晨三点就得起床到离家两三百米的古井挑水。上学前要磨地瓜，煮地瓜糊做早饭；中午回家也要做饭，还要去纺纱厂给外婆送饭；下午放学回家后还要做很多家务。年幼的舅舅有时候会和妈妈一起去上学，坐在教室里，和姐姐一起听课。到了周末，姐弟俩就会一起到海边滩涂地挖蛏子，然后由妈妈蹬自行车到城里卖钱攒学费。

上了中学后，离家远，妈妈中午就留校了。少了繁重的家务，她有更多时间精力专心学业。她很勤奋，日积月累，中考的时候以全区第一的名次进入了泉州中等师范学院（即现在的泉州师范学院）。师范三年，她依然刻苦努力，每天坚持训练"三笔一话"（钢笔、毛笔、粉笔和普通话）的教学基本功。午饭后，同学们在宿舍里聊天，妈妈则在教室的黑板上模仿老师的字一笔一画书写着；晚餐后，小伙伴们大都结伴逛街去了，妈妈还是选择来到教室，有时临摹起庞中华的字帖写着钢笔字，有时比照着柳公权的字帖练习毛笔字，一练就是个把钟头。

相比"三笔"，这"一话"要提升谈何容易？一是身边的人开口闭口都讲方言；二是小学条件有限，妈妈没有接受正规的拼音教学，发音严重不规范、不准确。平翘舌不分、"地瓜腔"浓重……怎么办？妈妈刚开始很自卑，也很苦恼。不过，好学的她没有放弃；

在老师和外公的鼓励下，妈妈每晚睡前苦背字典，每天晨起听广播大声练习朗读，同时不断请教老师纠正发音，力求字正腔圆。功夫不负有心人。妈妈的普通话水平突飞猛进。临毕业前，在一次全省中等师范普通话抽测中，妈妈居然得了满分，是全省唯一一位，班主任洪老师喜不自禁，直到现在洪老先生还逢人就夸妈妈的勤奋好学。

机会总是留给有准备的人。毕业那年，妈妈以全班唯一的"优秀毕业生"身份直接进入市直重点小学——泉州市晋光小学教书。在我妈妈的影响下，舅舅也刻苦学习，现在在中国人民银行泉州市中心支行工作，阿姨也干着稳定的会计工作。

我的爸爸妈妈一路从农村读出来，可能更多的是抱着脱贫的信念，但是十余年的勤奋求学也让他们增加了知识，开阔了眼界，带动家人过上了更富足的生活。我敬佩他们。

二、用勤劳回馈社会——父母的基层工作与生活

当然，获得人人艳羡的"铁饭碗"并不是爸爸妈妈奋斗的终点，而是年轻的他们向上的新起点。作为基层公务员和一线教师，三十多年来，他们步履不停。我也想借此机会，从一个亲历者，或者更多的是以一个旁观者的身份，和大家分享我对父母所在工作岗位的一些思考。

自1988年参加工作以来，爸爸已经在基层公务员的岗位上干了三十余年了，乡镇企业局、区委办、街道办、区政府，都曾留下他的身影。他主要负责公文写作，年轻时候加班加点地写，虽然很多时候署名一栏没有他的姓名。小时候，我对他的印象就是很忙，白天上班，晚上加班，大年三十也常常加班。大一暑假的时候，我在区文明办实习了一个月，帮忙整理文明城市的申报材料，其间顺便帮助科室的其他科员打印材料、送文件。原本，我只是为了应付学校要

我在区文明办实习

求的社会实践任务，顺便体验一下当公务员的感觉。我没有想到，我曾经认为的体面而清闲的公务员岗位背后，竟然有如此多繁杂琐碎的工作。那个月，尤其是到了临近材料提交期限的时候，我和同样去实习的同学连续留下来加班了好几天。那是我第一次切身体会到基层公务员工作的艰辛。

或许有人会想，基层公务员提拔了以后是不是就不用那么辛苦了。可能是，但是，提拔不是易事，提拔也同时意味着身上的责任更重了。我们家祖祖辈辈是农民，我爸爸不抽烟不喝酒不擅长应酬，从不去经营一些所谓的关系，按部就班地发展自己的事业。他在熬

过了最低晋升年限，终于能够享受往上一级待遇的时候，却不幸因当地一件骇人丑闻，被以未恪尽职守为由"双降"了。最终，上级事故调查组在调查过程中没有发现他有任何贪污受贿的事实，而反观他的几名同事，已经受到刑事处罚。尽管这个飞来横祸使得爸爸的公务员生涯"一夜回到解放前"，也给我们家带来了一定的经济损失，但是，我要为他数十年如一日坚定践行"全心全意为人民服务"的宗旨点赞。

我的妈妈也从事着大家口中的"铁饭碗"工作——教师。从一个教师子女的角度来看待这个职业，它确实有大多数人想象的轻松的一面，但也有大多数人不曾体会过的辛苦的一面。上进还是"躺平"？家庭还是事业？创新还是守旧？这是我从妈妈三十年从教生涯里概括出来的三对矛盾关系。她选择的是上进、事业和创新。

她选择了上进。据我了解，她有不少同龄的同事选择的是"躺平"，教教书，最多当当班主任，一年又一年。但是妈妈选择了挑战自己，从普通的教师、班主任，到福建省优秀青年教师，再到教研组组长、教科室主任，再往上……她一直在追梦的路上。现在，作为一名副校长，她已年过半百，但是依然一边坚守在语文教学一线，一边不遗余力地带着团队在教海探航。

专于家庭，还是事业？妈妈选择了兼顾。小时候的我是吃饭、睡觉"困难户"，每天耗费了妈妈不少精力。爸爸工作忙，根本没有时间分担。妈妈毫无怨言，总是在陪我入睡后见缝插针地学习，努力了三年，参加自学考试，拿到了小教本科学历的毕业证书。读幼儿园后，我喜欢上了舞蹈、绘画、英语……妈妈不顾上班劳累，坚持接送我到各处学习才艺。特别是钢琴，一陪就是八年，妈妈陪我上课，陪我练琴，陪我考级，见证了我通过十级钢琴考核和音乐素养考核的成长历程。

在陪伴我的同时，她依然没有放弃自己的追求，潜心学习业务，积极参加市级骨干教师和学科带头人培训活动，选择到偏远山区农民工子女居多的乡村小学支教。支教两年，妈妈同样满腔热忱，脚踏实地，埋头苦干。她多次开设示范课、指导课，举办教育教学专题讲座，把先进的教育教学理念，通过行之有效的教学手段直观形象地展现出来，带给大家全新的感受和极大的冲击力。"真教育是心心相印的活动。唯独从心里发出来的，才能打到心的深处。"妈妈始终以大教育家陶行知先生的教导鞭策自己，倾心奉献，引领农村孩子爱上语文，尤其是习作——农村语文教学的难点。以文笔见长的妈妈充分发挥自身优势，以情传情，以情育情，以情激情，循循善诱，为农村习作教学铺开喜人的画卷。有心栽花花会开，妈妈支教班上孩子们的作文在悄然"长大"。在作文竞赛中，参赛孩子脱颖而出，成绩斐然。在期末考试质量监控评比中，妈妈所任教的班级甩掉"包尾"，一跃而上，获得了学区团体综合分第一名的好成绩。支教结束前夕，妈妈自掏腰包编印了一本精美的师生日记文集《聆听花语》1 000 册，作为礼物送给班上孩子和支教学校，获得极大的好评。

我上了初中，妈妈所在的学校创办新的校区——泉州市晋光小学东海校区。新的机遇，新的挑战。妈妈迎难而上，选择到新的校区接受新的考验。新校区在距离市区二三十公里远的海边，交通不便，妈妈不会开车，只得每天起早贪黑，风雨兼程。到了我读初三时，她担心我的学业，每天中午打的回家，陪我吃午饭，关注我的情绪，给予我前进的动力。在妈妈的支持下，我顺利考进全市最优秀的高中——泉州五中高中部。为了更好地兼顾家庭与工作，爸爸在我学校附近租了房子，因为工作繁忙的缘故，他依旧在老城区忙他的工作，照顾我的任务还是交给了妈妈一人。妈妈一面陪着我，一面为新校区的高调起步打拼着。最终，高考揭榜后，我考进了河海大学。妈妈具体负责的新校区办学业绩显著，获得了家长和社会的一致好评。

我和妈妈在老君石刻造像前的合影

是守旧，还是创新？过去的课堂上，老师们通过写板书辅助教学；逐渐地，有了投影仪、电脑、白板等多媒体。不少老教师或许是习惯了手写板书，便不愿意学习使用多媒体。妈妈却毫不犹豫地承担起学校创建省教育信息化实验校的领衔工作，拜年轻教师为师傅，带领年轻教师研发系列微课程，尝试"翻转课堂"，并率先在全市组织5G"1+2"专递互动课堂、5G"1+3"专递互动研讨等活动，得到同行和媒体的高度关注，今日头条、中国网、中国教育装备采购网、新华网福建频道等都对此作了专题报道。在教师网络空间创建活动中，妈妈依据指标摸索，创建了"'微'而不薄"教师个人空间。空间主题明确，线索清晰，分门别类，应用翻新，力求彰显空间"共建共享"的理念，追求"成己为人，成人达己"的境界，曾连续两个年度在市级、省级获得奖项，极大地推动了全校教师踊跃投入教育信息化的改革浪潮。妈妈所在的学校因此于2019年3月被教育部办公厅授予"全国网络学习空间应用优秀学校"的称号。

2020年新冠疫情期间，妈妈从容制定了线上教学方案，并请求我当她的技术"助教"，在全校第一个采用线上直播教学。在近三个月的网课学习中，她巧妙依托福建省公共资源网络空间平台，主打"'劳'有所乐""'网'事匆匆""'疫'战到底""'艺'心抑疫""'疫'味深长""书香远'疫'""'疫'起传书"等7个语文综合性学习小专题活动，以立德树人为目标，以课标为导向，以疫情为课堂，立足生活，链接教材，指向习作，作文做人，能力品格，兼而有得。物化成果《聆听花语》系列文集（7本），以及班级微信公众号"聆听花语的小时光"期期图文并茂、视听结合，见证妈妈和她的学生在非常时期的非常考验。复学后，妈妈同样自掏腰包，结集编印送给每一位学生，作为纪念。

认真备课的妈妈

我相信，多年以后，不管是农村孩子还是城里孩子，当他们再翻开这些文集的时候，一定会有不一样的感受。他们在妈妈的创新教学下所养成的习惯，形成的能力，积淀的底蕴，打开的视野，以及播下的向上向善因子一定会生根、发芽、开花、结果……

"书山有路勤为径，学海无涯苦作舟""苟日新，日日新，又日新""但行好事，莫问前程"……国学经典字字珠玑，句句隽永，篇篇精练，耐人寻味，是中华民族五千年灿烂文化的精髓，是华夏沃土灿若星辰的瑰宝。妈妈热衷诵读国学经典，她在个人"'微'而不薄"空间"微阅读"栏目下设"每日一则"，每天清晨起床第一件事即在空间推送一则国学经典，反复涵泳，牢记心间。妈妈不光自己坚持诵读，做到知行合一，还以此为抓手打造优秀教师团队。自2014年8月新校区创办以来，她着力推出教师晨间共读国学经典活动，让全体教师与经典同行，打好专业底色；与圣贤为友，锻造崇高师德。近几年来，妈妈组织全体教师一起诵读了《论语》、《大学》、《中庸》、《道德经》、《孟子》、《增广贤文》、唐诗、宋词等篇目。为深化阅读活动，每学期精心组织"互联网＋教师'三笔字'""共读一本书·同圆至和梦""国学经典一句·至和晋光一步"等读写诵讲系列活动，编印教师专业成长校本读物《国学经典·至和故事》，巧妙地将诵读与教学基本功岗位大练兵相结合，以读促练，以练促思，以思促行，思行并进，读写联动，读研融合，扎实推进国学经典诵读的有效开展。

近三年，妈妈在深化国学经典、打造书香校园品牌建设活动中又有新的举措和成效。她借助教育部语言文字应用管理司主办的中华经典诵写讲大赛系列活动之一的"迦陵杯·诗教中国"诗词讲解大赛平台，进一步把诵读国学经典与诗教活动结合在一起。据了解，"迦陵杯·诗教中国"诗词讲解大赛是目前国内唯一一项以广大教师群体以及大学生为对象的国家级诗词讲解大赛。大赛以叶嘉莹先生的号"迦陵"冠名，以教育部统编版的古典诗词作品或红色经典诗词作品为比赛内容，以课堂教学讲解为主要形式，以传承祖国优秀传统文化、传承中华诗教精神为目标宗旨。大赛旨在由大家引领学术，选拔优秀人才，落实《中华经典诵读工程实施方案》等相关文件精神，促进中华优秀传统文化在课堂教学的落地实施，促进统编教材古诗词的教学水平提升，为全国中小学古诗词教学提供典型和示范。

大赛自2019年开赛，一年一届，覆盖面、影响力不断提升。妈妈以此为契机，年年精心组织教师积极投入赛事，引导教师以赛促学、以赛增能，提升"内功"，开阔思路和眼界，并树立起在诗词教学中坚持中国特色、中国风格、中国气派的信心。我曾看过中国网的一则报道——《至和研训结硕果 诗教初心扬文化——泉州市晋光小学参加"诗教中国"诗词讲解大赛获骄人佳绩》，报道首段为："2021年12月22日，由教育部、国家语言文字工作委员会主办的第三届中华经典诵写读大赛'诗教中国'诗词讲解大赛获奖作品名单正式公布。福建省泉州市晋光小学继第二届获得优秀组织奖后再创佳绩，15位参赛老师从近10万赛事参与者中脱颖而出、榜上有名，其中6位获得一等奖，4位获得二等奖，3位获得三等奖，2位获得优秀奖，另有5位老师获得优秀指导教师奖，学校因成绩突出荣获优秀组织奖。据统计，小学教师入围全国现场总决赛的（一、二等奖获得者）共48人，其中福建省11人，晋光小学独占10人。"这段文字引人注目，令人震撼。看完这则报道，我的脑海里不断浮现妈妈为了指导学校年轻教师准备诗教活动的一幕幕场景：烈日炎炎，妈妈天天往返于新老校区的路上；饭菜凉了又热，热了又凉，妈妈还在学校陪着老师录课；三更半夜我一觉醒来，妈妈仍在敲击电脑键盘，帮助年轻教师修改设计、优化视频……骄人的成绩是妈妈以及她所带领的至和团队共同努力的结果。如今，在妈妈所负责的新校区，一支充满活力，富有学习力、执行力和凝聚力的优秀教师队伍茁壮成长着。大家精气神十足，和衷共济开创了东海校区的崭新局面，实现一校两区的成功跨越，得到社会各界的一致好评，影响深远。我为妈妈感到骄傲，也深深地体会到妈妈平时一直挂在嘴边的"慎终如始，则无败事"这句至理名言的真谛。

三、结语

我的父母均只是全国无数基层工作者、基层党员中的一分子，他们在平凡的岗位上做着微不足道的工作。但他们身上体现出的坚韧不拔、吃苦耐劳的品质会一直鞭策我去做一个正直、勇敢、积极、负责的人。我明白，正是有许许多多和我父母一样在工作岗位上兢兢业业、无私奉献的基层工作者，我们的国家才能完成一个又一个不可思议的伟大工程，顺利奔赴第二个百年奋斗目标。最后，我想借此机会对和我父母一样默默奉献的基层工作者们说一声，你们辛苦了！

第四篇

奋斗前行

本篇主题为奋斗前行，讲述六个家庭在逆境中百折不回、同命运顽强抗争的故事。苔藓虽小，亦向阳而生；人生脆弱，也会举起抗争之剑。为什么我们的民族久经风霜却始终屹立不倒，答案就在这里，就在这一个个顽强拼搏的故事中。

苔藓家族，向阳而生

黄晓菲

风会带走空气里灼鼻的火药味和黏稠的血腥味，会抚平荒芜萧条中开垦生存的疲惫和无奈，会掠过命运无常下的纠结挣扎并捎来改变和发展的籽芽，会吹散残留的铅粉，吹干半湿润的颜料，吹展崭新的国和家的画卷。

如果将一个国家比作一片森林，那么森林里不断迭代的树木、花朵和青草就相当于这个国家里不断繁衍的家族们，啊，差点忘了那长在阴暗泥泞里鲜有人关注的苔藓，它们低矮、渺小、数量繁多却毫不起眼。可若是你蹲下身仔细观察，就会发现尽管根基脆弱，又这样浅地扎在贫瘠的泥块上，苔藓们却在潮湿暗淡的角落盛开了一片可爱的、喜人的、毛茸茸的翠色，悄无声息地点缀着这片森林。当森林遭遇枪炮与火药的袭击，苔藓也将覆灭在破败的焦土之上；当森林终于恢复平静，树木、花朵和青草仍受惊于灭顶的灾难时，苔藓们率先开始了在荒芜萧条中的重生；当森林蓬勃发展之际，挣扎在森林边缘的贫瘠中的苔藓们也开始朝着阳光洒落之处蔓延生长；当森林恢复甚至超越往日生机，在森林庇佑下持续生长的苔藓们也终将触碰到长久渴望的阳光。

我的家族，就是这样一个苔藓家族。既没有记载在册、值得后人瞻仰缅怀的历史，也没有对社会作出特别贡献的杰出之辈，在中国这片广袤的森林中，平凡得就像随处可见、毫无存在感的苔藓。但在深入了解之后，我才恍然发现，原来在这个普通的家族里，不仅有日夜劳作的辛苦，也有命运无常的嗟叹。小小的、孱弱的、苔藓一般的家族，被呼啸而前的时光洪流裹挟着，在发展变革中颠沛、破碎、重生、生存、奋斗。或许，如同挺拔的树木、娇妍的花朵或葱翠的青草一般的家族们，他们的家族成员在回顾家族历史时，往往是对家族先辈的敬佩感怀之情溢于言表；但于我而言，对这群血脉相连却隔着无法跨越的时光的亲人们，更多的感情是同情，对好似在森林角落里艰难生长的苔藓一般在社会底层挣扎求生的小人物们的深深的同情。

一、国破山河碎，城已春，人无归

1931年，日军制造九一八事变，发动了侵华战争；1937年7月7日，日军在北平附近制造卢沟桥事变，发动全面侵华战争；1945年8月15日，日本宣布无条件投降，中国赢得抗日战争的全面胜利。十四载抗战，中国军民伤亡3 500万人以上，中国军民以血肉残躯在中国近代史上留下了惨烈且触目惊心的一笔。覆巢之下，安有完卵？国家沦陷，国土覆灭，无数鲜活的、年轻的生命在顷刻间灰飞烟灭，这其中就有我的大外公。

1939年5月，刚过十八岁生日的大外公猫着身子，牵着自家饿得肋骨突出的大黄牛打算去村外的草地让黄牛好好地饱餐一顿。自从日本军队要进村的消息传开，家家户户都躲进了深山的山洞里，没人种地，粮食短缺，连人都要开始吃草了，牛又如何能吃得饱？大外公也曾萌生过将大黄牛宰了吃肉的想法，但最终没有实施。一方面是因为大外公年纪小，养了这头黄牛五年有余，半是饲养半是陪伴地处久了，感情深厚，不愿意就这样杀了；另一方面是因为这牛正值壮年，大外公寻思着兴许一两年后把日寇都打跑了，黄牛也是今后家里一顶一的劳动力。更何况今年年后就要用一床红被、两支喜烛将早先议好的未婚妻娶回家了，彼时这黄牛也能多算一份家业哩。五月的天气真是好啊，村外那片空地上也一定长满了新鲜的青草，这回大黄牛终于能一顿吃个饱了。

然而，就在离村外那片碧绿的草地几步之遥时，一声枪响打断了大外公的遐思，他的脸色刹那之间变得惨白——日本人来了。大外公扭头就跑，跑了几步突然发现牛没跟上来，原来那牛实在饿得厉害，自顾自朝着草地慢悠悠地踱过去了。大外公惊得目眦欲裂，心脏猛烈跳动，一口气提不上来差点晕厥过去，两三秒后反应过来吓得浑身发抖，忙两步跨作一步急速朝牛跑去，猛拉牵牛绳，欲将黄牛一同牵回山上躲好。但是这黄牛哪里晓得瞬息之后即将到来的灭顶之灾呢，它眼里只有那片碧绿的、生机勃勃的、可以解决腹中饥饿的草地了。

"砰——！"

大外公只听得一声巨响，接着一股灼鼻的火药味和黏稠的血腥味充斥鼻尖，令人几欲作呕。是牛被打死了吗？毕竟我站在牛前头，枪炮应该打不着我的。大外公心里想着，一股劫后余生的庆幸和失去黄牛的心疼惋惜混杂的复杂情绪涌了上来。可下一秒腹部突然一阵剧痛袭来，震得大外公站不住脚，向前一扑双膝跪地。低头一看，腹部血流如注，脚下的土地已然染成鲜红。那子弹打穿了牛耳朵，直直地射进了大外公的肚子。

大外公此时再也顾不得黄牛，大脑一片空白，只咬紧了牙跌跌撞撞地跑回了家。据母亲说，后来日本人走后，大家从山上下来发现大外公死在了家门口附近，白花花的肠子混着淋淋的鲜血流了一地。

或许大外公不想死在家外头，所以死前忍着剧痛也要回来，又或许是想在死前再看一眼摆在床头的未婚妻新做的布鞋。但无论如何，他究竟是失败了，年轻的身体蜷缩成了一团，倒在了离家几步之遥的家门口。而那未婚妻，那洞房花烛的喜悦羞涩，那青涩眼里闪着的对未来的憧憬，也一并在那枪炮和火药中化作青烟飘散得无影无踪了。

二、任重而道远，路漫漫，待求索

20世纪50年代末，完成社会主义改造的中国继续摸索前行，在那个时间段前后出生、长大的爷爷的青春乃至一生，都沾满了历史车轮滚滚前进时扬起的尘埃，风尘仆仆、前路渺茫，艰难跋涉在生活的荒原。1957年底，国家第一个五年建设计划的主要指标基本完成，"一五"计划所取得的成就，不仅坚定了中国人民走社会主义道路的信心，也为我国社会主义工业化的持续推进奠定了坚实的物质基础，整个国家都处在急速建设、急速发展的时期。1958年12月，浦江县通济桥水库动工建设。当时爷爷20岁，农村出身，大字不识一个，空有一身力气，正巧赶上水库兴建，就加入施工队成了一名民工。当时的爷爷什么技术都不懂，因此主要的工作就是用扁担和扎箕挑土石。寒冬腊月，爷爷却只有一件破棉袄，刚上工地时冻得直打哆嗦，可一旦开始做工，马上就又变得大汗淋漓起来，冷风一吹，寒暖交替，极易感染风寒。据爷爷说，当时没几天就病倒了好几号人，所幸爷爷顺利地熬过了这第一关。爷爷刚上工那会儿没有经验，不知道挑担的技巧，再加上工程大、任务重，每次扎箕里都填满了土石不说，还压得瓷瓷实实，没挑几趟爷爷的肩膀就磨破了皮，血珠一丝一丝地从毛衣里渗了出来。那条挑土石的小路，轻装上阵时没几步就走完了，可一旦挑上担，路程就显得那么漫长，不断扬起的沙尘模糊了路面，似乎全世界的苦难都集中到肩上的扎箕里，而那路，竟好似要用一生的光阴来跨越了。爷爷说，当时他差点就要因为过于劳累而放弃这份工作，但一想到家里的妻子和孩子们，便又咬牙坚持了下来。而如今，一想到自己是第一批参与水库建设的人，爷爷就既兴奋又骄傲，甚至连当时的疲惫和无奈都变得甜蜜起来。如今的通济桥水库是浦江县最大的水库，山清水秀、风景旖旎，谁能想到1958年以前这里还是一片荒芜呢？我们亲爱的祖国也是如此，正是在无数像爷爷这样普通却坚忍的人的不断开垦和建设下，才由战后的颓败转变成为如今繁荣兴盛的模样。

说完爷爷，再说外公外婆这边。外公外婆一家在当时是做面条生意的。他们每天凌晨四五点就要起床揉面粉、拉面条，等把当天做好的面条挂在支架上晾晒的时候，外公就会背着前一天做好的面条徒步走到附近的村庄叫卖。那时候各个村庄之间的道路没有经过修整，外公走的山间小路上到处都是碎石和沙砾，非常费鞋。因此，外公为了省些买鞋钱，总是只穿最便宜的草鞋和布鞋，春夏时穿草鞋，秋冬时穿布鞋。每天晚上回来都会被磨出一脚的水泡，但外公总是自己一个人偷偷摸摸地用针挑破。一次外婆撞见了这场景，二话不说给外公买了一双底最厚的布鞋，但外公死活不要，后来这双鞋给了和外公脚差不多大的舅舅。

做面条很辛苦，天气好的时候他们盼着阴雨天，希望可以趁机休息一两天；但一旦真的到了阴雨天，又希望天气早些放晴，好做面条卖面条，换生活费和孩子们的学费。外公和外婆在那个年代算是比较在意孩子教育的家长了，努力工作辛辛苦苦供孩子们都上了学。不过，生活不是电视剧，尽管出身贫苦却勤勉好学最终靠学习改变命运的戏码励志感人、振奋人心，但很可惜这些并没有发生在外公外婆一家。小地方师资力量薄弱，填鸭式授课无趣古板，当地人对学习普遍不重视，再加上少年人玩心重，根本不愿意静下心来认真学习。母亲、舅舅和阿姨的学历都不高，不过草草混了个初中文凭罢了。母亲后来常常与我说，年少时不曾用功读书是她这辈子最后悔的两件事之一。读罢书、上完学，漫漫人生路也才刚刚开始，等待着母亲、舅舅和阿姨去不断求索。

三、人生若尘露，命无常，运难测

初中肄业之后，舅舅去城里干了运猪血的活儿，昼伏夜出，每天半夜去屠宰场收猪血，在凌晨时分将收到的猪血运到菜市场。母亲最开始也在菜市场里售卖水产，而阿姨则进了纺织厂做女工。后来，随着改革开放政策的实施，舅舅和母亲的生意逐渐稳定，外公外婆一家的生活水平也慢慢得到了改善，尽管收入水平仍比较低，但好在舅舅、阿姨和母亲都顺利成了家。这样的日子虽说辛苦，却也还算过得去。然而命运的安排却总是无常，突如其来的变故打得外公外婆一家措手不及。先是外婆突然下肢瘫痪，生活无法自理；后是在纺织厂工作的阿姨不慎将右手卷入正在运转的机器，右手被绞得血肉模糊，无奈之下只能截肢。而彼时外公已经去世，照顾外婆的重任便落在了舅舅和母亲身上。舅舅白天照顾，母亲晚上照顾。小说里出现过的那种老母瘫痪在床，子女数年如一日悉心照料下奇迹发生，老母最终病愈的情景，听上去美好又正能量，但很可惜这并没有发生在外婆身上。外婆在床上瘫痪了近三年，肌肉逐渐萎缩，皮肤日渐松弛，但心态却总是平静淡然的，每次去探望外婆，外婆总会面露微笑。我至今还记得最后一次见外婆，是在本该家人团聚的中秋节，母亲带着我和妹妹去看望她。外婆看到我和妹妹时相当高兴，端详着我们，而后夸我们长得齐整。外婆当时可以说是骨瘦如柴了，可当她朝我笑时，却让我想起了很多年以前外婆带我爬山去镇子里买汽水的午后，泪水一瞬间就夺眶而出。我当时还以为可以探望外婆很多次，也许外婆还会出席我的婚礼，但仅仅在几个月之后，在一个刮着冷风的冬夜，外婆安静地结束了自己的生命。据母亲说，隔天清晨，母亲照例打算喂外婆喝粥，却突然发现外婆没了生息，当时母亲的第一个想法就是后悔，母亲的心成了一面鼓，一阵阵的后悔像是鼓槌不停地击打着她的心，悔意与心痛顺着心跳脉搏传遍全身，母亲整个人都在颤抖。因为就在外婆咽气前两天，外婆曾和母亲说过很想回娘家旧屋瞧瞧，但是彼时母亲白天工作，晚上还要照顾外婆，已是心神俱疲，就草草应付了两句。不想这竟成了外婆永远无法实现的遗愿。母亲说没有及时带外婆回去看看是她这辈子最后悔的另一件事。

　　花开两朵，各表一枝。再说说爷爷奶奶这边。我出生在新世纪伊始，那时的中国从整体看来已经发生了天翻地覆的变化，但对于爷爷奶奶所身处的小山村来说，时间却仿佛凝固住了一般，无论外界是如何日新月异，这里的生活总是平静如初。外界对我们的影响就好像是一阵清风，偶尔经过，被吹拂时也会有感觉，但转眼就会忘却。我三岁那年，父母去了城里工作，一个月也不见得能回来一趟，一直是爷爷奶奶在照顾我。爷爷在田里种菜，奶奶则在家里磨锡箔。磨锡箔是当时村子里大多数女人补贴家用的方式。葬礼上经常使用一种银闪闪的元宝，元宝表面银闪闪的那层东西就是锡箔。磨锡箔就是用竹签挑出细细的一层锡箔，再将锡箔用铁片印到黄纸上。这个活儿琐碎又劳累，报酬也少，可哪怕这样，村子里的女人们还是要抢着做。那时候会有一个人骑着电动车来村子里收磨好的锡箔，并送来新的锡箔原料，每次她要来之前，村口都会排起长长的队伍。记得有一次，奶奶有事耽搁来得晚了，等到了村口时大家早已都领到新的锡箔散去了，送锡箔的女人也早就走了。奶奶当时只是愣愣地站了一会儿，就很平静地回家去了。可回来后我却分明瞧见她在灶台下烧火做晚饭时悄悄地抹着泪。奶奶也已经去世很久了，那是一个阳光很好的春日，据村里人说，奶奶上午还在精神矍铄地磨锡箔、做家务，下午却突发脑血栓，无声无息地就去了。那天风很温柔，救护车的呼啸声却很残忍。

四、苔花如米小，报春光，应始开

　　于是我就和父母一起住了。我的父亲是一个制鞋工人，母亲做了缝纫女工。对父亲母亲来说，将旧土屋翻新成红砖房是一辈子中最重要的两件大事之一，另一件大事就是将我和妹妹都供上大学。在我上小学六年级，也就是 2012 年的时候，他们开始了这项于他们而言了不得的大工程。他们向大伯家借了两万元，向姑姑家借了一万元，又向小叔叔家借了一万元，再加上这几年积攒下的几万元，就开始拆旧屋重新打地基了。那个时候钱不够，父亲和母亲都是能自己干的活儿就绝不请小工，他们每天下班之后都还要再去扛几袋水泥或是搬几车砖头。我记得那个时候，写完作业后以及双休日我也会帮忙搬一些砖头和沙子。也是在那个时候，母亲知道了原来自己对石灰粉过敏，但还是舍不得花钱请小工，于是就每天忍着手上的红肿疼痒继续工作；也舍不得去皮肤科好好看看，只自己买了些药膏胡乱涂着，以致落下了病根，现在不碰水泥了，双手也还是常常红肿疼痒起来。父亲那时几乎每天都要加夜班，工作到晚上九点多才能下班，但下班之后还是会和母亲一起再在工地上或是扛几块砖，或是搬几车沙。那个时候，因为房子拆掉了，我们一家四口就只能挤在爷爷家旁边一间十几平方米的平房里。半夜，我常常会被父亲和母亲的呼噜声震醒，醒了之后就很难再睡着，但也只能强迫自己忽略呼噜声赶快睡过去，不敢也不愿叫醒他们。

　　一年多的辛苦之后，新屋终于建成，在乔迁礼成宴请众人之后，父母久违地稍稍高兴了一阵子，但也只是一阵子，因为新屋虽然实现了夙愿，但花光了经年的积蓄，留下了四万的外债。那段时间，父亲上下班不骑摩托车而改骑母亲的电动车，就为了省下一些汽油费，母亲无奈只能每天早起近一个小时徒步走到工作的工厂。为了省点伙食费，我也选择了中午跑回家吃午饭。再然后，我就放弃了从小喜爱的绘画，决定专心学习文化课以便将来能先找到一份稳定的工作，好减轻父母肩上的重担。

　　所幸我顺利考上了县里的重点中学，三年之后也顺利考上了重点大学，十八岁的夏末，我踏上了通往南京和新生活的旅途。当我拎着大包小包的行李走进河海大学的校园，南京柔和的风吹在我脸上，不同于故乡山岭的料峭，那一瞬间我突然感到一阵久违的感动，好似来自灵魂深处的战栗。随后，母亲给我打电话，先是询问了我在南京是否一切安好，后又喜气洋洋地说道，这几年国家发展得好，爸爸和妈妈工作的工厂效益很好，他们的收入也有了很大提高，之前造新屋欠下的外债上个月终于还清了；我阿姨申请了残疾人补助，村里的干部们也对她照顾有加，这几年的日子好过了很多；我也终于长大了……母亲的声音渐渐带上了哭腔，却透着愉悦和欣慰。我看着整洁舒适的宿舍，设施齐全、窗明几净，听着母亲的絮叨，轻轻地"嗯"了一声——是的，一切都不一样了。

　　没有火药味和血腥味，没有填满土石的扎箕，没有因为种种原因而放弃学业，遭遇突如其来的变故也有国家的关怀。而在那个深秋的午后，喧闹的社团招新现场，当我在绘画社团报名表上写下自己的名字时，我终于释然，苔藓终于触碰到了阳光，森林终于沐浴在春光之下，在我心上含苞待放了那么久的苔花，终于在这个蓬勃发展、和平安定的国家一朵朵地盛开。

五、结语：向阳而生的苔藓

　　我们的国家像一片经历过炮火与硝烟、遭遇过曲折与挫折后重新恢复生机与繁荣的森林，这儿有挺拔生长欣欣向荣的树木，有鲜妍美丽起舞弄影的花朵，有碧绿可爱成群结队的小草，还有尚在阴暗潮湿中挣扎求生的苔藓。我的家族就是这样一个苔藓家族，孱弱却坚韧，与森林共同承担着苦难，共同经历着奋斗，共同享受着生机。尽管身处森林不易为人觉察的角落，苔藓却始终不停地生长，一代代地往外蔓延，坚信迟早会接触到阳光。从某个角度来看，我能考上大学，能重新画画，能改变自己与家庭的命运，不正是接触到属于我们家族长久以来渴望的阳光了吗？而我们的国家、我们的森林，也在每一棵树、每一朵花、每一株小草、每一束苔藓的共同努力下蓬勃发展、持续兴盛，终将在人类历史上留下动人的画面。

温柔的风啊，请带走空气里灼鼻的火药味，请抚平在荒芜萧条中开垦生存土壤时的疲惫和无奈，请掠过命运无常下的纠结挣扎并捎来改变和发展的籽芽，请吹散残留的铅粉、吹干半湿润的颜料、吹展崭新的国和家的画卷，请保佑我的苔藓家族和我出生并成长的祖国，我的爱。

向命运托举抗争之剑

栾 竣

我要讲述姥爷和姥姥的故事,他们在青藏高原生根、发芽并绽放出了最洁白无瑕的生命之花。姥爷和姥姥一生总是在不断地向命运抗争,不断地向命运托举抗争之剑。从离开大山、找寻梦想,到奔赴西北、献身理想,再到抗争病痛、播撒希望,他们倾尽一生,为我们展现出美丽的爱情、同命运抗争的勇气以及不断追求美好生活的信念。尽管姥爷和姥姥已经逝去,但他们延续给我们的家族基因、传承给我们的家族精神却是我们此生难忘的。那些不畏命运、奔赴美好的高洁品质,将会被我们这些后人铭记,并倾尽自己的力量传承下去。

谈起青藏高原,很多人首先想到的是它与众不同、遗世而独立的景象。人们总是能够透过这个词联想到很多:青藏高原有着海一般蔚蓝澄澈的天空,天空之下是直穿天际的雪山冰峰。冰雪消融,汇入星罗棋布的点点湖泊,滋润着一望无垠的油菜花田,花田之中点缀着怡然自得的牛羊。新生的羊羔安详地依偎在稚嫩而纯真的藏族姑娘身旁,姑娘抬起眼眸,望着远处的雄鹰消失在天空的尽头。人都说高原美,人都说高原蓝,这里有美不胜收的自然风光。这里也是江河源头,是哺育千万华夏儿女的母亲河开始流淌的地方。

青藏高原的景色总是那么美,但要是谈起这里的生活,高原反应、苦寒和贫穷或许是大多数人的第一印象。人们向往高原的景色,却少有人向往高原的生活。而我正是来自青藏高原,来自这个可以带给人们无限遐想的地方。我生在青海、长在青海,是一个真真正正的青海人,我和我的家人正生活在青海省的省会——西宁的某个角落。虽然人们对青藏高原有着无限的遐想,但事实上,生活在这里的人与中华大地上大多数人也并无不同。在中国全面建设现代化国家的今天,那个曾经"与世隔绝"的青藏高原也迈上了现代化的道路,曾经不曾有过的高楼霓虹,如今也像繁星一样点缀着高原的夜空。就在近年,西宁成为全国十大最具幸福感的城市之一,这里的人正在用自己的行动向世界证明,生活在高原一样可以收获幸福。

如今的西宁让生活在这里的人感到幸福,但在改革开放的成果还没有惠及所有人的那个年代，这里的确比较贫穷。每当想到这里，小时候的我常会感慨自己非常幸运地生活在了这个好时代。也正是因为西宁如今翻天覆地的变化，才能让我们这些生长在高原的孩子跟得上时代的脚步，去创造属于自己的幸福。

我在青海成长，也自称青海人，但事实上，我的爷爷奶奶、姥爷姥姥并非青海人。从小我就对此感到疑惑，为什么我的祖辈都不是青海人而我却在这里出生呢？小时候的我还不理解，直到长大后我才知道，原来，我的祖辈们是因为选择支边而来到了这里。

一、离开大山、找寻梦想——向命运托举的第一剑

我的姥爷叫孙万瑞，是河北省宣化县（现张家口市宣化区）人。姥爷于1939年出生在宣化县深井镇回回庄村，这是地处大山深处的偏远山村。哪怕是在2021年，我通过互联网查找关于它的照片，出现在我眼前的也不过是一个由一排排土砖房组成的贫穷村落，而村落的后方是连绵起伏的山，姥爷和他的家人就曾生活在这个贫穷而落后的地方。姥爷是家中幼子，有一个大他十七八岁的哥哥。姥爷的哥哥小时候被战乱所刺激，因此得上了疯病而具有很强的攻击性。百般无奈之下，姥爷的父母不得不拜托自己的弟弟代替他们继续扶养我的姥爷长大。虽然姥爷有这样一个不幸的童年，但他却始终不愿意同周围的村民一般，一生就这样被困在这个贫瘠的小村子里。姥爷发奋读书，立志通过学习来改变自己的命运。可是想要离开这个像牢笼一般的地方，又谈何容易呢？为了上学，姥爷需要带着干粮翻越两座大山，到邻近的县城求学。或许正是由于这种想要走出大山的渴望，姥爷的成绩一直很优秀。

就这样日复一日、年复一年地寒窗苦读，姥爷考上了河北省张家口市的一所大专。姥爷凭借自己的力量离开了那个大山深处的贫困乡村，成为当时这个小村子里唯一一个可以改变自己命运的人。求学的道路丰富了他的眼界，让姥爷看见了那座大山之外的模样。毕业后，姥爷被分配到湖南省衡阳市的探矿机械厂，从事地质工作。至此，姥爷终于靠自己的努力，真正地走出了一直难以翻越的大山。在这之后的不久，我的姥爷认识了我的姥姥。

我姥姥的名字叫杨代红，是湖南省衡阳市人。姥姥于1945年出生在湖南衡阳一个普通的工人家庭。姥姥的父亲是一名火车司机，需要养活一家七口。姥姥在家中排行第二，有一个哥哥、两个妹妹和一个弟弟。姥姥的家境相比姥爷来说要好上不少，家里甚至可以承担两个女孩上学的费用。姥姥从小在衡阳长大，于衡阳市铁路第一小学毕业后来到了当时衡阳市教育质量最高的衡阳市第八中学就读。之后姥姥考上了位于湘江桥头的衡阳高铁学院（原衡阳铁道学院）。

二、奔赴西北、献身理想——向命运托举的第二剑

姥爷和姥姥是在姥姥还在高铁学院读书的时候经人介绍认识的。尽管姥爷和姥姥的相识并不算浪漫，但他们的爱情却十分浪漫。如果要我形容爱情是什么样子的话，我想那一定是我记忆中姥爷和姥姥的样子吧。20世纪50年代，党中央号召"知识分子与工农相结合"，之后便有大批懂技术、有知识的有志青年响应国家号召支援祖国的边疆。或许是当时西北贫穷的面貌让姥爷回想起自己的故乡，他放弃了自己在衡阳探矿机械厂的优渥条件，义无反顾地加入支援西北的队伍。或许是这份理想与坚持打动了我的姥姥，为了和姥爷还有当时的朋友在一起，当时还没有正式拿到高铁学院毕业证的姥姥急忙和姥爷登记结婚，然后就跟着姥爷一起坐上了开往西北的列车，本来不用支边的姥姥就这样跟着丈夫来到了青海。

姥姥的乳名叫"小西北"，或许是因为这个名字，使得姥姥从小就对西北有了无限的遐想，或许西北有高耸的冰峰，或许西北有无数的牦牛、绵羊，或许西北有热情的藏族姑娘。名叫"小西北"的姑娘自1964年扎根在西北后就一直生活在了这里，再也没有离开。

姥爷和姥姥带着自己的理想和两床被子就来到了青海，从此便一直生活在西宁。姥爷在青海省探矿机械厂做工程师，姥姥则在西宁市朝阳小学做起了人民教师。这里的一切似乎都和当时坐在火车上的幻想不同：20世纪70年代的西宁，不仅发展十分落后，气候还十分恶劣。这里没有高耸入云的冰峰，只有不断肆虐的狂风，狂风卷起土路上的沙石灰尘形成沙尘暴，吹得人没有办法睁开眼睛；这里没有无数的牛羊，这里的土地贫瘠得什么都种不出来，竟连能煮成米饭的稻禾都没有；这里也没有热情好客的藏族姑娘，更多的是没有知识、没有文化的穷苦人民。姥爷和姥姥面对这样的艰苦，没有选择回到生活条件更为优渥的南方，但我能想象出这对当时的他们来说是一种怎样的挑战。

对于从小生长在温暖湿润的南方城市的姥姥来说，高原的苦寒又怎是她所能想象的呢？北方格外寒冷、格外漫长的冬天很快就让姥姥后悔了。是啊，她又怎能不后悔呢？可是，后悔莫及，姥姥无法再回去了。这里的孩子们需要她，失去了她，孩子们就可能失去了掌握知识改变命运的机会；学校也需要她，没有她就意味着更多的孩子失去了受教育的机会。姥姥是个要强的人，她不会轻易在别人面前流泪。但有多少个寒冷的夜晚，姥姥会在被窝里偷偷地抹眼泪呢？又有多少个寒冷的夜晚，姥爷会因为姥姥跟着他吃苦而感到愧疚不已呢？

当时的青海远比现在要贫穷落后得多，正是像姥爷和姥姥这样的一批批知识分子的到来，才改变了当地贫困落后的局面。他们将自己的青春献给了这里，用自己的一生换来了这里的发展。

和其他知识分子一样,来到青海后,姥爷和姥姥也在自己的岗位上不断发光发热。姥爷是地质工作者,经常需要到州县的山区做探测工作,州县的气候远比市区更加恶劣,海拔更加高,风沙更加大。有一次姥爷身体状态不是很好,但还是坚持着完成了探测工作,但因为那次任务,姥爷患上了严重的肺心病。姥爷一生兢兢业业,本本分分,每年都被探矿机械厂评为先进工作者,姥爷还当上了青海省探矿机械厂副厂长、总工程师。姥姥在学校教书,由于当时条件不好,每天晚上只能在昏暗的灯光下批改学生的作业。姥姥本就有着八百度的近视,长年累月的工作,让姥姥的眼底患上了严重的黄斑病,最后到了两千度的高度近视。姥姥一生尽心尽力,呕心沥血,还当上了朝阳学校总务处主任,评上了高级教师。

听母亲说,当时探矿机械厂引进了一批机床,但由于缺少经验,厂里的人都不知道该如何处理。姥爷亦是心急如焚,他反复钻研机床图纸,不断修改图纸,最终带领全体工人一起完成了机床的组装任务。这次的工作让姥爷受到了领导的好评,姥爷胸前戴着大红花拍了一张照片,那张照片现在还放在家里的相册中。那张照片中的姥爷笑得很开心。

姥爷将自己的一生献给了西北的探矿事业,姥姥就把自己的一生献给了西北的教育事业。常年生活在艰苦条件下,姥爷和姥姥的身体增加了许多沉重的负担,肺心病让姥爷在气候变化的时候常常感到不适,而从小在南方生活的姥姥更是因此得了一身的病:从高度近视到类风湿再到胆结石。他们将自己的青春年华献给西北,并在这里开花、结果。

姥爷和姥姥孕育了两个儿子和一个女儿,我的母亲是家中最小的孩子。由于当时生活条件非常不好,我的两位舅舅和母亲在小时候吃了很多苦。他们小时候家里最值钱的东西是一辆自行车,而大舅穿过的衣服、鞋子也总是留给二舅穿。西宁买不到大米和花生,只有逢年过节的时候,一家人才能围在桌子前吃着衡阳老家寄来的大米和花生,开启下一年的生活。常常出差的姥爷和忙于教育学生的姥姥甚至无暇顾及自己的子女,为了全心全意地投入工作,姥姥不得不把我的两个舅舅送回衡阳老家让太姥姥抚养,一直到太姥姥由于年迈而无法再抚养

姥姥和她的孩子们

的时候才将两位舅舅接回家。尽管条件艰苦,但姥姥和姥爷却有着很严格的家教,姥姥是典型的湖南"辣妹子",而姥爷是北方温柔敦厚的农民汉子形象。

在我的记忆中,姥爷是个话很少的人,但他也是一个细心的人。姥爷对姥姥的爱,全部体现在了无声的行动之中。姥爷对姥姥体贴入微的照顾,姥姥对姥爷的尊重和扶持,是他们一路携手走来不可或缺的东西。直至现在,我依然可以在我的两个舅舅和母亲身上看

到他们的影子。

在我的记忆中,姥姥是个严厉的人,她对自己的学生要求严格,对待自己也绝不马虎,但姥姥对我十分慈爱。我的童年有一段时间是和姥姥一起度过的,在姥姥和姥爷的老房子里,在洒满阳光、种满花草的阳台上,戴着厚厚镜片的姥姥给我讲过很多的故事。故事的内容随着时间的流逝,我早已淡忘,但姥姥讲故事的样子却一直留在了我的脑海里。姥姥毫不吝啬对我的夸奖,但她也绝不会姑息我的错误。

三、抗争病痛、播撒希望——向命运托举的第三剑

随着时间不断推移,日子一天天过去。西宁逐渐发展了起来,人们不用再为漫天风尘困扰,不用再为高原的苦寒烦恼,也不用在贫困的生活中挣扎了。一切都在向着更好的方向走去,但我的姥爷和姥姥,在这里拼搏了一生,奉献了一生,还没来得及好好看看这座城市的变化,就先我们而去了。

姥姥、姥爷和孙儿们

2008年,姥姥的眼底黄斑区发生病变,引发了视网膜脱落,急需动手术,否则将面临失明的后果。当时国内只有北京的同仁医院具备实施手术的条件,为了能让姥姥重见光明,我们全家立刻动身前往北京进行手术。得益于医生高明的医术,术后姥姥的情况很快得到好转,姥姥和姥爷在历经波折后再度回到了西宁。

术后唯一麻烦的事情是,每个月都需要前往医院复查。舅舅们和母亲的工作很忙,无法抽出时间时,姥爷和姥姥就独自前往医院复查。一次复查结束后,就在回家的路上,西宁下起了漫天的鹅毛大雪。雪伴随着寒风很快就将这座城市染成了一片洁白,城市中到处都是等待打车回家的人。姥爷和姥姥没有手机,无法联系到其他家人,为了让姥姥不被冻着,姥爷让姥姥在医院大厅等候,自己却顶着大雪在外面打出租车。但正是因为大雪,出租车更难打到。姥爷冒着寒风在医院门口打了整整两个小时的车才回到家中。姥爷冻坏了,回到家就开始发高烧、咳嗽不止。重感冒引发了姥爷的肺心病,姥爷感到呼吸困难。家人们很快将姥爷送入医院,可是这一次,等待我们的却不是好消息。经过抢救,姥爷最终还是不幸因肺心病引发的心肺衰竭而过世。当时我还小,在我看来一向身体硬朗的姥爷突然过世,这突如其来的离别让我感到有些难以接受。

同样难以接受的还有我的姥姥，自姥爷离开后，姥姥就好像变了一个人。一向要强的姥姥哭了整整三天，任何人劝她都不管用。姥姥失去了她的精神支柱，沉重的悲伤击垮了姥姥的身体和精神。

我还记得那是个下着雨的早晨，身体不适的姥姥被查出癌症晚期。生病的源头是由年轻时吸入过多的粉笔灰引发的鼻咽癌，而我们发现的时候癌细胞已经扩散了。我从小就很敬仰我的姥姥，她对我产生了十分深远的影响。姥姥与病魔抗争了整整三年，放疗和化疗使姥姥承受了巨大的痛苦，让姥姥的身形日渐消瘦。在姥姥生病之后，姥姥的许多学生都来看望她，鼓励她，希望她可以战胜病魔，甚至有姥姥学生的长辈，主动提出要来医院照顾姥姥，陪着姥姥。我到现在还深深地记得姥姥对我说过的话，尽管在与病魔不断抗争，姥姥还是关心着我的学业。我还记得我第一篇优秀作文的题目就是《我的姥姥》。姥姥对我有着很高的期望，我还记得姥姥对我说："我知道的，你一定能成材，一定能成为一个有出息的人。"我在姥姥的身上看到了坚强，现在的我才能想象姥姥当时经历了多么大的痛苦，但姥姥给我展现出来的，永远是她最温柔、最强大的样子。是她不断地激励着我，指引着我不断前行。

在姥姥去世的前一天我还去看望了姥姥，给她送去了母亲做的饭。此时的姥姥已经被癌症折磨得完全没有了从前的模样。尽管姥姥已经消瘦到只剩下皮包骨头，但她还是和从前一样关心着我的成绩，认真地听我说班里发生的事。

姥姥走的时候是张着嘴的，好像有话要说一般，可能是想要留给我们最后的嘱托。不知道姥姥有没有在最后再次见到那个让她追随、让她牵挂了一生的人。

直至今日，每当提起姥爷与姥姥的事，我的母亲都会难受到失声痛哭。我无法想象我的母亲当时所承受的悲痛是多么巨大，但是在今天我可以从她的身上看到姥姥的影子，感受到姥姥的气息。她的乐观，她的坚强，她不愿在我面前表现出的悲伤，她会告诉悲观时的我，怎么看到生活中的希望。姥姥和姥爷把他们能给的最好的生活给了他们的孩子，我的父母也把最好的生活给了我，让我有了与命运抗争的勇气与实力。

我的姥爷和姥姥的故事就在这里画上了句点，他们的离世对我们家庭中的每个人来说都是不小的打击，但他们对我们每个人的影响也是一家人永远无法忘却的。姥爷和姥姥的故事或许不应该这么早地结束，但是我们一家人的生活还将继续，我们自己的故事，还不能就此完结。

现在的我也会偶尔感慨，但感慨的内容却完全不同了。我不再感慨自己的幸运，因为我的幸运，是很多像我的祖辈一样伟大的人用自己的青春缔造的。他们奉献出自己的青春，带着热忱来到了这里，才换来了我今天幸福的生活。是他们筑起温室，让我们这些雪山脚下、江河源头的孩子，带着高原的牦牛肉干和青稞糌粑，怀着同中东部地区的孩子一般的胸怀与民族自豪感，带着梦想与希望，走出高原，去改写自己的命运，去书写自己的人生，去建设我们同样热爱的这片土地、这个国家、这个世界。

我不能、不应该忘记他们的故事，他们的故事值得被历史所记录，他们的形象也会化作夜空中的点点繁星，照亮他人前行的路。

我由衷地为我的祖辈们感到自豪。

四、结语

作为支边知识青年的后代，我是荣幸的，更是自豪的。尽管姥爷和姥姥的故事没能留下一个幸福圆满的结局，但他们作为普通人的一生却也不断在同命运抗争。随着时间的流逝，两位老人的容貌可能会在记忆中模糊，但他们烙印在我们血脉中的家族基因，他们镌刻在我们脑海中的家族精神，却在时时刻刻警醒着我们。他们穷其一生不断奉献只为改写自己的命运、改变当下的愿望，是我们将永远铭记于心、薪火传承的座右铭；他们穷其一生不断抗争只为追求美好生活、带来美好生活的期望，更将是我们永世难忘、拳拳在念的启明星；他们和像他们一样拥抱西北、哺育西北的人们，更是共和国向着富强迈进的永远的丰碑。

两个家庭的共和国故事

丁 宁

每个人的家族史,恰似一粒水滴,折射了时代的历史风云。正是个人的命运,给历史添上了最真实的注脚。而家族情怀也正是家国情怀的重要来源,每个成员都在家族过往的经历中坚定了国家富强、人民幸福的信念。

一、在变革中孕育出的家族

我的爷爷,于1945年出生在河北邯郸永年县,我的家族史要从爷爷记忆里的那一个故事讲起。

"1947年11月25日,《冀南日报》刊登了我们家的事。北关桥头上的老店家丁汝直老先生说:'俺前有八九家砖房,开着一个店。日本人在时,买卖毁了。蒋军在时,房给拆平了。逼得俺住在这一间直不起腰的窝棚。吃水草、捞小鱼,饿得爬都爬不动。这次我借到钱,卖花生烟卷,每天收七八千元(当时市场上流行的货币),赚一千四百元。能买十斤小米。三个人用五斤,还能余二斤。今后添上炸丸子,弄好了我还开店呢。'丁汝直是我的祖父。日本人和蒋军把我们家给毁了,是党中央和毛主席救了我们。"

1949年,毛主席向世界庄严宣告了中华人民共和国的成立,中国人民从此站起来了。这一伟大事件,彻底改变了中国近代以来一百多年的积贫积弱、受人欺凌的悲惨命运,中华民族自此走上了实现伟大复兴的壮阔道路。爷爷家的命运也在这个时候发生了改变。

爷爷对我说:"后来党领导我们进行土地改革,我们家的生活也在一天天变好起来。我的母亲积极参加扫盲工作,被评为识字模范。哥哥上夜校很快就摘掉了文盲帽子,还当上了民兵连长,被选为人民代表。我上学时候一直是班长,在全校少先队做大队长,连年被评为三好学生。后来我选择教书,在教书的过程中被评为先进教育工作者。社会主义教育提高了我的阶级觉悟,我下定决心要参军报效祖国,在多次申请之后被录取。"

今年(指2022年)爷爷已经77岁了,在他身上还保留着年轻时候的影子。他每天五点起床，坚持锻炼。他的爱好是收藏文玩，也爱读书，家里的书籍涵盖了党史、新中国史、家族史等不同类型。小时候的我非常喜欢翻阅这些书籍，在其中探寻家族传承的奥秘。

二、在奋进中孕育出的家族

时代就是这样裹挟着每个人、每个家庭、每个家族向前发展，姥姥家的故事也体现了这样的道理。

姥姥出生在山东菏泽巨野县的一个乡村，从她记事起，大部分时间都住在自己外婆家。在姥姥的口中，她的家乡原先是一个几天不下雨就干旱，下几天雨就内涝的贫困地区。1959年，姥姥刚刚八岁，还没有上学。那个年代，农村的女孩子上学的少之又少。姥姥正处在准备上学、还没有上学的这样一个阶段，家乡就突然闹起了灾荒。那一年，姥姥跟着母亲（我的老姥姥）去东北抚顺投靠她的舅舅。姥姥描述说："听人讲，东北是个产粮地区，地广人稀。我跟着老乡第一次坐火车，由于经济极度困难，上车时我们只拿了三个菜窝头，一路坐火车到达舅舅那里的时候，已经天黑了。东北的风俗习惯和我们那里确实不一样，他们那边吃的是大食堂饭店，我们在饭店里面帮人家捡菜，那也是我第一次看到西红柿（那时候叫'洋柿子'）的样子。我和我的妈妈帮着捡菜，别人再给我们饭吃。而且吃的饭就是煎饼的茬子，和在家乡比起来确实是吃的方面不用担心，我们就在那里待了大约一年的时间。"

后来她们再次搬迁，这是因为她的大哥中专毕业，分配到现在河北邯郸的峰峰矿区，她们跟着到了那里生活。

然后就到了1960年，也就是三年困难时期的第二年。姥姥和其他所有工人村的家属一样，都要过艰苦生活。为了养家糊口，在1960年下半年，姥姥的二哥和她的姐姐也一起来到了峰峰矿区。然而为了生存，大哥又回到了东北，因为家里实在养不起这么多人。

大哥走了，姥姥和二哥、姐姐还有父亲母亲一共五口人，后来又调到峰峰的另一个矿区，在那里算是安下家。姥姥回忆当时的矿工普遍都很贫困，烧的煤都是自己捡的，平时依靠捡煤块和木头来维持生活，矿区住的房子是圈房，大家的生活水平都是一样的，一年收入也不多。但即便这样，每个家庭成员也都在为这个家奋斗。因为当时老姥爷年龄大了，姥姥放学后及周末就帮助老姥爷在街道上清扫垃圾来补贴家用，一个月可以赚三四十块钱。此外，姥姥还会和姐姐一块儿去山上捡煤块和木柴，来减少部分家庭开支。

后来，姥姥的二哥结婚搬出去另住了，姥姥和父母还有姐姐同住。这时，邯郸市的纺织厂到矿上来招女工，姥姥的嫂子就到邯郸去了。"我妈会到邯郸看小侄女，我就和父亲、姐姐在家共同生活。"老姥爷要求姥姥在家学画画，算是给自己增加个本领。姥姥觉得，为了生活必须学会自食其力。自从心里有了这个想法，只要有招工她就去报名。有一次招工，对方单位要求体检合格才能上班，让姥姥从矿区赶到市区的大医院，以那边的体检结果为准。进市区的路线连着铁路，姥姥和来自同一个工人村的一个同事一起，沿着铁路线一直步行到市区医院。当时是八九月份，天气不算很热也不算很冷，因为去的时候特别着急，第一次体检结果不合格。后来医生让姥姥歇了一会儿，再体检一次就合格了。这是当时姥姥去招工的过程中遇到的一个小插曲，姥姥很幸运地被录取了。

姥姥坐上火车，带着行李，跟着招工的人来到了邯郸。她的第一个工作单位是邯郸市手工联社木业社。她最初怀抱着的信念就是，不管是什么单位、什么职务，都要全身心地投入。姥姥最初做一些小手工活，大概过了小半年，单位选拔人才去做会计，姥姥被选上了。但是姥姥认为自己学历不高，能力不足，不知道做什么，也不知道从何做起，算盘也要从头学起。加上年龄小，很喜欢玩，姥姥觉得会计工作十分枯燥。这样一直做到1968年的8月份，木器厂进行合并，同类行业进行整合。姥姥这时就不想干会计了，觉得会计工作要求在岗时间固定，就想着换一份工作。姥姥说："这时候我有一股韧劲，干什么都想去把它做好，也不知道害怕。大概就是在11月份的时候，我自己上机器开采口，但没想到出了工伤事故，一下子四根手指都被打坏了，住进了邯郸市二医院。到二医院以后，人家就说手指没办法保留了。当时我刚刚16岁，年龄还很小，如果手指无法保留，对之后的生活影响太大了。单位领导对我非常关心，马上安排把我转去北京陆军总院治疗。到了部队医院，我深切地感受到什么是军民一家亲，他们对地方来的病人都很照顾，也十分热情。当时我遇到了一个姓邢的医生，他看我年龄小，又觉得女孩子未来时间还长，还会遇到很多事情，所以尽心尽力把我的手保留下来，最后在医院一住就是三个多月。回家以后快要春节了，领导还陪同我一起回家看望了我的母亲。"

姥姥说："这件事过后我的想法发生了改变，回到单位后领导让我做回了老本行——会计。从这一次开始到退休，我一直在干会计工作。这次和之前不同。我想着一定要把工作做好。从事这个职业以来，我遇到了许多善良的人。起初我没有系统地学过会计知识，根本就不懂这些。我的老师黄会计手把手地教我。再后来我到石家庄、保定参加了几个培训班，学习相关知识，逐渐成长起来。后来我升为主管会计，也做过组长。随着经验的累积，我也开始带后面进厂的这些小辈学员，就这样一直干到退休，干了二十多年。从1966年参加工作，到2001年退休，中间转了两个单位，大部分时间是在一线工作岗位上。工作期间，我所牢记的最主要一条原则是：公家的钱分文不沾，干一行爱一行，干一行专一行。这么多年来没有人找我算过后账。"

姥姥也向我回忆了多年来生活条件的直观变化。"1983年以前，家庭经济条件比较一般，一个月的工资可能就不到百十块钱。孩子要上学，从工资里拿出学费也是比较紧张的。20世纪90年代初，我们的工资就200多元，当时猪肉一元钱一斤，蔬菜是几毛钱。那时候外面有人让我做一些兼职工作，完事人家给我200元。但是我没有要，为什么呢？

因为我觉得我没有做那么多的工作。最后我只收了150元。20世纪80年代的时候，我们才买了黑白电视机，是凯歌牌的。日常饮食方面，就是家常便饭，喝牛奶的次数也是能掰着指头数清楚的。那时候鸡蛋虽然不贵，但是吃得也少。更不讲究营养问题，能给孩子买个油条就不错了，就算改善生活。那个时候车少人也少，孩子们自己上下学，放学回家后帮着做饭。自由市场是后来才发展起来的，零食也是后来才能吃得上的。所以说生活是一天一天好起来，到今天可以称得上是小康。我们这个小家庭也是先添置了电视，后来又安装了吊扇，这样一步步地我们逐渐买了更多智能家具，首先换了新洗衣机，从手洗到洗衣机真的方便了许多。紧接着我们又换了冰箱，从二手货换到今天的新冰箱。在居住方面，我在当地银行工作之后，依靠单位政策的帮助购买了属于自己的房子。生活就是这样慢慢好起来了。"

三、结语：时代中的宝贵财富

这些故事和回忆通过长辈的口述不断记录和流传下来。胸怀千秋伟业，恰似百年风华。今天，中国站在"两个一百年"的历史交汇点，全面建设社会主义现代化国家新征程已经开启。听着过去的故事，我心中感慨万千。首先最直观的感受就是物质的不断丰富，在过去的故事中，一个家庭具备冰箱、自行车、电扇这些物件就算小康了。但是在今天的观念中，物件数量的多少与种类的丰富程度不再是重要的标准，物件的功能成为人们选择的重要依据。在姥姥的讲述中，看电影是当时为数不多的娱乐活动，过去想要看电影只能到邯郸市展览馆，广场上熙熙攘攘的一大群人，拖家带口、拿着板凳，只为看一场电影。从商品供应情况看，过去想要购买商品，需要粮票等各种票据，可如今购买不受限，而且支付方式也在不断多元化。在过去的物质条件下，人们的观念也是简单而淳朴的。比如一家不小心起了火，大家都会一起上阵、帮忙灭火。两个人结婚时会请来各家各户的亲戚朋友一起热闹一下。对住房的看法更是如此，人们不在意房子的大小和装修是否豪华，更在意的是有没有一个遮风挡雨的场所。

我认为家族史的存在意义在于，它生动形象地将历史展现在我们的眼前，让那些弥足珍贵的精神不会因为历史的车轮滚滚向前而被掩盖。我也试图寻找故事的核心——家风，或者是家族品质。我认为其中最重要的品质就是拼搏进取，不管跨入新世纪之后我们的身份发生何种转变，都要把心里那股拼劲儿保持下去。

平凡日子里的光亮

李彦仪

"须弥藏芥子,芥子纳须弥。"从牙牙学语到亭亭玉立,从稚气满满到意气风发,我迎接每一个平凡日子的日升月落,随烂漫春光舞蹈,随凛冽北风悲伤,我在长辈的故事中感受时代的变迁,在历史长河中沐浴国家迅速发展的荣光。电影里依旧会闪耀着浴血奋战的伟大,每周随国歌升起的五星红旗永远怀有赤子的热忱。我将永远铭记我的祖国所遭受过的苦难,我会永远歌颂颓垣断壁中建设伟大工程的中国脊梁。国是千万家,家是最小国。这是一些关于我家族历史的微小故事。我想,这也是祖国历史的一些见证。

一、蜀道难·故乡

古语有云,"蜀道难,难于上青天"。我的家乡便在蜀地,更确切而言,她坐落于天府之国东北方向遥远的偏僻一隅——广安武胜。

这是一座秀丽的城市——虽无陡峻之高山、奔涌之大川,却得错落群峰、一湾江水,保护着、润泽着这片安谧的土地,终是无灾无难,风调雨顺,物产丰饶,民风淳朴。

武胜是嘉陵江流域的第二大回族聚集地,文化种类的繁多造就了这里人们的开放与包容。物资的丰富让这座城市紧跟时代发展,使它具备令人耳目一新的现代感。也正因为如此,无论是有些许冷清的沿口古镇,还是随乡村振兴政策发展起来的白坪新村,都蕴含着人们对生活的热爱、对自由休闲时光的无限憧憬。也因此,这里的人们,生来就有如江河一般自由不羁的个性和与山川共生的热情真诚的待客之道,渣渣鱼、三巴汤、英雄烩、麻哥面也成为众多川味美食中独具特色的招牌。

二、谋生难·祖辈

明朝末年发生战乱,张献忠入川,战火焚乡,生灵千百不存一二,丁口稀若晨星,我的祖辈便因"湖广填四川"迁徙而至，开始在这里繁衍生息。

1927年，我的外公出生。恰逢南昌起义爆发，中国共产党正式独立领导武装斗争，创建革命军队。山河剧变、血雨腥风，国家已满目疮痍，百姓亦处于水深火热、无所依傍的境地。外公的小家便也在这个时代艰难谋生。外公兄弟姐妹六人，家庭属于旧社会中的贫农，经济拮据，一家人艰难地在大山围住的小村落里生活。外公排行老幺，最为乖巧听话。他的二哥有勇有谋，从小便显露出超出一般人的胆识与才华，他向往自由，十一二岁时便离家闯荡。抗日战争爆发，天下兴亡，匹夫有责，他参加游击队投身抗战，转战各地，是他所在的那个连唯一活着回来的人。1938年，日本开始对重庆进行长达五年半的轰炸，焦土里埋的尽是冤魂，硝烟中看不见新生与希望。新中国成立后，二外公与家人选择定居在这座英雄城市——重庆。我外公则一直陪伴在父母的身边，直至父母与世长辞。2004年，在我四岁的时候，外公因烟瘾成疾，罹患肺癌走了。

我的外婆出生于1926年，天资聪颖，小时候家境殷实，当地俗称"发财家"。外婆的母亲出身富庶人家，十指不沾阳春水，并有三寸金莲。在我看来，裹小脚的习俗是古代封建糟粕文化。幸得近代思想转变，社会习俗变迁，缠足逐渐被禁止，外婆才免于遭受这种痛苦。而不幸的是，一场大火烧毁了外婆母亲的"千金"生活，也结束了外婆读书识字的日子。这场大火是意外还是人为，至今也无从查证，只知道，作为家中的长姐，外婆从此必须担负起一个家庭的重担。外婆自十二岁时便开始纺织棉布，因心灵手巧，纺织的棉布远近闻名、供不应求，但也在一定程度上导致她在重重压力之下开始吸水烟。她受过一段时间的教育，有自己的风骨。抗

我的外公外婆

日战争时日寇开着飞机进行轰炸，外婆只能带着小朋友们东躲西藏。

1947年，解放战争进入紧要关头，外婆也迎来人生的重要时刻。外婆已经21岁了，作为"大龄剩女"的她遵照"父母之命，媒妁之言"，与外公相亲后结为夫妻。夫妻俩婚后生活条件艰苦，婚房只是三间茅草屋。那时医疗水平较低，在外婆前前后后生产的十多个孩子里，只有三个得以存活，我母亲是第三个有幸被养育长大的孩子。在党和国家经历几十载风雨变迁的岁月里，外婆虽经历了多次丧子之痛和无数的生活磨难，但从来没有失去对生活的热爱，她一直保持着乐观向上的心态和与人为善的处世态度，永远抱着对中国共产党的信任与对美好未来的期许。

因为从小丧失了读书的机会，外婆一心想要让自己的孩子得到最好的教育。在夫妻俩的努力下，1955年出生的舅舅与1959年出生的大姨都得到了学习机会。舅舅和大姨认认

真真、脚踏实地地学习文化知识，初中毕业后才放弃了学业，但在当时的农村，他们也算是文化人了。后来大姨嫁给了另一个村庄的农民，虽然婚姻并不幸福，但养育了两个争气的孩子，现在过上闲时含饴弄孙、忙时务农耕作的平淡日子。舅舅与前妻生育了三个小孩，现在也已有了五个孙子、孙女，在享受夕阳恋的同时，坚持着他研究易经八卦的爱好。家里亲戚好友每逢搬家、结婚、买房、取名等大事，也会请他算上一卦，图个吉利，讨个喜气。

1949年10月1日，中华人民共和国成立，中国人民从此站起来了，无数的人们欢庆着这伟大的新生。1950年5月，我的爷爷来到这个世界。他出生在一个贫困的农民家庭，家里依旧是中国落后乡村里常见的土墙茅草房屋。他有兄弟姊妹5个，从小吃糠咽菜，在艰辛困苦中逐渐长大。爷爷一辈子忠厚老实，孩童时念过书，写得一手好字，成绩十分优异，但未能坚持读书，终是回家务农。结婚后，他为增加家庭收入，曾长期当"弹棉郎"，也有过几年纤夫经历，日晒雨淋，肩挑背磨。在这些艰苦岁月里，他因长期食不果腹，落下了严重的胃病。1951年，我的奶奶出生在一个重男轻女的农村家庭，从小过着坎坷的日子。她接受过小学一年级的教育（那时没有幼儿园一说），能写出的汉字仅仅是自己的名字。奶奶年轻时身材高大，心地善良，但脾气暴躁，动辄骂人打人，现在因腰椎间盘突出，只能弯腰走路。这对夫妻俩就这样脸朝黄土背朝天辛苦劳作了几十年，养育了一儿一女。他们执意住在乡村，一直不愿离开那个从20世纪50年代起他们就依赖着的土地。

三、家和兴·父母

1974年正月初一，我的母亲出生。这时"文革"即将结束，社会发展逐渐回归正轨。受到家里所有人宠爱的她从小胆子大、天真无忧。可天不如人意，母亲十岁那年，外婆因为劳累过度病倒了，几乎卧床不起。在那个最艰难的时刻，很多亲朋好友都劝说外婆："让洪萍（我母亲的名字）放弃读书，打工结婚补贴家用。"但外婆坚决不答应，她说："只要我在一天，女儿就要读书一天。"她在心里祈求让她尽快痊愈，让她的女儿读书考大学。经过很长一段时间的中药调理，外婆逐渐能站起来走路，终是扛过来了。她现在虽已96岁高龄，患上阿尔茨海默病，记不住人，但能吃能走能听能说，精神头儿倍儿足，有时反应还挺快。那场大病后，外婆从此不沾牛肉、狗肉和黄鳝，每月初一、十五不沾荤腥。我小时候不大懂事，曾骗她吃肉，想让她多吃点有营养的食物。后来渐渐长大，我知道了外婆过往的经历，心里就很是过意不去。

母亲从小成绩优异，深受同学、老师的喜爱，但在外婆大病一场后，最终舍弃了考大学的梦想，选择考取中专，到离家更近的四川省水利经济管理学校学习水利工程专业。母亲在学校时十分刻苦用功，在学好专业知识的同时，利用课余时间做点"倒卖"的小生意，卖书卖光碟，假期还卖种子卖蔬菜，挣点学费补贴家用，尽量减轻外公外婆的负担。她还自考了法律专业专科。工作后，又通过函授方式拿到了水利水电专业本科文凭。2000年我出生后，她在带孩子和工作之余，继续提升自己。在我小学时，她为了让我有更好的学习生活条件，通过考试取得全国水利造价工程师、全国水利监理工程师、四川省综合评标专家和财政采购专家等十余项专业证书，成为一名高级工程师与四川省水利质量管理专家。我13岁时独自前往重庆巴蜀中学读书，她为了周末有更多的时间陪我，与父亲一起考取了驾照，同时婉拒了水务局质监站站长的职位。现在她开始对心理学感兴趣。在我看来，她一直在随着时代发展孜孜不倦地学习与进步，虽然现在步入了中年，有些时候难免固执焦躁，但不可否认，她一直是我生命中除了外婆以外最好的榜样。

1976年1月，我的父亲出生。那时农村土地尚未承包到户，爷爷奶奶每天要到生产大队参加集体劳动挣工分，日子过得并不宽裕。但作为家中唯一的儿子，父亲从小便得到家庭的偏爱，并受到良好的教育。高中毕业后，他考入江南大学，那时对他来说，这是一个从家乡需要乘坐两天三夜火车才能到达的地方。大学毕业后，在同学们下海奋斗之时，他毅然回到家乡考取公务员。他频繁调动工作岗位，做过副县长的秘书，担任过副局长，曾到重庆挂职锻炼，也去过阿坝州参加援藏，那是一段我想起来都觉得艰难的日子。现在他在基层勤恳耕耘，肩负着压力与重担。

我坚定地认为爸爸妈妈生活的改善是从改革开放开始的。自1978年开始实行的改革开放，给了太多人实现梦想的机会，使全国人民的生活质量有了巨大的提升。《激荡三十年：中国企业1978—2008》中有这样一句话："过去的三十年是如此的辉煌，特别对于沉默了百年的中华民族，它承载了太多人的光荣与梦想，它几乎是一代人共同成长的全部记忆。"我庆幸我的父母生逢其时。在国家政策的支持下，一大批人大胆下海，无数新兴的企业经历着大起大落、大悲大喜，这是中国经济快速崛起的时代，这是我的父辈们拼尽全力赢得成功的时代。

父母和年幼的我

四、结语：关于自己·关于未来

2000年，我在一个风和日丽的秋天开始了第一声啼哭，拥有了象征"秋天的天空"这一充满希望的名字——佳旻（笔者曾用名）。这一年的12月20日，是澳门回归祖国一周年纪念日，这是值得庆祝的大事。那时家里还没电视，一份份报纸、每个频道的电台，都在铺天盖地地报道，欢天喜地地庆祝。

妈妈是水利人，我从小跟着她跑现场看工地，一脚泥一身土，感受到一座座水电站对当地群众的重大意义。在我五六岁时，我们家搬到了县城，我看到了更宽阔的街道、种类繁多的汽车，我可以通过小小的电视机看《西游记》，可以通过台式电脑玩"森林冰火人"小游戏。

2019年秋天，我来到了南京，从故乡到此不过两三小时车程。这里的冬天在忽冷忽热的无常变化中到来，带着湿热的质感，伴随着远离家人的彷徨。2019年底，疫情发生，中国开始了一段艰苦卓绝的抗疫历程。疫情得到控制后，亲人朋友团聚欢庆的那个冬季，大家拥抱彼此，分享欢喜。那年的冬天极美，初升的太阳将其微微熹光洒向建筑群之间，光与暗的舞蹈不止一瞬，在人的眼中刻成永恒。夕阳退去，迎来了月亮，天空变成染色盘，自然本身所交融的万千光影足够让人沉醉。

在学校里，在每一个迎着朝霞出门的清晨，我都会遇见打扫寝室的阿姨。她会在天蒙蒙亮的时候将宿舍楼里每一处楼道打扫得一尘不染。在这座城市里无限折射的光线，透过窗户，在未干透的瓷砖上洒下无数细碎如钻石的光影。新新食堂的每一个早餐窗口，飘浮着充满食物香气的白雾。后方的厨房里机器"哗啦啦"响着，煮水的桶"咕噜咕噜"地冒着气泡。我在窗口看着各种各样的食物，看着玻璃窗上由白雾冷凝成的水珠，透明斑斓，闪闪发光。傍晚下课时，望着西边沉浸在橘黄光影里的牛首山，凝视着它同天际线融为一体的形状；更远处的地铁里，挤满忙碌一天后回家的身影。夜晚过后，大家又迎来平凡却更加温柔明亮的明天。

我时常想起《觉醒年代》中的大人物，深感前辈义士的伟大与前瞻，深觉如今生活的幸福与安定。2021年5月22日，袁隆平去世的消息传来，我只觉内心的悲伤满溢，眼泪不受控制地流出来，在无数人诧异的眼神中号啕大哭。所有这些前辈，用一生换来了如今中国的锦绣河山，洒下无数关于开始和结束、关于每一个梦想萌芽的光芒。

我的表哥表姐们各自有着属于他们的幸福生活，多数儿女双全，开着公司，添了轿车，买了新房，在县城里扎根安家。有时候我会听见他们对子女说："你要向姑姑学习。"那一刻就发现，自己也成了长辈。希望自己成为一个能让小孩们记住的优秀长辈，也许某一刻，他们脑海中也创造了一段关于我的传奇故事。而透过他们，我看到的是一个更加光明自由的未来。

此生得以生于华夏，幸甚至哉。

传承家风，赓续使命
——流淌于血脉中的晋冀精神

芦治宇

2018年新春佳节，欣逢盛世，由八世孙卢东起、卢雪民，九世孙卢红泽、卢爱兴牵头，卢爱兴执笔编辑整理的《卢氏家谱》正式问世。在整理修订过程中，八世孙卢占祥等受人委托搜集了大量资料，结合走访搜集到的口述材料，使这本家谱较之前更加准确、翔实，帮助后人们更好地回顾了解那段历史。

我翻开家谱，那一段段历史重现眼前……

按照目前各家家谱挂轴（亦称祖宗案子）记载的辈分推断，二百多年前，卢氏家族一支落户南和县郝桥镇（寨）南门里，现属河北省邢台市南和区郝桥镇前西村。

1920年，中国北方遭遇大旱，山西、河北、山东等省遭受了40多年未遇的大旱，这也是中国近代史上最严重的灾害之一。东三省和华北22个站点中，有18个站点年降水量距平百分率在 −10% 以下。这次旱灾，造成2 000余万人成为灾民，直接或间接死亡人数达到了50万。在这样的社会背景下，许多灾民迁往西北、东北。而年幼的太爷爷也随家人迁至山西榆次。

从那时开始，以太爷爷为代表的卢氏家族（后衍变为"芦"）分支扎根山西。一方水土养一方人，山西也正是凭借着独特的文化底蕴，以特有的晋地文化滋养着三晋大地上的每一位百姓。

我的爷爷叫芦玉杰，祖籍河北省邢台市南和县（今南和区），1951年生人。他们这一代人，与共和国同呼吸共命运，七十余载，风雨沧桑，历史的车轮滚滚向前，几经风雨，几经彩虹，历史变迁，客观见证。下面我以故事的形式，分段讲述他的经历和属于他的时代。

一、他的父亲与母亲

因为灾荒，高祖父（爷爷的爷爷）用扁担挑着年幼的儿子、女儿（爷爷的父亲、姑姑）逃荒来到山西。当时太爷爷和姑太太尚且年幼，来到山西后高祖父靠打短工、种地等方式养育年幼的子女。在艰难的生活中，太爷爷和姑太太逐渐长大成人。"父亲当时学了一门手艺：做粉条。姑姑嫁到了太原。"爷爷回忆道。太爷爷没有上过学，文化水平较低，凭借做粉条的手艺开了个小作坊，因为没有文化不会算账，经常受骗，过着有上顿没下顿的艰难生活。

  1955年公私合营，太爷爷就职于国营单位——榆次蔬菜公司。太爷爷会做粉条和豆腐，在公司做了领班班长，成了"国家人"。而我的爷爷，于1951年出生。5岁时便被太爷爷、太奶奶领着去上班。那时没有幼儿园，他每天跟着太爷爷、太奶奶走很远的路到蔬菜公司。爷爷说："走不动了，要休息会儿，父亲就说休息耽误上班，没有时间了。背一会儿，再下来走一会儿。"那个时候，冬天很冷，市面上只有大白菜、土豆、萝卜，每年冬季蔬菜公司

爷爷收藏的各地粮票

要按人头储存菜量。这时蔬菜公司要搭很多大棚用于储存大白菜，里面又冷又湿，许多人在里面整理白菜，太奶奶便是其中一员。爷爷说："每当看到母亲的手冻得红红的，戴着的帆布手套都湿透了，就看得出母亲的勤劳和辛苦。"

二、他的童年与青少年

  那时，不是七岁而是八九岁才能上学。爷爷上一年级的时候，正值社会主义建设如火如荼地展开。太爷爷参加了大炼钢铁，家中凡是有铁的物件或铜件全部拿出来炼钢。1959—1961年，大家吃食堂，由于粮食紧缺，蔬菜公司"大锅饭"全是白菜根、萝卜缨子，粮食很少。爷爷放学后要背着书包从学校到十几里地外去吃饭，夏天炎热，冬天寒冷。有一次冬天放学，太阳落山比较早，天也黑，他背着书包去找太爷爷、太奶奶。路上荒草丛生、沟地遍布，突然窜出一只狼，"当时把我吓坏了，以前听父亲和父亲的朋友说过东门外草丛沟地有狼，当出现这一情景时，我不知所措，头脑一片空白，一身冷汗，我一下坐在地上，看到对面狼的两颗绿眼在发光。我不敢动，奇怪的是狼蹲在那里也不动，一直看着我。不知过了多长时间，我的对面发出'咯吱咯吱'的声音，这时狼突然吼了声窜走了，原来来了两个挑担的人。我从此不敢一人放学去找父亲和母亲，直接背着书包回家。等父亲母亲回来，已经很晚了。在那一时期我学会了做家务和料理自己的生活"。

三、他的小学

爷爷上小学时表现优异，学习、劳动、品德都是优秀。入团时学校申报近千人，而他便是学生中首批入团的先进分子。那时的学校教室很简陋，平房只有几排，在冬天教室里会生个大火炉，安装铁烟筒，按小队值日照看炉子，值日时要提前半小时或一小时到学校。炉子一灭，便拿柴生炉子，学校煤炭紧缺，有时供应不足。"没有办法，轮到值日上学时，每人手里带一块煤或是几根柴，往往是上课铃响了，炉子刚生着，教室的烟火呛得人睁不开眼，开了窗户和门放烟，上课真冷啊！"

那时学校的教室不够用，校方决定自行扩建。为了节约运输开支，爷爷和其他同学一起帮忙拉砖拉瓦盖教室。五、六年级的学生，在星期六、星期日借平板车和一个老师一起到二十多里外的修文砖瓦厂拉砖瓦。爷爷感叹道："我们带着窝窝头等干粮，又累又渴，那个时候没有水壶。现在的学习条件与那时相比，真是一个天上一个地下，发生了翻天覆地的变化。现在三岁有托儿所，五岁有幼儿园，七岁上学，夏天有空调，冬天有暖气，楼房明亮，教室宽敞，电脑教学一体化。"

1962年，爷爷的学校开展学雷锋活动——唱雷锋歌、做雷锋事，学雷锋毫不利己、专门利人、忠于革命忠于党、甘做一颗螺丝钉的精神，学习雷锋艰苦朴素的作风。"我在马路边捡到一分钱，把它交给警察叔叔手里边"，他对这首歌仍然记忆犹新。星期天，爷爷从家里拿着筐、铲子到路边田野捡马粪（那时几乎没有汽车，运输都是靠马车、驴车、手拉车，所以能捡到马粪）。哪个学生捡的最多，便发朵小红花，在教室里张贴光荣榜。

除捡马粪外，星期天他们背着空书包，去很远的东赵沟村帮助农民摘枣或者捡麦穗。"周六住一晚上，周日下午5—6点能回来，村里管饭。即便是粗茶淡饭，同学们也很高兴，晚上只有油灯没有电灯，大家围在一起说笑，玩得很开心。回家时村里给我们每人书包里放进一碗大枣、几个果子，我们都很开心，舍不得吃，拿回家在父母面前卖乖。"

家的屋后是一个坡地，靠近铁路边。那时物资统购统销，粮食、副食品、蔬菜都是凭票供应。星期天，太爷爷会利用空闲或是晚上的时间，带他到房后的坡地平整一块菜地种土豆。"把土豆切成小块，放到筐里，父亲挑着箩筐，我拿着铁锹，把切好的小块土豆埋到挖好的坑里，浇上水，时不时看看、浇浇水、拔拔草，到秋天长出一窝窝的土豆，高兴极了。把挖好的土豆拿回来，分给邻居和朋友，特别开心。"爷爷说道。

四、参加工作进入工厂

1968年爷爷参加工作，进入榆次通用机械厂上班。回想起初入工厂的点点滴滴，爷爷说:"第一次进入工厂,是我人生的起点和转折点,同时第一次看到了工厂的全貌,看到了工厂一排排'轰隆隆'的机器设备,听到了锻工操作铁锤的叮当声、钳工师傅画线和锉刀的刺啦声以及电焊火花的吱吱声。我睁大眼睛看着,结果晚上直流眼泪,不能睡觉。第二天还睁不开眼,师傅说,是因为我看电焊晃眼了,让我拿奶水洗眼,点眼睛,三天后才恢复了正常。后来我再也不敢看电焊了。"

1969年,爷爷被调到榆次大修厂工作,采用三年出徒的方式。第一年工资18元,第二年19元,第三年20元;三年出徒,第四年工资28元。早上提前半小时上班,整理工具工装,打扫卫生,徒弟需要给师傅准备开水,下班给师傅准备热水洗脸洗手,毕恭毕敬,师傅如同父亲,需要特别尊敬师傅。

五、挖防空洞

1969年到1970年,全民开展"三防",市武装部在市区下达挖防空洞的指令,各工矿企业要挖防空洞,每个工矿企业、每个单位根据工厂企业大小、人数分配任务。爷爷和同事一起在市区五米以下挖洞,挖一米便用砖砌一米,挖出的土用土办法运上地面:在井口用绳索将筐吊到地面倒土,再装砖吊回地下,往返运行。有一天,爷爷在井下往筐中运土,突然从井口掉下两块砖,有一块砖正打到了他的头,顿时血流满面,"当时我吓坏了,工友用车把我拉到医院,头部缝了六七针,到现在还能摸到硬块,算是留了个纪念"。三天后他带伤继续做挖洞工作。也是这次任务之后,他受到了人防、单位的表扬和表彰。

六、有自行车了

20世纪70年代初的主要交通工具是自行车,但是自行车并不好买,太爷爷托人买了一辆沈阳出产的"白山"牌自行车。爷爷说:"买回来后,我兴奋得一晚上都睡不着觉,晚上偷偷爬起来看看摸摸,早上早早起来,擦得干干净净,骑上车去上班,心里美得无法形容。"

无论寒冬酷暑,他都风雨无阻,从不迟到早退。上班时需经过西车站铁路栏杆,有时会遇到火车栏杆放下有所耽误的情况,为此他总是提前半小时出门。

为了解决住房问题,改善职工生活水平,工厂组织了青年突击队,前往榆次沛林乡烧石灰盖集资房。他当时在厂里政工、工代会、四支部、民兵等处都有职务。爷爷说道:"突击队肯定要参加,一上山就是半年、几个月,大家一起工作,一起做饭,一起活动,生活条件是苦点儿,但大家还是很开心,在预定时间内完成了任务。接着是种稻田,我们

爷爷收藏的自行车行车执照

和太原郊区北格村是挂钩单位，村里给了一块稻田地，我们青年团员带头种田、插秧、管理，在管理上遇到很多技术上的困难，如育秧的温度、施肥等，这些在村长的帮助下一一克服，育出了较好的秧苗，等到收获季节，要多开心有多开心。"

自小在山西大地上成长起来的爷爷，血液中流淌着对这片大地独有的情感。他是一个酷爱收藏的人，在他看来，物品不只是一个物件，更是追忆往昔、回顾往事的载体。

七、创新完成任务，光荣入党

在修理厂上班时，他总和师傅们加班加点，努力完成工作。特别是对待市里交办的开发粉碎机的任务，他与师傅积极沟通、实地调研考察、试验制作，最后终于成功完成，向市政府交了一份满意的答卷。市政府下达任务需研制出三台晋中牌汽车，他和同事不分昼夜、加班加点研制，联合各主要企业工厂，最终组装完成。遇到困难时，大家就一起积极想办法，克服无设备、多手工操作的困难。由于爷爷工作积极主动，要求上进，配合党政工团工作，完成上级领导交给的多项任务，他光荣地加入了中国共产党。"高举拳头宣誓那一刻心潮涌动，鞭策我今后更要积极工作，紧跟党中央战略部署，贯彻执行党的方针、政策，要起到一个共产党员的先锋模范作用。"爷爷说道。

爷爷的部分荣誉证书

1972年，爷爷响应祖国号召，光荣入伍参军，参军后由于工作积极主动，被提升为副班长、班长，多次受到部队表扬和嘉奖。1973年，部队落实毛主席"严格要求、严格训练"的两严方针，进行了大规模千里野营拉练和训练，结合实战野练，需要横跨多省、市、县区域，机关、食堂、医院后勤、师团宣传队、线务通信全员出动，按实战要求全员装备，并且在野练中要完成各项实践科目。包括野外露营吃饭，通过封锁线，晚上搜索敌特，与部队协同作战。机动与徒步结合，除了部队的科目野训外，还要发扬长征宣传队的精神，军民联谊，军民联防在一起，走一地，住一地，宣传一地，发扬部队老红军革命光荣传统。行程千里之多，每到一个村时各个部队以连为单位，部队都要派出人员打前站，提前半天到达指定地点，无论是乡村或是宿营地，都要和村委领导联系住房、晚饭、后勤等工作。爷爷会带着三个战士，提前安排住房等。有时，爷爷他们连饭都顾不上吃。他还主动提出到村广播室工作，主要是以宣传军民团结一家亲、军民团结鱼水情为主题，感谢当地村民、村委对部队的大力支持。

八、在野训中发生的两件趣事

爷爷回忆道，在野训时发生了两件有趣的事：一是部队在野训行进中，路过一片开阔地（假想是敌人的封锁区），在通过这片区域时，前面不时要往后传口令，口令是"通过封锁线，安静，前面有水沟，注意"，但后面的副营长接到的口令是"安静，前面有烙饼，注意"。还有一件是以班为单位住在一户人家，老乡怕战士冷，早早把炕烧得暖暖的，有个战士怕热，睡不着，起来抽烟，烟灰意外掉到炕边，战士却睡觉了。不多时这个战士的被子、褥子及旁边战士的大衣、被子都被点燃了。"没有火都是烟，把六个战士呛醒了，六个战士晚上拿水救火，棉被、大衣、褥子都不能用了。第二天，才从后勤处领了被褥，那个战士最后受了处分。那次野训大大提高了部队的实战、夜战能力，进一步找出了存在的问题，对部队今后提升现代化能力奠定了基础。"

1973年部队开展整顿、整训，每天学习中央文件、报纸评论。爷爷回忆道："部队领导给我布置任务，让我先学习、先领会、先领批。文件一来我先看，然后把体会写出来，在部队大会领批，以班排学习为重点。每个战士写出体会，再到连会上开展讲批。白天我找文件，找资料，晚上写稿，然后审批，往复一月之多。在那个月我瘦了5斤多，不过受到了连队首长及战士的许多好评，也就满足了。"

九、举行婚礼成家

1974年爷爷找到了他的知己，也就是现在的老伴。奶奶和爷爷是同一学校、同一年级，又是同一工厂、同一车间、同一班组、同一师傅，他们在1974年喜结连理。那时爷爷还在部队，是一名战士。当时规定战士没有提干不能结婚，而干部也是8年以上才能结婚。但部队给爷爷开了先例（因为爷爷在部队，家中只剩年迈的父亲一人，他没有兄弟姐妹，无人照顾父亲），地方还特别开了证明，于是他们很顺利地领了结婚证。

那时结婚仪式比较简单，只拍一张结婚照。爷爷笑道："拍结婚照那天我穿着部队军装，我爱人穿着一件衬衫，没有今天的婚纱、礼服。结婚那天我穿军装，一辆自行车带着我爱人。爱人弟弟陪着我到车站,坐车到太原,中午找地方吃了饭,爱人的弟弟回家,我带着爱人到部队,在部队领导关怀下,积极操办简单而热闹的婚礼。因我结婚,部队还改善了伙食。由于部队营房无房住,我们只好在营房外住,三天后,爱人回单位上班,我回到部队,婚礼虽然简单。但我们双方都感到高兴和幸福。虽然当时办了婚礼,但我心里一直愧对爱人:婚礼太简单。在结婚三十周年纪念日,在孩子们的关心支持下,我们补拍了婚纱照,孩子们在酒店定了房间,陪我们度过了幸福的夜晚。三十周年结婚照和婚礼,弥补了我的遗憾,感谢我的孩子们。"

爷爷奶奶的结婚照片

十、校外辅导员

榆次知名小学——花园路小学,邀请爷爷所在工厂派出两名工人作为校外辅导员,前往学校讲厂史、历史,开展革命红色教育、德智体全面发展等教育活动,工厂指派他和厂里一位老工人去做校外辅导员。爷爷利用休息时间,多次去学校和师生沟通、联谊、作讲座,每月全校一次,每周一个年级,内容不同,受到了学校和市工业局的好评并大力推广。爷爷回忆起令他感动的事:全校师生在大操场看着一排排穿着整齐的学生队伍和鲜红的少先队队旗,两名大队少先队员拿着鲜艳的红领巾向他敬少先队礼,爷爷为入队的学生戴上红领巾。"我激动地流出了泪水,好像回到了我的少年时代,心潮澎湃,激动万分,无法形容当时是什么心情。我回到单位和家中,心情还久久不能平静。"

十一、经纬厂工作

从部队回到地方后,他被分配到国营经纬纺织机械厂工作。当时的经纬厂是亚洲最大的纺织机械基地,也是从上海搬到榆次的大厂,属于央企,爷爷对工作感到很满意。到地方工作不久(1976年9月9日),噩耗传来,人民敬爱的领袖毛主席逝世,举国哀悼。做花圈的店铺白天黑夜加班做花圈,都供不应求。爷爷的老部队首长专门连夜到地方找到他,让爷爷帮忙买花圈。他托了好多朋友,找了好多关系,总算帮首长买了两个大花圈。首长当时激动得不知怎样感谢才好,这一切都是当时人民爱戴领袖的真实写照。

回到地方,爷爷在经纬厂干过保卫工作,做过设备动力科起重工作,开过叉车、电瓶车，做过料工、库房管理工、刨工、焊工、钳工等。在工作中协助工会、工会组长、工委，在支部协助党支部、党小组长。爷爷干任何工作都积极主动，吃苦在前，享受在后，发挥了一个共产党员应有的先锋模范作用，多次受到支部、工会的表扬和表彰，被评为先进工作者、优秀党员、工会积极分子。他退休至今作为入党介绍人已发展党员30余名。

自从到地方工厂上班后，可以说全年无节假日，必须把工作干完干好，试车成功才能回家，因为他们担负着全厂的设备管理维修、保养等工作。大型设备的起重、安装都要他们去完成，很多大型进口设备与外国人同时联装。很多老外认为不可能完成的任务，他们都完成了，连老外都忍不住拍手称赞。

有时晚上加班几个小时，来不及吃饭，厂里食堂给每人一碗荤菜、两个馒头、三个窝头，尽管没有加班费，但他们还是很高兴。有时碰到高空作业，在完成任务后，每人补助半斤白糖票、一斤肉票、一斤鸡蛋票，他们也会感到非常满足。

大年三十，万家灯火齐明，举家欢乐时，他们多数在厂里加班，当所有人举杯欢庆吃年夜饭、看春晚时，爷爷和工友们还在车间或是机房地沟检修、安装设备，尽管一身黑砂、一身臭汗，但是他们没有怨言，尽心尽力地去工作，没有一个人说"今天是年三十，我们提前回家过年吧"。当他们完成任务从澡堂冲洗出来，新年的钟声早已敲响，烟花鞭炮声已过。他们虽迈着疲倦的步子回家，但心中却涌现出一种自豪和满足感。

十二、阖家欢乐

1976年5月，爷爷的女儿出生了，家中有了欢乐，三代人其乐融融；1977年接着迎来了他的第二个孩子，一儿一女，很多人非常羡慕。加上爷爷的父亲，一家五口人，虽然住房条件差，工作辛苦，但一家人晚上聚在一起，经常发出欢乐的笑声。他们结婚时只有两间平房，人多拥挤，就在平房对面搭了一个五平方米的小房，爷爷和他的爱人搬去住。有了两个孩子后，爷爷他们住大房，爷爷的父亲住小房。那时家中生火都是用砖砌的土火炉，睡的都是土火炕。星期天借一辆平板车拿草围子围起来去很远的地方拉烧土（一种红土），回来和煤用，烧水、做饭和取暖就靠它了。冬天太冷，爷爷就在厂里捡点废木材或是从地里捡点树枝草根回来，放在火炕里点着用来晚上取暖。

星期天和节假日照常加班，没有时间和煤，特别是冬天只能在晚上和煤。红土在室外冻住了，他们拿筐把土提到家中烧热水才能把冻土和煤化开。在家里和煤又脏又累，晚上封火后还要开门晾一会儿才敢关门睡觉，毕竟外头常常传来某某地方有人煤气中毒死去的事。奶奶也很辛苦，和他一样要加班，又要带孩子及照顾老人。那时家中没有自来水，都是挑水吃。一开始从井中打水。20世纪70年代中期，政府在固定住户区域装了自来水管，定点定时供应自来水，1分钱两担水。爷爷下班后，供水点就关门了，他只好挑着水桶到很远的地方找水井打水。厂里给职工发福利，每人每季度一张煤票，价格很低。为了拉煤，爷爷从厂里借板车，往家中拉煤，距离5公里，还是上坡，晚上提前准备好板车，第二天早上早早起来去拉煤，回来就已经是中午了。看看现在，想想过去，无论遇到什么事，碰到什么困难，爷爷都感到不是什么大事。

全家福（爷爷、奶奶、爸爸和姑姑）

爷爷常说："我和家人们老说现在的年轻人多幸福，应该珍惜大好时光，珍惜现在的幸福生活，更要懂得感恩。在中国共产党的领导下，我们的国家甚幸，人民甚幸，没有中国共产党的正确领导就没有今天的美好生活。"

20世纪70年代爷爷奶奶住的是小平房，三代、四代人住在一起；80年代末，他们搬家住在厂集资房里，生活条件得到了一定改善。虽然是平房，但是三室一厅，还有一个小院。2000年，爷爷奶奶又搬到了经纬楼房；2019年，爷爷奶奶住进了高层楼房，水暖电各项设施一应俱全，厨房、卫生间都是现代设施，从前想都不敢想的事，在今天都实现了。爷爷爱和年轻人交朋友，他觉得这样能发现生活的闪光点，探索人生有趣的事物，接触新事物。他爱玩微信，关心国家大事、孙辈教育、健康养生，认为照顾好自己就是最好的晚年生活方式，也是对子女和晚辈最好的爱。

作为一名有着50年党龄的老党员，爷爷虽已退休，但仍然坚持每月交党费，每月参加社区组织的学习活动。即使受疫情影响，学习也不能停。空闲时间他总是积极参加社区支部组织的学习党中央有关文件精神的活动，汇报学习情况。

十三、结语

回顾往昔，勤勤恳恳、朴实无华是爷爷那一代人身上的精神烙印，正是全国人民力量汇聚起来，共同创造了中国改革开放蓬勃发展的奇迹。一代又一代青年接过上一辈手中的接力棒，传承精神，砥砺前行。来到大学，我成了一名农水人，更成为一名中国共产党党员。通过数次的实践，我逐渐理解了农水青年肩上的责任和使命，通过讲台尝试将自己对农水精神的理解传递给更多的同学，通过走入乡村真正了解村民们的生活状况，为乡村振兴建言献策，向时代发出青年声音！

家风传承，赓续使命。如今中国进入了新时代，正处于向全面建成社会主义现代化强国第二个百年奋斗目标迈进的关键时刻。作为一名党员，更要高举中国特色社会主义伟大旗帜，全面贯彻习近平新时代中国特色社会主义思想，牢记领袖嘱托，扛起时代旗帜。历史和现实都证明，没有共产党就没有新中国，就没有中华民族的伟大复兴。百年恰是风华正茂，过去一百年，党向人民、向历史交出了一份优异的答卷。现在我们为实现第二个百年奋斗目标，踏上征程，我们要紧密团结在以习近平同志为核心的党中央周围，让我们这代人继续走在不忘初心、牢记使命的大道上，为伟大中国梦不懈努力、奋斗！

弦歌不辍，家国共灼

潘艳玲

浙江金华潘氏一脉源远流长，枝繁叶茂，有诸多宗谱、宗祠、文物保留至今。我的祖父祖母一辈便是金华潘氏一系。在封建思想裹挟的年代里，祖父祖母面对双方出身、家境与年龄的差距，仍锲而不舍地追求真爱，冲破阻挠，奋起反抗，用一往情深打破重重锁链，最终相约相守到白头。虽家道中落，祖母仍然重视教育，辍学供养弟妹读书，让姨奶奶得以完成大学学业。姨奶奶也不负期望，明学笃志，一生教书育人。姨爷爷退伍后上山下乡，家境清贫，但仍坚持义诊救济村民，一生仁心仁医。祖父祖母身上有着时代的烙印，但是他们不被时代所束缚，坚持做自己认为正确的事情。他们的精神也被后辈继承、发扬与践行，深刻融入子孙一代的骨血。正是千万个家族文化与家族精神的代际传承，使得中华民族经久不衰、昌盛至今，让中华儿女能以前人的精神火炬开疆辟土，砥砺深耕，不断谱写新华章。家托于国，国基于家，家国同构两相依的"家国天下"情怀是华夏儿女与生俱来的精神气质。任时代更迭，热爱祖国的赤诚之心亘古不变，中国人的精神血脉亘古不变。故而，一种伟大的民族精神便超脱于时代而永垂不朽！

一、金华潘氏溯古

浙江金华潘氏一族可追溯至周朝季孙，其原为姬姓，食采于潘，以地为氏；远祖为晋朝潘世良，自宋代以来在金华一带繁衍生息。潘氏家族自迁居金华，以儒学起家，素有好谦、好学、好古之风。族中多人担任官职要务，与学界中人朱熹、吕祖谦等互有交往，对于金华学派（又称婺学，南宋重要的儒家学派之一，在当时思想界有较大影响，为浙东学派先声之一）亦有重要影响，为地方望族之一。

明代浙江金华的潘希曾（1476—1532）著有《竹涧集》。该书卷五收录的《双溪潘氏宗谱记》说："宋南渡初，金华称三潘焉：待制曰清潘，驸属曰贵潘，半州君曰富潘。"明万历六年《金华府志》第二十五卷中的《遗事·默成遗迹》记载："吾乡之潘有三，皆为金华著姓。其二来自括苍,其一来自开封。自括之竹溪来者,田宅甲一郡,仕亦至从橐,而卒以富掩乡人之口。自开封来者乃宋勋臣节度使郑王潘美之后,尚主随驾南渡,贵倾一时,所居曰画堂,在城之西偏,人以贵潘目之。余先世亦来自括,至高大父默成先生,以少年登高科,历显仕立朝,著大节,一廉自持,家无余蓄,里闾称为清潘。三潘鼎峙,距今子孙各有存者,然而富不能以常富,贵不能以长贵。惟清以遗子孙者则自若也。"这一段材料印证了金华潘姓的三大来历,也概述了潘氏宗族之盛况。

"三潘"之一的"清潘"即为潘良贵,宋婺州金华人,初名京,字义荣,一字子贱,号默成,其文章被宋徽宗赏识,被认为可擢为第一,有杂著十五卷,朱熹为之序。据《浙江旧志》《庚溪诗话》《建炎以来系年要录》等记载,他以上舍释褐为博士,迁秘书郎,居官刚正不阿、两袖清风、赤胆忠心,因清正廉洁被人们称为"清潘"。朱熹称赞他:"清明直谅,确然无欲,其真可谓刚毅而近仁矣。"而后又有潘景宪、潘景连、潘畤、潘友文、潘希曾、潘慈明等潘氏名人,在文学、政治等诸多方面有所贡献。

金华市现存潘氏宗谱十余卷,包括西溪潘氏宗谱、东阳横城潘氏宗谱、琴山潘氏宗谱、石溪潘氏宗谱等,藏于金华市图书馆、各系族宗祠等地,在美国犹他州图书馆也有潘氏族谱相关资料。

二、金华下潘村潘氏宗祠

宗祠,记录着家族传统与曾经的辉煌,是家族的圣殿。作为中华民族悠久历史和儒教文化的象征与标志,宗祠具有无与伦比的影响力和历史价值。

我的祖辈均来自浙江省金华市下潘村。下潘村建有潘氏宗祠,其建造年代尚未查证,主要说法为明代建成,距今有四百年。根据门厅内柱柱础和后堂过厅倒挂龙撑拱、一斗六升斗拱分析,潘氏宗祠明显带有明代建筑特征。据《金华乡土建筑考察日记》介绍,潘氏宗祠从整体看规模较大,从细部看制作考究。门厅面阔五间,进深八檩,明间中缝用抬梁式,五架梁对前单步后双步,次间、稍间用穿斗式。正厅面阔五间,进深八檩,明、次间各用抬梁式,五架梁对前双步后单步,稍间山缝用穿斗式。过厅纵横各三间,横梁上置一斗六升斗拱。后堂面阔也是五间,各间都是七檩五柱穿斗式,移柱减柱造,前出双步廊。前后天井两侧各有厢廊两间,前者为五檩二柱两坡顶,后者二檩二柱单坡顶。

建筑中的梁栿采用月梁、直梁结合,雕刻龙须纹、回纹和宗教法器等图案。柱子除了门厅后檐、正厅前檐和前厢廊的十根为方形讹角石柱外,其他均为圆木柱,门厅各柱和石柱柱头用栌斗,柱础有砜形、鼓形、方形三种。部分柱子与柱础有一定移位。檐下撑拱有倒挂龙形、S形、回字形和以圆雕见长的动物牛腿等,种类繁多,技艺精巧。此外,在正厅明间屏门上方还挂有白底黑字"敦睦"匾额一块,笔法豁达,是潘氏族人世代亲善和睦的写照。

三、祖父祖母：甘于奉献　情比金坚

我的祖父母去世较早，他们的生平故事均是由我的父母转述的，相关的照片资料也几乎没有留存，算是我的一大遗憾。下面我将讲述我祖父祖母的一些故事。

我的祖母名为潘发琴，金华下潘村人，生于抗战年代。祖母的父亲是当地的地主，家境富庶阔绰，田地富足，衣食充裕。家中共有子女三人，我的祖母是长女。虽然当时封建思想毒害甚深，农村中重男轻女的现象极为严重，但好在祖母的父亲较为开明，对待儿女均一视同仁。由于家境富裕又重视教育，祖母和她的弟弟妹妹都能够进入私塾学习。

祖母曾说，那个年代日子艰难，岁收不佳，时常饥荒。穷苦人家吃不起饭沿街乞讨是常有的事情，白米是奢侈的东西，能有红薯果腹已是不易。实在没有食物的时候，一些人只能靠吃树皮、啃草根来果腹。祖母了解到乡中邻里的吃饭难处，难过至极。祖母心善，便将家中的粮食分给他们，帮助他们渡过难关。到后来，祖母成为十里八乡有名的热心肠，一生中帮助过许多人，也从不计回报。

祖母和祖父打破时代镣铐与枷锁的爱情故事，是让我极为触动的。祖母当时是地主家的女儿，家境富裕，又接受了一定的教育，怎么看都是大家闺秀。可当时的祖父潘树南只不过是一个一穷二白的穷小子，独自漂泊，无依无靠，两人的家庭背景差距极大。此外，祖母还要长祖父三岁，在那个时代算是"不合时宜"的爱恋。

他们的感情被双方父母知道后，遭到了强烈反对和阻挠。祖母的父亲不愿自己视若珍宝的女儿嫁给一个穷小子，怕她受苦受难，于是不断阻挠他们的见面，进而安排包办婚姻，甚至以断绝父女关系为要挟。而祖父的母亲觉得两家门不当、户不对，这段感情本不应该发生，而且祖母竟然比祖父大三岁，这简直违逆传统。门户之见、封建包办婚姻、姐弟恋、父母阻挠见面甚至断绝父女关系，一个个宛若重锤，让他们之间的爱情难以喘息。

面对传统思想的阻挠，祖父祖母始终坚守对自由恋爱的追求，使得"一种时代下不可能的可能"最终成为现实。

祖母虽然孝顺父母，但也决心追求自己心中所爱。她断然拒绝了父亲安排的所谓门当户对的婚事，以性命为要挟，表示非祖父不嫁。她曾对我母亲说："我明白这段感情可能最后毫无结果，但是我知道我当时在做自己认为对的事情。自由恋爱是没有错的，一个人的家境、出身也是没有错处的。"她希望能以自己的行动告诉父母和那个时代，不是她错了，而是他们错了。祖父和祖母的家庭都以为两人不过是一时兴起，时间会冲淡他们的感情。于是在两年之中，两人不被允许见面，甚至在一段时间内，祖母被禁止出门，必须待在家中。祖父对于祖母难以抑制的思念和爱恋，促使他想尽了各种各样的办法联系祖母。

祖父尝试了无数次给祖母暗中传信，从门缝、窗缝里塞入长信，用口哨吹、说暗语等方式传递思念，用弹弓、纸灯笼传递消息。这些方法或成功或失败，然而一次次的打压、否定、呵斥都没能让祖父放弃，反而使他的信念愈发坚定。他努力做些买卖，赚得额外收入，以向祖母的父亲证明自己的能力。祖父不断同父母谈话甚至对峙，希望用自己的赤忱之意向父母证明两人在一起的决心。虽然谈话都失败了，但是他从未放弃。时代、家庭对他们的禁锢越深，他们之间的感情就越浓烈。

历时两年，凭借两人的勇敢与坚持，这段感情终于得到了认可，他们"不合时宜"的爱恋最终突破了时代的禁锢，让不可能的事情成为可能。这期间，他们深知这段感情极有可能没有结果，但是他们从未放弃，更从未彼此怀疑。他们以纯粹的初心、真挚的感情、坚韧的毅力，打破了时代的枷锁。

新中国成立后，党领导人民在新解放区陆续开展了土地改革运动。1950年12月5日，中共中央华东局发出了《关于提早完成土地改革的指示》，提出华东全区应争取于1951年4月前后基本完成土地改革的任务。同年12月25日，《浙江日报》发表了《充分发动群众，彻底摧毁地主阶级封建统治，消灭地主封建剥削的土地所有制》重要文章，史无前例的土改运动在浙江全省范围内轰轰烈烈地展开。从1950年冬季至1951年春季，包括金华在内的48个县及省直属县杭县等浙江第一批土改地区完成土改计划，土地、耕畜、农具、多余的粮食以及多余房屋被分配给了生活贫困的农民。

在这场土地改革运动中，曾外祖父受到了很大影响，经济条件大不如前，而后曾外祖父因病去世，家业彻底衰败。但好在当时对地主实行区别对待，团结地主中的开明绅士，重点打击少数恶霸地主，而曾外祖父生前对待乡里都极好，甚得民心，并未受到更多冲击。此后，全家的重担猛然落到祖母一人身上，祖母身为长女不得不承担起家中的经济开销。为减轻家庭负担，祖母只得辍学供养弟弟妹妹上学。她曾说："日子过得再苦再累，也不能穷教育。一个人如何能改变命运呢？自然要多读书、勤思考、长见识。"她自己是极爱读书的，但为了家庭，为了弟妹能接受教育，她只能放弃自己的学业，承担起家庭责任。她也常常提起，放弃读书这件事一直是她的一大遗憾。所幸，舅爷爷完成了高中学业，姨奶奶从师范学校毕业成为一名人民教师，都没有辜负祖母的期望。

在土地改革运动开始时，祖母和祖父尚未成婚。土改后，祖母觉得自己身为地主的女儿出身不好，不想耽误祖父，于是便不愿同祖父成婚。祖父的母亲也对祖母的出身甚是忧虑，不愿祖父迎娶祖母。可祖父不愿放弃，却也难以说服祖母，便默默等待、陪伴她，直言一生非她不娶，一直等了八年。而在此期间，祖母也因出身问题，没有人愿意同她成婚。

1959—1961年，我国经历了三年困难时期，全国性的粮食和副食品短缺。1959年春，浙江省范围内出现粮荒。相较之下，江西在当时仍然是全国粮食比较充盈之地。于是许多其他地方的人选择迁移到江西进行垦荒,谋求生路。

祖父的母亲希望带领全家迁往江西上饶一带定居,可这也意味着祖父和祖母的分离。对于祖父而言,一方面是家人要迁居,逃离饥荒,谋求生路,另一方面是爱人留在此处,恐要离别;一方面是来自家庭内部的强烈反对与压力,另一方面是自己难以抑制的赤诚爱恋。在万般纠结之中,在反复衡量后,祖父最终决定不和家人前往江西上饶,独自留在饥荒之中的金华与爱人相伴。在这样的生死考验之下,祖母最终被祖父感动,也不再纠结自己的出身问题,和祖父成婚。两人从相爱到相守,一同走过了人生六十余年漫漫岁月,直至生命最后一刻,家庭和睦,育有二子一女。

四、姨奶奶姨爷爷:笃学笃志 仁心仁术

在我印象中,我的姨奶奶全身透着一股书生气。凭借着自身努力和祖母的帮助,她历经坎坷,最终完成了大学学业。毕业后她回到家乡教书,成为一名人民教师。她勤勤恳恳,待人谦和,对待学生认真负责。凭借认真严谨的工作态度,她被提拔到金华市最好的小学任职,而后又成为小学的校长。

我的祖母和姨奶奶都极为重视教育,受过良好教育的姨奶奶更是时常鼓励我们后辈多读书、读好书。姨奶奶是极爱读书的,家中的书柜连成一面书墙。四书五经、西方哲学、文学小说,她都如数家珍,侃侃而谈。姨奶奶曾说过,"人不可不读书,尤其是年轻人,要从书中拓宽自己的视野,培育自己的人格与品性。但是,又不能将眼光只限于书本,要多观察生活的细微之处。比如说药品说明书,看似普通,但也藏着许多学问。你要把生活当成一本书,看懂,吃透。如此,你的格局和眼界才会大起来"。她说的话虽然已经过去了近十年,但我仍然印象深刻,记忆犹新。这些话语不光是姨奶奶的所思所想所得,更深切地影响了她的后辈们,也融入了我的头脑,成为我思想的一部分。

姨奶奶如今年事已高,但仍贯彻着终身学习之道。她退休后先在老年大学学习,每日上课、看书、练字,后来又在老年大学任教。

我的姨爷爷部队军医出身,从军十余年,而后从部队转业,成为一名地方医生。金华市位于盆地,而四周的山地地区在那时交通不便,经济和医疗条件都极不发达,几乎没有系统、专业的医疗卫生服务。为了提高农村医疗水平,让村民病有所医,他上山下乡,深入农村成为村医,也正是在此期间结识了我的姨奶奶。

由于山区地理位置偏远,交通不便,缺少医疗物资,姨爷爷便在周末去城镇或是市区购买医药用品,带回山区。路途遥远,山路艰险,他要自天亮走上十来公里路,到市区或镇上背上药材再走回来,一路万分艰难,一年下来要磨坏好几双鞋。在当时医护人员和医疗资源都有限的情况下,他又当医生又当护士,几乎变成了"全科"。他为了降低村民的

医疗费用，开办义诊，不收取任何的门诊费，只收取药材的成本钱。后来，为了将药材的成本钱也省去，他便自己去山上采药、制药，将村民的医疗成本降低到极致。乡里人都说，连农民都觉得脏觉得累的活，只要能救人，只要能治病，他便不怕脏、不怕苦、不怕累。

后来，随着金华市经济的发展，乡村医疗水平大幅度提升，姨爷爷便回到市区医院工作，成为院长。退休之后，他同姨奶奶一样在老年大学学习，而后也在老年大学任教。如今，他仍在有余力时坚持为中老年人义诊。姨爷爷和姨奶奶的一双儿女也都成为医生，他们的儿子子承父业，坚持在医疗卫生条件较差的乡镇医院当医生，为社会贡献自己的一份力量。

五、结语

我的祖父祖母一辈都是历经沧桑坎坷、遭逢大起大落的一辈，他们的身上都刻上了时代的烙印，而他们又在直面时代的枷锁时，拥有足够的勇气，追求自己的理想，做自己认为正确的事情。无论是我的祖母在时代条件如此艰苦的情况下仍然重视教育，历经艰难险阻，坚持供自己的弟弟妹妹读书，还是我的祖父祖母勇于打破封建枷锁追求真爱，抑或是我的姨奶奶终身学习，姨爷爷奉献一生、为人民服务，他们身上都拓印着时代的烙印，但他们都未曾禁锢于时代的枷锁。他们所拥有的美好品质，勇敢、坚毅、奉献、善良、好学、同命运抗争，通过言传身教传递给我们子孙后代，进而塑造了我们后辈的人格，成为我们品质的一部分，熔铸于我们的精神脊骨之中。

宗祠也好，家族史也罢，它们都是我们先辈的代际传承，我们的祖父母、父母树立的价值导向、为人处世原则、理想追求，都成为家风的一部分，潜移默化地塑造了我们每一个人。如我的姨爷爷，坚持在恶劣条件下为贫苦农民行医，一身清贫，奉献自己，而正是在这种精神榜样和价值导向下，他的儿子也子承父业，能够在条件艰苦的乡镇医院坚持十余年。也正是在这种血亲传承与家风继承中，每个中国人的人格得以塑造，中国文化得以赓续、发展。

岳庆平教授曾言，家族文化是以家族的存在与活动为基础，以家族的认同与强化为特征，注重家族延续与和谐并强调个人服从整体的文化系统。中国人和中国精神能通过家族的形式得以永生与不朽。中国的家族文化不同于西方的家族文化，有其显著的特点。中国家族文化，重视血亲纽带，重视情感联系，弘扬集体主义和整体观，个人从属于家族与社会，以"大家族"为文化单位汇聚为"家国文化"，进而形成"家国一体"之感；而西方家族文化，更为重视理性公正，对于血缘不甚重视，崇尚自由主义和个人主义，强调保持个体独立性，以"小家庭"为文化单位独立于国家文化之外。正是这样的家族文化差异性使得中西方的文化价值取向和文化价值判断截然不同，也在一定程度上导致中西方文化难以真正地互通理解。

在20世纪八九十年代，诸多中外学者对于中国家族文化的存在价值提出疑问。美国著名社会学家威廉·J.古德在其家庭社会学代表作《家庭》中提到，传统的家族势力阻碍工业化的发展，所以随着工业化的进程，会出现削弱传统家族势力的趋势。他还认为中国和日本家族制度的不同是中国现代化遭到失败而日本现代化取得成功的重要原因。当然，这种质疑也是不能成立的，家族文化在中国的现代化道路中有着不能忽略的现代价值。

那么，家族文化在当代中国又该何去何从呢？是否已不适宜当代中国的发展呢？我们应该如何认识它的现代价值？

我认为，中国家族文化在当代依旧具有重大价值与深远意义。中国家族文化是内化于心、外化于行的家族精神特质，一种基于血亲纽带的稳定的文化历史积淀与赓续，是中华文化以家庭为单位的映射与投影。

在个人层面，家族文化既是人格塑造的沃土，也是情感依托的载体。在血亲传承与家风继承中，每个中国人的人格得以塑造，在潜移默化之中能够塑造自身的性格与价值追求。个人的情感在家庭、家族中得以维系、寄托，"落叶归根"，并能将这种情感依托推广至整个民族，从爱家族到爱国家，将家族命运同国家的生死存亡紧密联系在一起。

在家族层面，家族文化既利于家族传承，亦利于家族发展。家族代际总结经验教训，将此种经验教训化为对家族成员的约束，进而可以使子辈在父辈的基础上进行个人发展与人格塑造，促成家族的繁荣与传承，得以赓续多年，如书香世家、音乐世家等。同时，基于血亲关系的高信任度的合作，能够促成家族发展，形成团体优势。中国无数中小型家族企业得以兴旺发展，就是这一规律的作用结果。

在社会层面，家族文化能够帮助社会培育公共道德，促进社会稳定，推进家国认同。《论语·学而》有言"弟子入则孝，出则悌，谨而信，泛爱众，而亲仁"，《孟子·梁惠王上》有言"老吾老，以及人之老；幼吾幼，以及人之幼"。从孝悌之中习得的对父母之爱、兄弟之爱，进而推广至对社会成员的尊重与爱；从以家庭为本位的理解，推广至以社会为单位的感同身受；从家庭道德推广至社会道德，以血亲道德推广至民族道德，进而形成一种社会共同认可的价值取向与文化传统。被朱元璋赐封为"江南第一家"的郑氏家族的《郑氏家范》，"厚人伦、美教化、讲廉政"，要求族人不慕宝贵，俭朴勤耕，修桥铺路，拒受不义之财，出仕者以报国为务，不妄取于民，勿玩物丧志等。从"郑义门"出仕的173位官吏中，上至礼部尚书，下至普通税令，竟无一贪官污吏，他们人人勤政廉政，忠君爱民。凭借家风家德家规的熏陶与约束，能够以家族为单位开展系统的、切实的社会道德教育。

中国自古以来便是以家庭为单位形成的血亲纽带，家是形成国的最小单位。家族文化中蕴含的稳定性元素，如扎"根"、寻"根"观念深入人心，使得以家庭为单位的社会趋于稳定状态。中国是家族本位而非个人本位的社会，强调集体意识，而非个人主义，发扬"爱的团体精神"。家族荣辱感、使命感使得个人背负家族命运与家族传统约束，特别是古代"诛九族""连坐"使得个人犯罪成本极高，不仅影响家族的名誉，更有付出全家性命的风险，因此也容易使得社会趋于和谐稳定。西方资本主义国家在20世纪末出现了严重的社会弊病，如个人主义的极端异化、社会分裂、自私逐利、道德沦丧等问题。洛奇教授提出，要想消除这些社会弊病，应该用"东方传统药"治疗"西方现代病"。这也是家族文化有利于社会稳定的佐证。

家族文化同国家大一统文化具有内在一致性，使得家族之间的血亲信任感、安全感和整体观，能够辐射整个国家乃至天下，形成中华民族的家族"一体观"。中华民族同属于"一个大家"，人们都能将对家族的认同、对家族文化的认同迁移到对中华民族大家庭的认同之中，共认"中华民族"的身份，从而形成一个稳定的民族共同体。

诚然，传统家族文化中也存在糟粕部分，如封建家长制、迷信血亲而排外、帮亲不帮理等。在传统家族文化和当代社会的碰撞中，作为新时代新青年，我们既要弘扬优秀的家族文化，又要使其融入新时代的特点。传统的家族文化元素中不适应当代发展的部分，应予摒弃。对其优秀内核，则应充分发扬光大，以其作为建设新时代"新伦理"的基础。青年学子处于时代前列，对于国内外形势、时代发展特点有着自身的体悟，应当拥有鉴别家族文化优劣好坏的能力。我们应当是家族与时代前沿的融会贯通者，既要传承祖辈精神特质，也要能超脱于祖辈的传统有限思维，构建新时代的"家族文化"。

家托于国，国基于家，家国同构两相依。中国不同于世界其他国家的一个重要特征，便是人民更多地出于文明认同而紧密联系、团结一心。而家族文化便是中华文化在家族个体的具象呈现，家族文化的代际传承与发展也不断熔铸于中华文化之中。从具象中抽象出宏大且精粹的中华文化，再潜移默化地具象至家族的载体之中，五千年来绵延至今，进而铸就了璀璨的中华文明。在以家族为本位的五千年中华文明中，家族命运自始至终都同国家兴亡密切相关。孟子所言"天下之本在国，国之本在家"，在"家国一体"的精神信仰下，基于血亲关系的万千"小家"共同铸就了中华民族的一个"大家"。国家不强盛，家族便难以兴旺，国家的繁荣兴盛最终要落实到每一个小家之中。

第五篇 追本溯源

本篇叙事主题较为宽广,作者详细梳理家族的源流脉络,在历史进程中展示家族发展变迁。无论时代背景如何,这些故事的主人公始终坚守对家庭的热爱和对祖国的赤诚。

故乡和他们的故事

李丹青

人之有祖，木之有根，此乃自然之理。中国的姓氏文化源远流长，家族文化意蕴丰富。家族文化的传承和发展与中华民族文化的传承与发展是紧密相连的，都是中华民族文化不可缺少的一部分。习近平总书记也曾多次强调家风建设与家庭建设的重要性，家庭是社会的基本细胞，而家族则是社会发展中的一个链条。把握一个家族或者一个大家庭的百年甚至千年历史，对于我们当今的社会精神文明建设大有裨益，同时也有利于我们立足新时代，传承或定格家族历史记忆的瞬间。今天仅就我所了解的家族历史以及家庭传统，与大家聊一聊我的家族故事，聊一聊我记忆中的"他们"。"他们"只是中国近百年波澜壮阔历史中的小人物，没有可歌可泣的史诗经历，故事也不具备传奇色彩，但却是那个时代万千中国农村人的缩影，他们热爱国家，辛勤劳动，努力奋斗，跟伟大的共和国一道成长，平凡而又值得令人回味。

一、姓氏起源

我姓李，叫李丹青。我出生并成长在河南省周口市淮阳区的一个小村庄，这个地方原来处在淮阳区和鹿邑县的交界处，我八岁以前村子归属鹿邑管辖，八岁之后被划分给淮阳。所以我经常认为自己既是鹿邑人又是淮阳人。下面先说一说我的姓氏。

1996年，中国鹿邑李氏文化研究总会（因为老子李耳的缘故）在周口成立，研究李氏家族文化的发展及家族分支状况。据最近的数据统计，李姓人口数量超过10万人的县（市、区）在周口有四个，其中就包括鹿邑和淮阳。关于李氏的起源有两种说法，但都以当今的周口市为发源地。李姓始祖一说为鹿邑县太清宫老子，《姓解》说："周之前未见有李氏。"最早见诸文献的李姓是汉代司马迁所著的《史记·老子韩非列传》，其中记载："老子者，楚苦县（春秋时属陈国）厉乡曲仁里人。姓李氏，名耳，字聃，周守藏室之史也。"老子李耳是正史立传的李姓第一人，故有老子是李姓的得姓始祖一说。另有史书记载，李姓出自中国一个十分古老的姓——嬴姓。商纣王时,皋陶后裔理徵,任翼隶中吴伯,为人耿直,因得罪暴君被害。理徵的妻子契和氏听到丈夫被害的消息后,便慌忙带着幼子利贞出逃,途中母子饥渴难耐、奄奄一息,以果树上的果子(即木子)充饥,得以保全性命。后母子二人辗转回到陈国,在鹿邑县一带定居下来。为了感激"木子"保命之恩,同时为了躲避纣王的追杀,理利贞开始将"木"与"子"上下组合起来成为"李",改"理氏"为"李氏",称李利贞。按此说,李姓的得姓始祖是商末周初的李利贞,发源地在今河南省鹿邑县,自得姓已有3 000余年的历史。

李姓无论是得姓于利贞或是得姓于老子,其发源地都在今河南省鹿邑县。李姓一族从商末到东周初的300多年间一直居住在今鹿邑县。从老子以后,李姓开始从鹿邑播迁四方。

二、家族的迁移史

过去,在整个河南、山东、河北、安徽,乃至大半个中国,广为流传着一首歌谣:"问我祖先何处来,山西洪洞大槐树;祖先古居叫什么,大槐树下老鹳窝。"民间还流传着关于洪洞大槐树移民的若干故事。而我们家和"大槐树"似乎也有着某种历史渊源。洪洞大槐树移民也就是明朝大移民,明朝政府先后数次从山西的平阳、潞州、泽州等地征调百姓,经山西洪洞县的大槐树处办理手续,领取"凭照川资"后,向全国广大地区移民。

幼时的我喜欢刨根问底,曾经问过家里的长辈很多听起来很可笑的问题,诸如我们的祖先世世代代都生活在这里吗?我们会不会是哪个名人的后代呀?我们祖上有没有出过大英雄?面对连珠炮似的问题,我爷爷总是笑而不语。但有的时候我不问,他自己也会讲述过去的事情。我爷爷说,我们大概是五六百年前从山西洪洞迁到河南的,那个时候河南常年遭受战乱,人烟稀少,而山西当时发展较好,明朝政府就要求往河南迁移人口,前后总共迁去了812个姓氏,我们就是其中的一部分。在我们家曾经拥有过的牛皮卷族谱上提到了我们来自那棵"大槐树",里面有一些我们家族的纪事,还有一些宗族辈分,但是颇为遗憾的是,这份家谱在反复搬迁的时候不幸遗失了。由于年代久远,为了佐证我们家族是从山西洪洞迁徙过来的,我曾特意查阅了我们当地的一些县志以及洪洞县志,来对照我爷爷的记忆。最终我认为,我们从山西迁过来的这一说法确实有很高的可信度。

按照祖辈们传下来的说法,我们从山西迁过来后先是在鹿邑大理庄定居,大概在五百年前迁到了我现在生活的地方——淮阳四通镇。有一次我去姥姥家走亲戚,偶然了解到我姨父他们家也是鹿邑的李姓,但是他们村子里面只有几户李姓人家。后来回家跟我爷爷提到了这件事,说了我姨父他们家的家庭住址,我爷爷也说他和我们是正经的血族,真正的同宗同源。姨父家也姓李,但是他们当初没有搬走,留在鹿邑成了所谓的"守坟人",因为我们的祖坟在那里。遥想当年,从洪洞迁到河南,按照当时的社会发展状况、交通情况，我的先辈们一定也经历了颠沛流离之苦，只不过如今这迁移路上的故事怕是要被淹没在历史的尘埃中了。出人意料的是，经历了数百年的时光，最后历经千辛万苦，我们兜兜转转又回到了"李"氏发源地，说来也未尝不是一种缘分。

三、我的父系家庭

我六岁以前跟妈妈生活在自己家，六岁以后去姥姥家上小学，十岁的时候我又回到老家上学，跟着爷爷奶奶生活。他们家在前院，我们家在后院。小学校长是我妈妈的一位叔叔，村子里上学的基本上都是亲戚，大多数我也都认识。原来学校就在我姥姥家出门转个弯，距离不足五十米的地方，放在现在我当时住的正是"最近的学区房"。学校只有两个教室，两位老师，就是我的那位姥爷和他的妻子。我爸爸这边的家庭是典型的农村家庭，家里人非常多，单单从我爷爷开始算，我们家现在有29口人，还不包括我爷爷的兄弟们，如果算上一些同门的叔伯和他们的子女，怎么也有几百人。

对于我爷爷奶奶的父母，我只见到过我的老太太（太奶奶），也就是我爷爷的母亲。印象中她是个皮肤黝黑，身体佝偻，拄着拐杖，喜欢在太阳下剥南瓜子吃的小脚老太太。在我们当地的农村，老太太那个时代的人大多数还都有裹脚的习俗，只是我很少看到老太太脱掉鞋子的脚，偶尔见到一次也觉得不甚好看，当时只是好奇为何她的脚和我的不一样，为何他总是穿着两只一模一样的黑色布鞋。从此，我对老太太的脚就有了刻板印象，她们的脚很小，经常缠着布，总是穿黑色的小鞋子。但是当时我还小，并未去深究原因。老太太在我三年级的时候离开了我们，享年96岁。老太太的一生过得非常艰难，听我奶奶回忆，老太太是大饥荒的时候从外地逃难过来的，后来嫁给了我老太爷，生下了我爷爷和姑奶奶。尽管老太太是个妇女，但是在当时也撑起来了我们家的半边天。尽管老太太裹着脚，但是干起活儿来毫不逊色，年轻的时候去给人家做工，打场拉磨这些都不在话下，生产劳动挣工分，做针线活，扁担挑水，样样能干。老太太是一个很剽悍的人，对我爷爷奶奶很严厉，我奶奶十分害怕老太太，但是老太太对她的孙子们非常疼爱，尤其疼爱我的爸爸。听我爷爷说，我老太爷以前是当地的公安干部，参加过风风火火的土改运动。老太爷去世比较早，生活的重担就落在了老太太的肩膀上。也许是早就经历了人生的苦难，饱受无家可归的颠沛流离之苦，在没有老太爷的岁月里，老太太一个人牵着我的爷爷和姑奶奶往前走。她一生总是不停地劳碌着，经历过人生的至暗时刻，但是从来没被打倒，碰到天灾人祸也都硬撑了过来。我印象中她在九十岁的时候还非要帮爷爷奶奶干活，比如烧火、捡树枝。二十年前的河南农村，都是用地锅烧火做饭（现在也存在一部分），柴火的来源有两个，一是庄稼地里的秸秆，比如玉米秸秆、麦秸秆，一般各家收完麦子都会用麦秸秆堆起一个麦秸秆垛，以备冬天使用。玉米的秸秆会被扎成捆，竖在墙边或者树林子里，这就成了一部分小孩子玩捉迷藏的绝佳地方。二是枯枝落叶，每到秋季，掉落的树叶都会堆一地，还有被大风刮断的树枝，也能垛在一起。在过去几十年，农村的树是很多的，那个时候鲜有楼房，能有三间瓦房已经很不错了，毕竟大多数人家都是土坯房。所以房前屋后有很多树，也有人专门在秋冬捡树枝扫落叶，老太太就是那个喜欢捡树枝的人。老太太这一生经历了颠沛流离之苦，也经历了兵荒马乱的时代，所以晚年很少伤春悲秋，她的智慧都藏在了皱纹里。

我奶奶的母亲死得很早，她跟着继母生活。据我奶奶回忆，她原先跟着自己的奶奶生活，小学四年级时她的奶奶去世，她只能跟着继母生活。后来她辍学的时候老师反复去继母家里说情，说不收取她任何费用，让她继续上学。但是迫于生计，奶奶的继母并没有同意，因为上学就要多一张白白吃饭的嘴。所以奶奶就在家干活儿，有的时候活儿干不完都不能吃饭。奶奶的继母也有自己的孩子，他们都上了学，每当谈起这些，奶奶都会伤心落泪，有对于失学的遗憾，以及对自身悲惨命运的感慨。奶奶的兄弟姊妹们都上了学，有的在北京生活，有的甚至做了官。在奶奶继母的晚年岁月里，奶奶是唯一一个经常去看望她的人。我印象十分深刻，奶奶骑着她那辆破旧的三轮车，收拾好篮子（回娘家不好空手），就踏上了坑坑洼洼的土路。奶奶说继母弥留之际喊着她的小名说："芳，是我对不起你，我后悔呀，没想到最孝顺的还是你。"每每讲到这些，奶奶的心情总是非常复杂。

奶奶小学没上完，十几岁的时候就嫁给了我爷爷。他们总共生育了四个儿子，一个女儿，我爸排行老二。现在我奶奶也已经成为老太太，有了十二个孙子、孙女，五个重孙和重孙女。我奶奶虽然只有小学文化水平，但是她认得的字非常多，在我小时候奶奶甚至还能给我背她小时候学的内容，奶奶说只要学过的书她都记得。也许是因为幼年时的经历，加上早为人妇，奶奶的脾气非常温和，不论是老太太的责骂还是跟爷爷的争执，奶奶从来不会红着脸去据理力争。也许是奶奶脾气好的缘故，妈妈和婶娘们都很尊重奶奶。奶奶很会讲故事，我小时候跟奶奶住的时候，晚上关了灯，我和奶奶睡一张床，爷爷就睡在堂屋的单人床上，奶奶就会一边给我暖脚，一边给我讲故事。她讲过白毛女，讲过村里的大蟒蛇，讲过白公鸡成仙的故事，这些故事甚至成为我的启蒙教育。这些故事有的可能是大家口耳相传的，有的可能是奶奶自己杜撰的，但对于当时的我来说不仅是睡前小故事，更是人生的启蒙。我从小就喜欢听老人讲话、讲故事，说一说过去的事情也好，谈一谈生活的烦恼也行，我都听得十分入迷。

我小的时候也听过爷爷年轻时的生活经历。爷爷说那个时代物质条件虽然不如现在，但是那个时候有那个时候的好处。在人民公社时期，公社的成员是以生产队为单位来进行生产劳动换取工分的。后来生产队变为基层的农业生产单位和行政编组，也就是所谓的大队。生产队前期的规模并不大，一般10户左右，到20世纪70年代时由于人口的增长，一个生产队平均有20户家庭。生产队设有队长、副队长、会计、出纳、记工员和妇女队长。

当时实行农业集体化，按工分分配粮食，整劳力（就是成年男子）9分，妇女7分。1983年，人民公社被撤销，但那段岁月深深地刻在了老一辈人的脑海里。

小时候物资匮乏，我能接触到的非常有限，没上学之前我的生活就是在村子里跑着玩，或者和大人一起下地，我不会干活，就在田间地头玩耍。再大一点我会干活了，就跟着家里人下地干活，主要是在玉米地里拔草。爷爷在我们当地算是德高望重的人，不是因为我们家辈分比较高，而是因为我的祖辈们积攒下来的人气和德行。从我记事以来，爷爷的主要工作有三个。干农活，这几乎是每个农村人都要做的。平常的时候去羊行（主要是买卖牲口、羊皮等，做一个中间商），一般早上早早出门，十点钟就能回来，这种活计有时能小赚一笔，也有时候一无所获。去市场走动下，爷爷就权当锻炼身体。同时爷爷也是村里的老会首。村里捐钱建了一座庙，每年的二三月都会请戏班子来唱戏，爷爷作为老会首就需要跟其他的会首一起商讨，村里的红白喜事以及邻里关系都会让我爷爷去参与、调和。

我的爷爷奶奶衷心爱戴毛主席。我曾问过他们觉得在那个物资匮乏的时代，生活苦吗？他们说再苦再难也过来了，现在他们仍觉得当时生活很不错，如上学费用低甚至免费。当时是合作医疗，农民就医负担不大。以前真的可以夜不闭户，因为大家都在一起生产，一起吃饭，收入差不多，确实也没什么宝贝的东西，门经常随手一掩就出去了。在我们那个地方，即使在一些特殊年代大家的日子也还算安稳。人民公社撤销以后就逐步开始了大包干分地，当时全家男女老少齐上阵，我的爷爷和父辈们光着膀子在地里劳动，面朝黄土背朝天，努力搞农业生产。当时的农村生活条件普遍很艰苦，爷爷奶奶在20世纪80年代送我爸爸去部队，爸爸在部队的七年主要是写通讯报道，有时候会给爷爷奶奶写信。当时一人当兵，全家光荣。同时我爷爷让我的叔伯们读了书，帮他们各自成了家，我爷爷奶奶就靠着双手抚养他们的四个孩子长大（姑姑小时候生病去世了）。过去的物质条件确实不太好，我的父辈小时候衣服都是轮流穿，新三年旧三年，缝缝补补又三年，但是日子就这样往前走，走着走着就熬过来了。

四、我的母系家庭

我母亲那边的情况也差不多。我妈妈的爷爷是当地的一位教书先生，他原先教私塾，同时自己学习中医治病救人。新中国成立以后，他开始在公立学校教书，后来自己学习西医给人施针，1958年他带着自己的安家费退休回家，在大队组建了卫生室。当时从医没有现在这么多要求，一般来说大队里批准就可以了。紧接着他又做起了赤脚医生。赤脚医生是20世纪60年代至70年代中期开始出现的名词，一般指没有固定编制，经乡村或基层政府批准和指派的有一定医疗知识和能力的医护人员，受当地乡镇卫生院直接领导和医护指导。他们亦农亦医，农忙时务农，农闲时行医，或是白天务农，晚上送医送药的农村基层兼职医疗人员。赤脚医生主要有三类，一是医学世家；二是经医护专业短期培训的学员；三是公认有一定医护能力的自学成才者。我的老姥爷就属于第三类。赤脚医生的出现，缓解了我国广大农村地区医护人员不足的问题，在广大农村地区普及了爱国卫生知识。我妈妈回忆说，她爷爷是一个非常安静的人，下班后骑自行车回到家，就进入书房看书。他话不多，对人非常友善，他的那辆大架自行车成了全村孩子的第一辆自行车，很多小孩通过他的车学会了骑自行车。我的大姥爷、三姥爷、四姥爷及其后人也从事与医生相关的行业，有的在当地开诊所，有的是县里的接生员，如今已经是四代从医。我们家这一脉中，只有我姥爷做了赤脚医生，我小姨上了卫校。我老姥爷在乡卫生室工作的时候，我姥

姥爷家的医书残卷

爷就在村子里工作，妈妈说她小时候家里到处都是医书，门头上都有。

我姥姥家是一个非常传统的家庭。那时村里放露天电影，很多年轻人都会去看电影，但是我姥爷从来不让我妈妈晚上出门。我爸爸和妈妈定亲之后，我妈妈想去赶庙会，也不被允许去我爸爸那边的庙会。那时农村的思想还很保守，男女很少有自由恋爱，我的父母也是经媒人介绍认识，然后简单见面就定下了婚事，见面时甚至不敢多看对方几眼。我妈妈说当时结婚不像现在要考虑很多因素，只需要稍微打听一下对方是不是正经人家，家里人是不是好相处就可以了。妈妈说当初是觉得爸爸长得比较端正秀气，媒人问过之后就同意了，也没有太多的考虑。相比较来说，我妈妈的家庭更加殷实一点，刚嫁到爸爸家的时候她还有很多的不习惯。那时家徒四壁，我爸爸和我的叔伯们年纪相差不大，都到了结婚的年纪，当时也很让爷爷奶奶头疼。他们兄弟每人分到了三间土坯房及一亩七分地，家具基本上靠妈妈的嫁妆填充。很多的老物件现在还留着，像我姥爷给我妈妈打的柜子、做的桌椅、陪嫁的缝纫机、自行车以及我姥姥给她缝的被子。将近三十年过去了，这些老物件现在依然在我们家，而且还能继续使用。我妈妈常说等我哥哥结婚分了家，她就带着这些老物件回老宅居住。

过去在农村，人们大多有重男轻女的思想，我妈妈家里也是，主要集中体现在我老姥爷那一代的观念上。而我姥姥和姥爷则认为儿子和女儿是一样的，我舅舅能上学，我妈妈和小姨也能上学。只不过还有个传统，来客人的时候女子不上桌。平时自家人吃饭都坐在一起，如果来了客人，或者女儿回门，一般会分两桌吃饭。男子堂屋一桌，女子一桌。时间久了，就没有以前男尊女卑的思想，而仅仅只是一种习惯而已。

家里的老物件

和我爸爸那边差不多，我姥姥家这边对孩子也颇为严格。小时候，舅舅因去河里洗澡，被我姥爷追着用带刺的槐树枝子打。听说我大舅还因为逃课被吊起来打过。那个时候大人们对于孩子普遍都是"放养"，孩子不听话了，先说一顿，说不通了就揍一顿。我妈妈说和现在不同，那时父亲打孩子实在不算什么，而孩子一般也不会记恨父母。当然父母打孩子的都会留有分寸，只是想让他们长长记性，认识到自己的错误。

我姥姥姥爷总共有五个孩子：我妈妈、大姨、小姨、大舅、二舅，我姥姥总是说我姥爷是享福的命，我姥爷没干过农活，主要是我姥姥去生产队工作，我妈和我大姨在家做饭，我小姨和舅舅他们去上学。姥爷当时在供销社开车，一个月只有三十块钱，有需要的时候就去搞防疫。而我姥姥的工作就比较琐碎，挣工分，养育子女，照顾公婆，一直任劳任怨。20世纪80年代，为了有更好的生活，我姥爷开始去窑厂工作，在那里烧砖，我姥姥也跟着一起去，烧砖的工作非常辛苦，但是我姥姥姥爷硬是坚持了很久。

烧砖的窑厂旧址 　　　　　　　窑厂的烟囱

我妈妈这边的亲戚很团结，十分重视亲情。在我记忆中，每到农忙季节，我妈妈、大姨、小姨就会一起回我姥姥家，帮干农活。姥姥家人口较多，后来三个女儿又都出嫁了，所以家里的地就比较多，我爸爸那边因为四个都是儿子，所以每个人分的地比较少。妈妈她们早上带着水壶、镰刀以及其他工具下地收割。她们收好了，我姥爷就负责开他的四轮车去地里拉粮食。收割完毕，姥爷又会让舅舅开着车去给他的姐姐们犁地、播种。妈妈的兄弟姊妹们，不论谁有困难，都会互相帮助。那个时候农村普遍是多子女，我妈妈在生下我和我哥哥之后，有了我妹妹，当时实行计划生育政策，超生的家庭要被罚款。我妈妈说当年计划生育罚款金额很高，再加上大部分的超生家庭也根本没有多余的钱去支付罚款，所以有的人就把刚出生的孩子"送走"。在我们家，无论生活多么困难，大家都没有送走孩子的想法。我姥姥姥爷总是会接济子女，他们是那种宁愿自己过得苦一点，也希望子女能够幸福的人。我妈妈非常孝顺，去我姥姥家的间隔从来没有超过五天，一般两三天就会去一趟，有的时候甚至一天去一次。

姥姥和舅舅们　　　　　　　　　　　舅舅结婚场景

团聚

我姥爷是个不善言辞的人。他会把早上赶集买的东西直接放在我家门口，从来不主动进去，也不愿意在她女儿家吃饭。包括送我回家的时候就让我往他的大架自行车上一坐，然后到了就放我下来，让我自己叫门，他转头就走了。近些年，也许是年纪大了的缘故，我姥爷变了很多，开始变得脆弱，甚至有的时候会掉眼泪。用我妈妈的话说，以前不论再苦再难，我姥爷从来不吭一声，现在人老了，心就变得更加柔软了。

五、结语：我的乡土情结

仰望历史的天空，我能看到我的祖辈父辈们奋斗的身影。他们响应国家号召，努力工作，将家国情怀融入无限的奋斗。跨越时间的长河，我的家族如同沧海一粟，但纵使只是一粟，他们也不畏艰苦，奋力向上，将自己的一生奉献给自己的家庭、家族和国家。他们给了我无尽的精神力量，这种力量也在潜移默化地影响着我、改变着我。我的祖辈父辈们生长在这片土地上，这片土地上有他们的欢笑和泪水，他们在这片土地上成长，组建家庭，生儿育女，努力工作，这片土地对于他们来说不仅仅是一块沃土，更是他们的心灵寄托和精神家园。这片热土承载了无数中国人的奋斗历程，他们克服困难，从历史中走出来，只为奔赴更远的未来。姥姥常说的一句话就是"家和万事兴"。姥姥说她从来没想到过几十年间社会有这么大的变化，以前日子难过的时候，吃穿都是问题，现在好了，什么都不缺了，子女也在身边，基本民生和医疗方面都有政策保障。这一辈子经历了生死离别，最后这样的生活已经很满足了。我的父辈都有浓厚的乡土情结，他们希望留在老家，帮助子女带孩子也行，种地也行，总之他们不愿意离开故土。更多的时候，他们愿意去村口的槐树下听听戏曲，下下象棋，顺便聊一聊新闻上的国家大事，对他们来说，这样的日子足矣。

我妈妈这边，从我姥姥姥爷开始到我们家有24口人，我爸爸那边已经是四世同堂了，正是这些人所组成的关系网，以及他们的生活经历深深地影响着我。他们特别能吃苦，特别勤劳，为人淳朴善良，虽然文化水平不高，但是他们却深谙为人处事的道理。虽然他们不善言辞，但是对于家人从来都有回应。这些有的是我听到的，有的是我看到的，我想这些已经深深地刻在了我的脑子里。我现在很喜欢"月是故乡明"这一句，每当我坐上南京回鹿邑的大巴的时候，看着窗外的树木不断后移，天色还未完全变暗，但是月亮已经出来，她一路跟着我到我家门口。我敲门的时候，月亮清丽的光辉已经洒满了这片大地，而屋内依然有人为我亮着一盏灯，热切地等待他们一年未归的女儿。

我想，我有必要记录下记忆中的"他们"，也许百年后"他们"的故事就要被湮没在历史的尘埃中，我希望有人记得关于他们的故事，哪怕只是文字的形式。我也希望一个家族的历史或者一代代人成长奋斗的足迹，能够被更多人看到。中国的大地上每天都在上演着新的家国故事,鲁迅先生曾说:"惟有民魂是值得宝贵的,惟有他发扬起来,中国才有真进步。"我想家族记忆中流淌着的正是我们这个民族的精神,是我们新时代的民魂,我们要做的就是发扬我们的民魂,传承我们的历史记忆,走好新时代的民魂之路。

追根溯源，探寻家族发展脉络

王　倩

"家是最小国，国是千万家""有家才有国，有国才有家""一屋不扫何以扫天下"，这众多的语句都向我们展现了家国不可分割的观念。要穿透百年风云看到国家历史的变迁，家族的发展是最好的参照物。一个家族的发展既离不开所处的社会大环境，又离不开其中每一位家庭成员的不懈奋斗。历史与现实的碰撞、传统与现代的对立与融合，共同作用于家族和社会的发展。本文将追溯我的家族在历史长河中的前进方向，聚焦于家族的百年发展历程，从而展现 20 世纪 30 年代以来湖南农村发展乃至国家发展的历程。

一、家族溯源——本土与非本土的思考

"王姓是中国的第一大姓""从王姓的史传上可知，中华王姓大多是王者之后，是帝王的后代"，这是我之前对于我家族姓氏的了解，但在本次家族史撰写的过程中我又有了新的认识。通过网络平台搜索相关资料可以发现，王姓的来源非常复杂，一些出自妫姓、姬姓、子姓；有些来自赐姓、冒姓、外族姓氏，甚至有的是为了避仇、逃命等而改姓王。除了著名的琅琊王氏，有名的王氏家族主要分布在山东、山西、甘肃一带，总而言之主要分布在北方，这是中国长期历史发展的政治重心在北方的必然结果。

王氏家族的地理分布情况让我思考这样一个问题：我所在的王氏家族是否起源于本地？如若非本地又起源于何处？我的籍贯是湖南省邵阳市洞口县石江镇同庆村，属于江潭乡。通过多方查询，我发现并没有明确的材料可以证明这支王姓起源于本土。本地人员来源和构成的复杂性，以及家族历代发展的文本性记录的缺失，都使得无法对该问题进行直接回答。因此，我将尝试从几个方面来论证我们家族的"外来说"。

首先，从王氏家族的地区分布上来看，不论是从全国范围还是从湖南省整个省份来看，位于湖南省西南部的邵阳市洞口县无法证明是"王氏家族"的发源地。就全国分布而言，历史上有明确记载的"王氏家族"基本位于北方而非江南地带；就湖南省内的分布而

言,有文字记载的也基本位于长沙的东北部而非西南部。

其次,从相关历史文献记载中可以发现,当前湖南省的人口大都"非本土",更不用说其中的王氏家族。据说在明朝初期,湖南人口骤减是由当时朱元璋和他的劲敌陈友谅之战造成的,因此,湖南本地的人口很少,现在的湖南人基本都是从外部迁入的。

最后,从洞口县的文化传统"宗祠文化"中也可进一步增强"非本土"的说服性。"王氏宗祠又名王元帅宫,位于洞口县石江镇江潭村,建于明正德元年(1506年),系王氏族人为纪念其先祖明初名将王以权元帅而建",这是"王氏宗祠"简介里的一段话。该祠堂于2013年正式成为全国重点文物保护单位,也是当地人在重要节日进行祭祀活动的重要场所,加之洞口人对于祭祀文化的高度重视,都充分说明该祠堂在当地人们心中的重要地位。祠堂是为了纪念王以权(洞口县江潭人)而建的,也成为大家公认的王氏之源,在祠堂内的一块牌匾上有明确提到"太原王氏",这也说明当地的王氏是从外地迁入而"非本土"。除此之外,家里长辈的陈述也进一步加强了"非本土"的可信度。我在同他们交流的过程中可以明显感觉到,无论是他们的亲身经历还是他们从别的地方得到的信息,都能充分说明一个结论——当时我们村的本地人口大都流失掉了,后来由于战争、气候等各种人为或自然因素,外来人口开始往本村迁徙、定居,并以此为基础开枝散叶,各个家族开始发展。

从以上几方面几乎可以断定,洞口县石江镇的王氏家族是从外地迁入的。但之所以还存在疑问就在于以下两点:其一,在历史发展的过程中,洞口本地人中的大部分由外地迁入,并不是全部由外地迁入;其二,我所在的家族缺乏实际的文字资料记载,而单靠家族历代口耳相传,这就无法辨认我家是隶属于以王以权元帅为"根"的王氏家族,还是从其他地方迁入的王氏家族的后代,或者就是留下的本土家族。

二、家族发展——传统与现代的对话

我的家族世代务农,都是普普通通的农民家庭,但具体而言又有不同特点。此处主要通过追溯前两代人的发展,按照时间发展的顺序,综合社会发展大环境和区域发展的特殊情况,对我的家族进行大致阐述。

(一)家族发展的基础:两代家庭的组建

爷爷出生于1934年,家中排行第二,还有一个姐姐和一个妹妹。时隔两年,奶奶也出生了,她在家中是最小的,有一个哥哥和一个姐姐。综合当时的家庭条件以及社会大环境,两人在教育方面有着较大的差别。抚养多个孩子对家庭的压力也比较大,以至于爷爷没有去学校(以前称为"学堂"),而是跟着村里的师傅学习了一门谋生手艺,靠着泥水工的工作支撑起整个家庭。与爷爷不同，奶奶的父亲是一名教师，奶奶虽然没有去学校进行正式的学习，但也一直接受良好的家庭教育。两人逐渐到了适婚年龄，"父母之命、媒妁之言"的传统结婚习俗便把爷爷奶奶联系到了一起，在媒婆的介绍下两人相识并组建了一个新的家庭。那时，一方面传统的拜堂习俗逐渐消失，另一方面新的法律（我国在1950年颁布了《中华人民共和国婚姻法》）在偏僻的农村似乎并没有起到实质性的约束力。因此，没有拜堂仪式、没有通过法定程序领取结婚证，两人就这么走到了一起。

1963年，爷爷奶奶的第一个孩子出生了，到1974年我叔叔出生，爷爷奶奶开启了一家五口生活模式。他们的日常开销主要靠爷爷的工作收入，由于当时农村对手艺人比较尊重，因此当时家庭的生活水平还算可以，三个孩子都是初中毕业（因观念原因，20世纪七八十年代在我们村可以读初中的人不多）。

外公出生于1932年，在家中排行最小（上有两个哥哥）。外婆出生于1937年，家中只有两姐妹，她是姐姐。外公外婆出生时的家庭经济状况相较于爷爷奶奶来讲，总体稍好些。外公小时候家庭条件还不错，后家道中落，外公也被迫快速成长。同爷爷一样，外公也学了一门手艺，成为当时需求量较大的手艺人，但他的出发点除了谋生之外还有为家庭争气。外婆的父亲有着收入较为可观的工作，在家庭经济较好的情况下，外婆也接受了一定的教育。外公外婆的相识相知也难逃"父母之命、媒妁之言"。

1955年他们的第一个孩子出生，1970年最小的孩子出生。外公外婆用自己的勤劳养育了五个小孩，虽然生活辛苦但并不忽视孩子的成长教育。以受教育的情况为例，我的舅舅阿姨们都上了初中，我的二姨上了高中，但由于那时家庭经济难以支撑，因此二姨就没有进一步学习。如果家里有条件支持，她应该会继续学习，成为一名人民教师。

1993年，成长于石江镇万塘村的父亲和生活在醪田镇杨花村的母亲走到了一起，他们俩是通过相亲认识的。我父亲和我爷爷一样是一位泥水工，我的母亲和农村的普通妇女也没什么区别，他们俩在结婚两年后生下了我姐姐，六年后再有了我。在我的印象中，由于家族中的孩子比较多，再加上爷爷奶奶那一辈重男轻女观念相对较重，我们两姐妹从小就是在爸爸妈妈的身边长大，和爷爷奶奶并没有太多的相处。父亲作为一名水泥工师傅，技术精湛，当地有很多人找他干活，所以父亲不需要出远门打工就可以保证家庭基本生活开支。小时候的我们也享受了很多农村儿童享受不到的亲情。

一切的变故要从我六岁的时候说起。2007年父亲感觉身体不适就去医院检查，结果显示似乎没有很严重（不知道是不是因为我们还小而刻意隐瞒）。2008年，父亲身体状况陡转直下，随后被诊断为癌症晚期，他因治疗无效在该年去世。我父亲的去世给了家庭沉重的打击，家庭失去了顶梁柱，全家的重担都落在了我母亲的身上。此后，母亲承担了家庭里父亲和母亲的双重角色，拉扯着我和姐姐两人长大。

(二）家族发展的表现：对立和融合中的前进

虽说自我爷爷奶奶那一代往下，我们家族还没有过易地搬迁，但传统与现代的对立和融合贯穿家族发展的始终，也推动着整个家族不断向前发展。此处将从代际对比、同代对比两个方面，通过具体对比家庭的经济状况、社会地位、教育状况等来详细解读"对立与融合如何推动家族的发展"。

1. 同代对比：传统家庭与新式政策环境的对立与融合

同代对比是同一时代背景下不同家庭之间的对比，因此爷爷奶奶和外公外婆的家庭成为此次对比的重点。

家庭的经济状况层面。前文提到外公外婆的原生家庭经济状况要优于爷爷奶奶，但到两个家庭都组建之后，爷爷奶奶的家庭经济状况则要好于外公外婆。20世纪50年代到70年代，农村属于按工分进行分配的集体作业方式。据家中长辈回忆，当时的工分分配有两个分配基数：一个是工分记录，工分越多，粮食就分配得越多；还有一个是人口的数量和质量，把人口分为劳动力和非劳动力，在相同的集体工作时间下，劳动力的工分要高于非劳动力的工分。在这样的分配机制下，劳动力的数量成为影响家庭经济状况的主要因素。在孩子出生和成为成年人之前，奶奶和外婆的生育时间是两个家庭拉开差距的一个因素——奶奶生孩子的时间晚并且孩子数量相对较少，因此在爷爷奶奶第一个孩子出生之前以及最后一个孩子出生之后，一直都是算两个或者是一个半的劳动力工分；外婆生孩子的时间早且孩子数量相对较多，因此外公家其实大部分的时间都只有一个工分。在孩子成年后，由于双方男孩子的数量都一样，就形成了爷爷家三个劳动力养五口人和外公家三个劳动力养七口人的对比。除此之外，爷爷和外公的手艺对比也是两个家庭拉开差距的原因，爷爷做的是水泥工，外公从事棉花纺织，在当时国家建设的背景下，做水泥工普遍要比做棉花纺织的收入高。

家庭的社会地位层面。在"手艺人的家庭一般社会地位不高"的惯性思维下，两个家庭虽然说社会地位不高但也不至于受欺负，直到家里长辈回忆这段时间的事情时才发现，决定家庭社会地位的并不只有这一个因素，而且这并不是主要因素。同家庭经济条件一样，社会地位也取决于劳动力的数量。正如费孝通先生在《乡土中国》中描述的，农村是熟人社会，由亲属关系和地缘关系决定的差序等级在农村的日常生活中起着决定性的作用。通俗来说就是，人多势力大，如果这群人中有人的工作很光荣，那么这个家族的社会地位就会更高。爷爷家社会地位低就直接取决于劳动力的稀少，我家所在的村子里都是一个家族的人，而我家就是个特例（这也成为前文探讨本土或非本土的一大原因），在近千人口的村庄里，我家到我这一代也就五十人不到。在爷爷他们那一代劳动力就更少了，特别是相对于某些大家庭而言。有三兄弟的外公家虽然多于只有一个实际劳动力的爷爷家，但也不算多。除此之外,外公外婆不争不抢的性格、老实好脾气的个性也给别人一种劳动力质量"低"的错觉。

家庭的教育状况层面。由于出生在1949年之前,受战争年代社会动荡的影响,以及读书无用论等错误观念的束缚,爷爷奶奶和外公外婆基本没有正式地接受过教育。他们对正式学校生活的渴望也激发了他们对后代教育的重视。

2. 代际对比:传统要素与现代要素的对立与融合

其一,国家对农村农业政策的调整和社会观念的变化引起了家族经济的变化与发展。"男主外女主内"的传统模式没有发生改变,但该模式的具体实践形式发生了代际性的变化。自20世纪30年代以来,我国农业经济模式经历了"土改"之后的农民土地所有制、三大改造后的农业合作社集体所有制以及现在的家庭联产承包责任制,农业政策的变化使得家庭收入来源和粮食分配方式也出现了相应的变化。在三大改造之后、家庭联产承包责任制落实之前是集体劳动制,按照劳动工分进行粮食的分配,家庭的经济情况主要是看劳动力在集体作业中所记的工分数,按照工分数获得相应的粮食。除此之外,水泥工和棉被纺织工就成为家庭经济的主要来源。实行家庭联产承包责任制后,家庭粮食的多少取决于个体粮食种植面积和直接收获的多少,相较于之前,获得粮食的主动性和直接性更强了。如果说实行家庭联产承包责任制之前粮食的多少取决于工分分配,那么之后家庭粮食的多少就取决于自然条件和生产技术。生产技术落后时,很多农业种植都依赖于传统的种植方式和种植经验,天气情况和自然灾害严重影响了粮食产量。为了保证有足够的粮食,每家每户都种植两到三季稻。在天气情况好、没有虫害困扰的时候,收成就比较好,此时三季稻谷中的中稻米和晚稻米用来吃,早稻米就用来喂鸡鸭等家禽。但这种情况少之又少,更多的是米饭不够吃的情况,青黄不接时期红薯、麦粉等都成了主食。开始实行家庭联产承包责任制时,爷爷家最大的小孩刚成年不久,但基本都有一定的劳动能力,人口少劳动力多,粮食压力相对较小;而外公家则人口多劳动力少,粮食压力就大,不论米还是菜都会出现不足的情况。到了我父母这一代,生产技术得到较大发展,生产种植经验也进一步丰富,温饱问题基本得到了解决。除了基本的农业生产之外,他们也会通过其他途径增加家庭收入。比如,实行家庭联产承包责任制之后,大家对于土地作物的分配有了更高的自主权,种植棉花的人多了,外公的棉花纺织工艺又重新被市场所重视,为家庭增加了一定的收入。还有就是后辈都长大了,对父母的依赖程度降低了。母亲告诉我,她十多岁的时候,在放牛的时候去摘茶叶,拿到市场上去卖,用卖到的钱买了毛线给自己织了一条裤子,然后还给自己添了一件新衣服,特别高兴。我其他的舅舅、阿姨,年长一点的都外出打工、结婚了,还在读书的也就我最小的舅舅,家庭抚养子女的负担大大减轻,家庭经济情况逐渐好转,一家人吃不饱饭的情况也成为过去式。

其二,家庭成员数量的多寡不再是家庭社会地位的最终决定因素。家庭收入、受教育水平等的作用更加明显。爷爷、外公那一代社会流动性小，熟人社会的影响较为明显。到了父母亲这一代，城市快速发展，经济建设取得一定的成就，南下打工也成为当时的一大潮流，很多人便开始从家庭的经济水平层面来判定社会地位。随着整个社会对于教育重视程度的提高，以及农村教育观念的转变，越来越多的家庭开始重视子女教育。如果家中有人进入大学学习，那这个家族在村中的地位就直线上升。

其三，随着新中国的成立和生活的富足，农村家庭对教育也重视了起来。大家都认为教育对人的作用影响很大。我父亲这边，他们姐弟三人都是初中毕业。我母亲那边五个小孩都是初中毕业，我小姨读完了高中，但后来由于家庭经济原因就没有继续读了。就文化水平来看，父母这一代是远远高于爷爷那一代的，他们当时不仅重视对手艺技术等实践性内容的学习，也更重视理论素养水平的提高。但当时国家教育政策与社会教育观念之间存在着一定程度的脱节；教师队伍的建设跟不上，师资力量较薄弱，很多老师也就是中专生的水平；这些都制约了教育的发展。同时，学习内容和学习方式也发生了重大变化。从宏观上来看，学习内容的变化是从重实践到重理论再到兼具实践和理论的发展历程。在爷爷、外公那个年代，学习一个实用性强、可以养家糊口的技术比单纯学习理论知识要重要得多。在他们的观念中，让一家人吃饱穿暖就是最终的目标。到20世纪六七十年代我爸妈那个时候，学习内容逐渐转向理论学习，学校教育也成为主要的教育方式。

经过长时间的发展，三代人的受教育程度有了长足的进步。受教育水平从几乎没正式读过书到现在进入大学学习；教育观念从技术学习高于理论学习变为理论学习和技术学习并重；学习内容从单纯的手艺技术学习到侧重于政治学习，再到如今全面学习；学习方式从跟着师傅进行手艺学习，到进入学堂接受正式教学，再到如今线上线下多途径学习，教育在代际之间有着明显的差异性。

(三) 家族发展的延续：家风文化的传承

家庭教育在人的一生中起着奠基的作用，而父母是孩子最好的学习对象，家庭氛围会直接影响到人的一生。

父母之间的关系从根源上决定了家庭的关系。在讲述父母关系的时候，我本来想从"婚姻爱情"的角度来阐述，但又觉得似乎有些不妥，他们之间更多体现的是一种结婚之后慢慢培养起来的亲情式爱情。他们之间没有轰轰烈烈的爱情故事，有的就是柴米油盐，有的就是生活琐事。他们从相识开始就已经是一家人的身份了，一起为了家庭的未来而奋斗。虽然是两个陌生人的结合，但不可否认，在生活羁绊中形成的亲情式爱情也十分坚固，正所谓"车马很慢，一生只够爱一个人"。

在我的印象中，我的外公外婆经常吵架，我外公在我外婆面前的表现和在其他人面前有所不同，时常耍性子，但是我外婆却很包容。他们虽然经常吵架，但是从未有过分开的念头，他们的感情已经从爱情变成沉甸甸的亲情了，他们互相是对方的依靠。他们的相遇虽然不是源于冲动的爱情，但在长久的平淡生活中产生了超乎爱情的亲情，融于日常的生活中。

父母对子女的培养方式不仅会对子女的人生产生重要影响，甚至对整个家族、对社会来说也是如此。在20世纪40年代，为活跃抗战部队的文化生活，文艺宣传队开始兴起。到20世纪六七十年代，为响应国家号召，各地生产队也都开始组建自己的文艺宣传队，这是当时农村生活的主要娱乐方式。对于生活条件艰苦、文化发展落后、生活娱乐贫瘠的醪田镇杨花村生产小队来说，组建文艺团体为大众所支持，当时很多村民都踊跃报名，为此生产小队制定了相对明确的入选标准：有一定的乐器演奏技巧，有一定的文艺功底，外貌身形较好，对新知识新现象的理解接受程度高等。在众多的报名者中，我外公家有三人被选中，外公因拉得一手好二胡入选，改善了当时文艺团乐器演奏者不足的状况，我的大姨和二姨在同年龄阶段的报名者中因外貌和文化素养方面更胜一筹也荣幸入选。他们随着生产队的文艺宣传队定期开展文艺宣传演出，这在当地成为一段佳话。爷爷、外公对我爸妈那一代人的培养，既响应国家号召为社会的稳定作出了贡献，又培养起他们的自信，也进一步影响了爸妈对我们的培养。

平平淡淡的幸福、注重对孩子兴趣的培养、关注教育、有社会责任感等是我们家族一以贯之的教育理念，这不仅在过去促进了家族的繁荣，也将在未来促使我们进一步发展。

三、结语：百年历史百年传承

回顾家族发展的百年历史，传承和创新并行，适应社会发展的家风家训一直在传承，与社会发展实际产生矛盾的家庭因素也在不断地被改造、被舍弃和被创新，不断推进家族的整体进步。作为组成社会的基本单位，家庭的发展进步不仅是这一基本单位的进步，更是整个国家和社会的进步。

镰刀锤子马列人

王榆铭

国有兴衰,世家巨族今难觅;家有悲喜,变迁沉浮空留去。相比时空浩渺,亘古永恒,一家一族恰似沧海一粟,往来无息。唯有融家于国,呼吸与共,方可留雪泥鸿爪,存往事依依。我的家族就是这样,在特定的时间特定的地点,拾起了镰刀,举起了锤子,捧起了书本,将有限的价值熔铸于无限的家国事业中,走好了每一代人的长征路,守住了根与魂,铸牢了跨越时空的家族记忆,留后人以启迪。

多少年后,王家的后人站在族碑前,定会想起祖辈们耕耘的土地、建设的国家、教育的人民。他们一定会骄傲地说,我们生于斯,长于斯,死于斯,铭于斯。

一、镰刀:河南浚县王氏

黄河冲积滩肥沃的土地见证了多少兴亡事,变了山河,换了人间,不改的是人们对土地的深沉眷恋。我的家族是河南浚县王氏,一个在土地里兢兢业业刨食的家族。祖上没有功勋显赫之人,亦无祸国殃民之辈,都是平头百姓,年成好的时候倒也活得安然自在。

中原多灾,有天灾亦有人祸,浚县王氏在动荡中与命运抗衡着,挣扎着,温良淳朴的禀性上多了几分韧劲,就像爷爷说的那样:"五百年,他们只是想活着。"五百年,多么轻松的字眼,省去了多少悲喜,唯留有祖坟一片。

王氏宗族的祖坟在浚县善堂镇临河村,目前尚有坟碑几座,这其中最早的是一座清墓。碑额字迹尚可辨识,右联曰"祖功宗德流芳远",左联曰"子孝孙贤福泽长",中间字为"清故处士王公讳×府君德配孺人之墓"。我的这位先祖王某大抵就是家族的缩影,功名难取皇榜难登,只得以"处士"自居,亦耕亦学了此一生,不负先祖之德,也无愧后世之孙。

2002年王氏直系后代联络了河南浚县附近现存王氏,整理了家谱祖籍,开展了溯源工作。浚县王氏现在能追溯到的最早的人,叫王大勋,是为始祖,有碑文为证:

"吾始祖王公讳大勋字立功,系明永乐二年自山西洪洞徙直隶大名府滑邑北六十里临河村,始祖殁葬北阎外四百米即吾祖茔也,迨清光绪十年公立镌石谱牒尚未失真。"

七十余字碑文揭开了浚县王氏的面纱,祖上是山西人无疑,山西哪里人则无从考究。碑文中"自山西洪洞徙"也只是指出是从这里迁来的,并不是原本的居住地,再加上野史有"大槐树骗局"的坊间传闻,始祖的居住地便更加不可考。但可以明确的是,永乐二年即1404年始祖迁徙至大名府滑邑,具体地点在现在的河南省安阳市滑县旧城郭北部六十里的临河村。王大勋在临河村扎根后讨生活,百年后也埋在了这里,又过了几代形成了祖坟。

那我的祖上是干什么的,靠什么讨生计呢?有族碑记载,他是没落的读书人,有碑为证:

"常闻先祖乃第九世世代书香,生前忙耕阅读并蹄双隆,勤劳俭约悦亲睦邻,端庄淳朴,望重乡里,诚为吾后世效发之新颖,乃勒石以昭永久。"

世代书香或有美化之嫌,"忙耕阅读"基本反映了祖上文化水平与生活状态,其为人、社交在乡里值得称道,堪称世人榜样才得以勒石留念。王大勋于滑县立足后,正式开始了王氏在河南的繁衍,单传三代后再次迁徙,来到了河南浚县,迁徙缘由不详,无从考证,有碑为证:

"阅始祖生一子单传七世,王树声四子衍四门,余乃长门也八世。元龙生三子,其×乃行三九世,×生三子育三院逮逝迁葬于此,缘三院绵绵传世渐渐形成相继迁茔。"

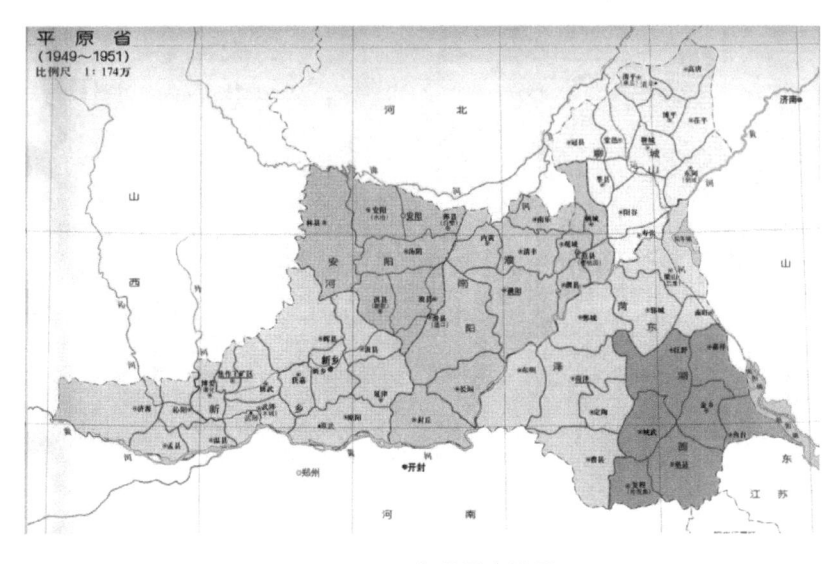

1949—1951年平原省地图

随后王氏一族就在浚县繁衍扎根了近五百年,弹指一瞬,直到中原大战。安阳地理位置极其重要,地处河北、河南、山西三省交界处,西临太行山口,北扼漳河渡口,是古代进京唯一通道，历来是兵家必争之地。中原大战硝烟四起，焚了砖瓦坏了土地，饥荒与死亡打破了浚县王氏对土地的依附，不那么浓的血亲关系比起"活着"显得是那么微不足道。浚县王氏再次踏上了逃难之路，族人四散。我的高祖父，就是我爷爷的爷爷，也携家加入了逃难的队伍，颠沛流离至河南新乡，并在此扎根。新中国成立后，因为婚姻和工作调动，我的爷爷这一支又回到了安阳，在安阳繁衍生息到现在，这就是我的家族迁徙史。至于高祖父这一支逃难到新乡后的故事，我放在下一节说。

二、锤子：三代铁路人

相较于浚县王氏五百年"活着"的故事，我更愿意讲述的是高祖父迁移到新乡后王氏三代铁路人的故事。"铁路人"这个关键词是离我稍微近一些的家族史，同时也是中原大战后遗失的这一小部分族史，更贴合我的时空认知，细节更饱满，故事也更为鲜活。最重要的是，三代铁路人的命运因与国家命运紧密地结合在一起而被赋予了不同的历史内涵，小人物也谱写出了大故事。锤子抡起来是为了生计，砸下去是为了国家，砸出了白面馍，也砸出了新中国。

家族老照片

先来说说逃难到新乡的浚县王氏这一支。高祖王德禄携家逃难至新乡，缺衣少食，已无力再逃，便在新乡落了根。单传一子，便是我曾祖父王福善（照片中一排右二）。王福善娶妻（照片中一排左二）生一女四子，便是我的祖父辈。长女名叫王希仁（照片中二排左一），是我的祖姑母，她过世得早家里人也不愿意多提；长子名叫王希义（照片中二排中间），是我的大爷爷，前几年刚刚过世；次子名叫王希礼（照片中二排右一），是我的二爷爷；三子名叫王希智（照片中一排右一），是我的爷爷，小时候我还总是问我爷爷，自己为什么没有三爷爷，现在想想依旧滑稽可笑；幼子名叫王希信（照片中一排左一），是我的四爷爷。祖父辈五人按照"仁义礼智信"排字辈，字辈里氤氲着书香气，更寄托着在那个社会失范的动荡年代里，质朴庄稼人再苦也要挺着脊梁做人的准则与希冀。

再说说我的父辈们，大爷爷生有两个男孩，即我的两个大爷王琳、王琪；二爷爷生有一女一男，我的表姑王虹、大爷王勇；我的爷爷生有一男一女，我的父亲王晓安、姑姑王晓艳；四爷爷单传一子，我的叔叔王飞。到了我这一辈就有意思了，父辈的两个姑姑嫁出去了在此不再赘言，剩下的五个男丁，除了我父亲，都只生了一个女儿，即我这一辈就只有我一个男丁。到现在河南本地的老人仍注重血脉的传承，用我四奶奶的话来说，要不是我的父亲和母亲生下了我这唯一的孙儿，老王家就绝后了。如果是在传统社会，我这唯一的孙儿就是长子长孙，是有祖产继承权的，但事实是世代务农的浚县王氏什么都没有留下，除了祭祖时需要我磕头。

前面铺垫了太多，下面正式进入正题。三代铁路人就是围绕我的曾祖父、祖父辈和我的父辈展开的。

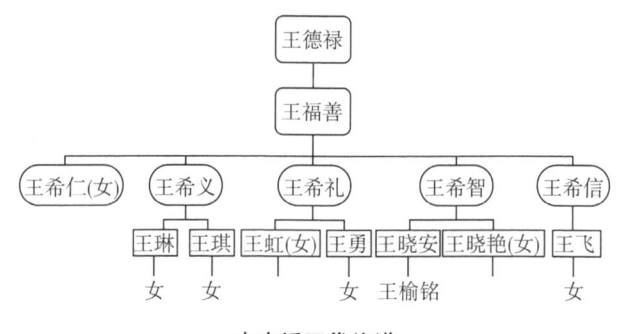

```
                    王德禄
                      │
                    王福善
     ┌────────┬───────┼───────┬────────┐
  王希仁(女) 王希义  王希礼  王希智  王希信
              │       │       │       │
           ┌──┴─┐  ┌──┴─┐  ┌──┴─┐    │
          王琳 王琪 王虹(女)王勇 王晓安 王晓艳(女) 王飞
           女   女    女         王榆铭           女
```

本支近五代族谱

我的曾祖父，也就是我爷爷的爸爸，一双手一件单衣逃难到了新乡。从农村到了城市，传统的庄稼人失去了土地，空有一身气力与技巧没处施展，再没什么其他能吃饭的手艺，最后迫于生计来到铁路上做体力活儿，成为铁路工人。用马克思的话来说就是，同时成为一个彻底的城市无产阶级。铁路工人，顾名思义，就是铁路上的工人，没有固定的岗位，什么都要干。听家里老人说，那个时候并没有很多铁路要修，更多的时候是我的曾祖父挎着一个竹篓，沿着铁道

铁路工人铺设铁轨
（图片来源于网络）

寻找、捡拾火车上掉落的排泄物，卖到肥站或者有需求的人家换钱或食物。这样挣的钱不多，但可以勉强过日子。后来日本人来了，占据了京汉线及沿线铁路设施，曾祖父以及其他的铁路工人就被迫给日本人修整铁路，没有工钱，每天只发很少的粮食。

在干活儿的同时，我的曾祖父也没有闲着，他经常看那些修火车、开火车的技工干活儿，将他们的操作记下来，并经常忙里偷闲爬上火车自己操作，久而久之就具备了修铁路和开火车的双重技能。由于技术人员少以及他自身技术过硬，我的曾祖父被选中上了火车，开始在火车上工作。再后来，随着抗日热潮席卷全国，无产阶级民族意识的爆发，我的曾祖父也投身抗日。在京汉线新乡段活动的地方武装认识到我曾祖父工作的特殊性与重要性，就与他取得了联系并将他发展成了地下党，让他继续留在日本人的火车上从事破坏与情报工作。我的曾祖父也算是不辱使命，配合当地武装参与了多次与铁路相关的破坏行动，一直秘密潜伏到打败日本人。随后再次接受组织派遣，重新打入新乡站进行潜伏工作，直到新乡解放、国民党溃逃。解放战争胜利后，曾祖父留在了新乡工务段继续从事管理工作，直到光荣离休，这就是第一代铁路人的故事。

得益于那个年代的接班制度，第二代铁路人的故事拉开了帷幕。我的四个爷爷都进入新乡工务段工作，从最基层的铁路工人做起。那个年代的人尤其是革命者的后代思想觉悟很高，以身份职务谋私利在他们看来是对革命理想的亵渎，我的爷爷们气力十足，从重活儿累活儿干起，也图一份心安。正是在充满激情的 50 年代，国家大搞铁路建设，初中文凭的兄弟四人抡起了大锤，搬了无数枕木，个个一身腱子肉。强健的体魄撑起了他们的事业，也使他们得以安享晚年。作为生在革命中、长在红旗下的第二代铁路人，爷爷们的身上少了些革命的血气方刚，但却多了些建设的热情澎湃，就像爷爷说的那样，日子有盼头，感觉浑身的力气怎么使都使不完。

20 世纪六七十年代，一切仿佛变了味道，狂热代替了激情，一字之差，千差万别。有些人因为一句口号、一封群众推荐信而飞黄腾达，有些人却因守得住本分而抡了二十年大锤——在我看来，四个爷爷捶打的不仅仅是共和国的铁轨，更是自己的信仰。那个年代娱乐活动较少，爷爷们最大的乐趣就是观看铁路系统文工团的展演和话剧团的新式剧，听到吹拉弹唱一窝响，看到台上各种滑稽的动作，满身的疲惫也就抛到脑后了。四个爷爷都喜欢乐器，曾祖父就托人教授他们每人一样乐器技艺，组成一个小型乐队——"新乡 F4"。那时有很多展演，"新乡 F4" 在系列汇报展演上靠自编曲目《歌颂领袖毛主席》而为大众所熟知，并得到了领导的赏识。他们兄弟四人由一线工人调动为技术岗、管理岗，工资也立刻涨了上来。在乐队中，我爷爷学了一手好二胡，后来把手艺传给了父亲，本来也要传给我的，但是我没学，爷爷就有些不开心，于是我自学了吹口哨。

爷爷因性格内向就申请调动到与人接触少的岗位，后来他成为一名军列长，负责一些与军事有关的绝密押运。相较于原先的纯体力劳动，管理工作可轻松很多，自然多了些闲暇时间。爷爷并没有闲下来，在做好运输管理新工作的同时，又研究起了老本行，在运输线爬上爬下，钻研铁路装载技术，成了工友口中的"不会享福的傻子"。20世纪90年代铁道部号召工人参与职业水平测试，考取职业资格证。领导几轮动员谈话，可换来的是工人们的普遍沉默。作为一名老职工、老骨干，爷爷带头站出来开始备考，工友们都劝他，没有这个证大家也做好了所有工作，何必要去死背一些专业术语难为自己呢。爷爷只是笑着告诉他们，想当初他们幻想"楼上楼下，电灯电话"，现在果真就实现了，只有现在渴望更先进的技术、更完善的理论，以后才会实现更大的梦想。就是凭着这样的信念，只有初中文化的爷爷硬是拿下了许多年轻人都考不下来的职业能力认定，成为当时京广线新乡工务段一千三百人中唯一一个持证上岗的员工，爷爷开发出的重型列车装载技术推动了装载效率的大幅提升，受到了领导、工友的一致好评。爷爷装载的列车、管理的军列跑遍大江南北，他长了见识也白了须发，最终光荣退休。

20世纪90年代，我的父辈们赶上了最后的接班。作为生在红旗下、长在春风里的第三代铁路人，与革命的热血、建设的热情不同，他们是现代化的奋斗者。几个叔叔都进入了铁路系统，父亲的工作也含有铁路元素，他们或在管理岗或在技术岗为自己的小家和大家奋斗着，为社会主义现代化、也为中华民族的伟大复兴奋斗着。现代化，意味着某些东西被放进了历史的收纳箱，注定要成为历史的注脚。随着接班制度的消亡与职业的自由化，铁道部被铁路总公司取代，我的家族三代人在铁路上的奋斗历程画上了圆满的句号。

三、马列人：主义与现实

谈了这么多王氏宗族的故事，我想再来讲讲我的姥爷。姥爷名叫郝运增，是河南农学院的大学生，专业是农业。那个年代的大学生是非常稀少的，可以说是真正的高级知识分子。对于一个从农村出来的孩子来说，在大城市扎根是一件十分不易的事情。姥爷大学毕业后选择留在学校从事行政工作，同时还担任了他所在院系的支部书记。1975年，毛主席接见河南代表，我的姥爷作为学校党委代表向毛主席汇报工作、表示决心。同年，在国家相关部门指示下，我的姥爷回到郑州后就开始了安阳农业大学的筹备工作。

由于新学校要开设政治系，师资紧张并且缺乏相关人才，姥爷不得已半路出家开始了政治学与俄语的教学，并从事安阳农业大学政治系的建设工作。与现在外语学习以英语为主不同，他们那个年代以俄语学习为主，姥爷学过

我的姥爷

几年俄语，教起来困难还不算大。但是一个学农的工科生跨学科去教政治，属实有些困难。姥爷只能恶补功课，晚上备课，第二天教授，或是与同学们一起学，这样一教就是三十年。那时政治学就已经包含很多科目，如马克思主义哲学、政治经济学、中国近现代史等，同时学生还需要学习俄语，阅读一些俄语书籍。照片中的这些书大多是20世纪六七十年代姥爷阅览过的。几十载育人，姥爷的学生很多成了机关单位的中流砥柱，姥爷也获得了许多的荣誉与证书，比如河南省农牧厅授予的"优秀教师"荣誉称号、省职务评审委员会评定的高级讲师职称等。

姥爷书柜一角 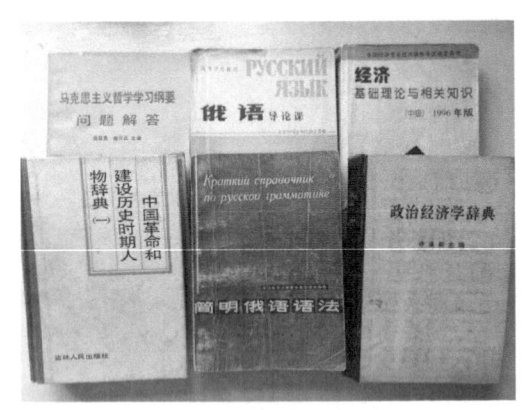　　　　　　　　　　　　　教材、参考资料

河南省农牧厅授予"优秀教师"称号 　　　高级讲师职称评定

我的姥爷是第一代马列人，悄无声息地给全家人种下了马列主义的种子。我的一个叔叔本科读的是政治学专业，硕士读的是思想政治教育，现在在广东财经大学马克思主义学院教授思想政治教育课程。我是第三代马列人，在河海大学马克思主义学院攻读思想政治教育学士学位。我家马列人的故事，还是一个未完待续的进行时。

全家福

四、结语

岁月流逝,破损的照片,泛黄的纸张,不再清晰的字迹,却不曾让这些年代久远的记忆褪去色彩。拉近历史的镜头,我看到的是我的家族活下去的信念、革命与建设的斗志、捍卫的信仰,一个个鲜活的形象,一个个大写的人。无疑,他们都是小人物,但却在历史的长河中洗涤出了属于自己的色彩。

每当家人谈及这些往事,这种跨越时空的对话总能让我们感受到如今国家的富强是与曾经的峥嵘岁月密不可分的,是与在时代大潮中劈波斩浪、将家的悲喜与国家兴衰相联系的一个个家族密不可分的。在过去,在今天,在未来,家有着最小的内涵,同时也有着最大的外延。而那些发生在他们身上平平无奇却又荡气回肠的故事,字字滚烫,句句感人,时至今日,其中饱含着的对美好生活的向往与不懈努力依然熠熠生辉,指引着我的家族的奋斗之路,以信仰的力量开创美好的未来。

薪火相传
——我的家族故事

王一鸣

时间的长河在不断流淌，时代在一代又一代中国人的奋斗下不断进步，转眼之间，中国共产党已度过百年华诞，人民政权屹立东方已逾七十番春秋，而改革开放的春风也吹拂古老的中华大地四十多年。除了国家与民族的宏大叙事，普通人更熟悉的，也许是身边的朋友和长辈们的经历与故事。正如那句歌词所言，"家是最小国，国是千万家"，历史正是由一个又一个像你我这样的普通人谱写的，时代的洪流正是由一个个家庭、家族的故事汇聚而成的，而中华民族的优秀传统和时代精神，也正是由无数中华儿女的家训家风铸就的。习近平总书记曾指出："中华民族历来重视家庭。正所谓'天下之本在家'……中华民族传统家庭美德，铭记在中国人的心灵中，融入中国人的血脉中，是支撑中华民族生生不息、薪火相传的精神力量，是家庭文明建设的宝贵精神财富。"

理论上讲，我的父母确实都分别出身于一个历史悠久、出过很多名人的大家族，但是到我的爷爷和姥爷这一代并没有受到家族的荫庇。尽管如此，我的姥爷和爷爷作为参天大树上一个不起眼的无名枝，依然活出了自己的精彩，并且组建了非常团结阳光的大家庭。今天，我想和大家分享一下我的家族和家中两位老人的故事。

一、家族生于家乡

首先请允许我介绍一下我的家乡。说到江苏，大家可能会想到吴侬软语、江南水乡，但是江苏被戏称为全国最大的"内斗"省，原因之一就是江苏境内较大的经济文化差异。不过，也正是丰富多元的特点造就了江苏文化的繁荣和精彩。我来自江苏省徐州市，一座南北交会的城市，不过对于当代的年轻人而言，也许更加具有吸引力的描述应该是"唯一一座冬天有集中供暖而且网购还能享受江浙沪包邮的地级市"。徐州是一座历史悠久的城市，是当年大禹治水时分天下的九州之一，是汉文化发祥地，也是"彭祖故国、刘邦故里、项羽故都"。其中值得一提的是，徐州号称"千古龙飞地，一代帝王乡"。出过皇帝的地方很多，但是出过开国君主的地方很少，出过好几个开国君主的地方就更罕见了，但是徐州总共出过 11 位开国君主。按出生地来算，徐州出过的开国君主有汉高祖刘邦、东吴大帝孙权、南唐烈祖李昪；按祖籍来算，徐州出过的开国君主有汉昭烈帝刘备、魏文帝曹丕、宋武帝刘裕、齐太祖萧道成、梁高祖萧衍、吴越太祖钱镠、南汉高祖刘䶮、明太祖朱元璋，因此苏轼担任徐州太守期间曾发出"九朝帝王徐州籍"的感慨。地理上，徐州地处苏鲁豫皖交界处，东襟淮海，西接中原，北扼齐鲁，南屏江淮，在古代是黄河和京杭大运河交汇处，号称五省通衢，现在是陇海铁路和京沪铁路交会点，是中国重要的铁路枢纽。因此从古至今，徐州都是不折不扣的交通咽喉、战略要地，这也使得徐州自古以来发生的有文字记载的战争就多达 400 余次。举几个大家耳熟能详的例子，古代有楚汉战争时期的韩信九里山下十面埋伏和三国时期刘备、曹操的徐州之战，现代有抗日战争时期的徐州会战和解放战争时期的淮海战役。除了厚重的历史，徐州还有美丽的风景。徐州同时拥有南北两种风光，还有南北交融的各类特色美食。值得一提的是，徐州距离南京仅 1 个小时高铁车程，假如去掉等车时间，经过我亲身实测，可能比从河海大学江宁校区坐地铁到玄武湖还快！

二、源远流长

接下来我要介绍下家族简史。在收集资料时我非常惊喜地发现我的爷爷和姥爷家都有一部厚重的家谱，但是简单机械地介绍家谱中的列祖列宗实在显得过于僵硬和啰唆，因此在这里只做一个简单介绍。据记载，我的姥爷属于扶风马氏，这个家族可以上溯到汉朝"马革裹尸"的将军马援，在此不作赘述。今天主要讲我的父系家族：象山三槐堂王氏。

王氏有很多来源，其中最初的来源是姬姓王氏，来自周灵王太子晋，这一分支后来分化成为太原王氏和琅琊王氏，琅琊王氏中最大的一支叫作三槐堂王氏。三槐堂王氏开基始祖为唐朝人王言，而真正赋予这个家族"三槐堂"之名的人是北宋兵部侍郎王祐，他曾在其宅院内手植槐树三棵，曰："吾子孙必有为三公者。"令人意想不到的是，这句誓言甚至还没有铺垫多久，他的儿子王旦就非常争气地将其变成了现实，在宋真宗时期出任宰相，"三槐堂"的堂号因此得名。随后三槐堂王氏开枝散叶，出现了很多分支，我仅翻阅家谱中的记载就看到了历代先祖在福建、安徽、山东、河南、河北等很多地方做官、安家的记录。尽管王氏共有 21 支，但现如今王氏的 40% 为三槐堂王氏，足见家族之大。三槐堂王氏和其先祖曾在历史上大放光彩，出现了很多名人，在此简单举例：秦将王翦及其子王贲、其孙王离；两汉之间的王莽；三国的王允；东晋的王导、王羲之、王献之；唐朝的王勃、王之涣、王昌龄；北宋的王旦、王安石；明朝的王守仁等。不过花费如此多的笔墨后，坦白来讲，其实这些名人和我的家人关联甚少，我更多是因为自己的小家族属于一个历史悠久的大家族而感到自豪。我们家属于三槐堂王氏的分支井山王氏的子分支：象山王氏。先祖永乐年间从山东峄县迁往位于徐州城北、微山湖南岸的井山。据《福建通志》记载，一世祖王资，元末跟着张士诚起兵，丙午年归附明太祖朱元璋，属于"开国功臣"，根据明朝的卫所制度，官职可以世袭给自己儿子中的一位。洪武年间王资以功升镇抚，官拜武毅将军；二世祖王义袭职，官拜威毅将军；三世祖王中袭职，以功升指挥检事；四世祖是三兄弟，职位只能世袭给一个儿子，最终四世祖排行第一的王端袭职，从杭州前卫调往福宁卫，之后留在了福建，子孙历代世袭，他们从军的具体记录一直续到了万历三十四年。根据我的查询，三槐堂王氏的集中分布区正好是在浙江、福建一带，几位世祖在杭州前卫和福宁卫的任职经历应该对此贡献颇多。四世祖排行第三的王琪，留在了井山，他的三儿子移居到了象山，称为象山王氏。可能之前的先祖多在福建和杭州做官，家谱中没有称一世祖为井山先祖，而是将四世祖王琪称为井山先祖。之后几代世祖和长辈们的具体生平就没有文字记载了，只留下了姓名，平平凡凡地在徐州生根发芽，开枝散叶。我就是象山王氏这支家族的后人。

三、爷爷和姥爷的故事

接下来是我爷爷和姥爷的故事。虽然我的爷爷和姥爷貌似出生在一个大家族里，但是家族的接力棒传到他们这一辈时，他们都已是平凡人，而且都在童年或者年轻时遭遇了灾祸。尽管如此，两位老人依然不畏命运的考验，冲出了老天爷设下的重围，活出了自己的精彩。

我的爷爷是 1947 年 9 月生人。因为种种原因，尽管有家族谱系，但是爷爷身边除了父母外没有什么亲戚，某种程度上也是命运的捉弄。1955 年到 1961 年，爷爷上小学及初一。之后因父母双双病故，自己也有病寄宿在别人家，爷爷被迫失学了。1961 年以前，爷爷的父母在世，生活虽苦，但爷爷说大体上还是很幸福愉快的；父母过世后，从 1962 年到 1964 年，爷爷已经不愿再回忆。在接受采访时，他的原话是"一言难尽，不要再细问了"，因此我就没有继续追问。1965 年秋季，村里及乡区领导见爷爷是一个孤儿，无依无靠，就让他到乡政府做通讯员工作。1969 年底，爷爷在乡政府应征入伍，之后在二十一军六十三师炮兵团服役，任炮兵班长，曾被评为五好战士。1973 年春节前爷爷退伍还家。在家度过了很短一段时间，爷爷再次被调到乡政府担任通讯员，不久，来乡里考察的区委书记看到爷爷工作认真机灵，就把爷爷调到区政府担任通讯员。1978 年后，爷爷到打井队工作，第二年在打井队入党，1984 年被调到区机电排灌站，1990 年又被调到了区水利局综合经营办公室，1994 年区划调整，爷爷被调到京杭运河堤防管理所，于 2007 年退休。退休之后，爷爷也不愿意闲着，开了一家烟酒店，和叔叔、婶婶一块打理直到今天。爷爷多年来一直积极工作，努力上进，曾在部队获得营嘉奖一次，在地方工作时被评为优秀党员、先进工作者。在仅有的几年上学时光里，爷爷是三好学生，少先队中队干部，学习成绩从来没出过前三。爷爷曾经历了很多苦难，但他从来没有放弃过和命运的搏斗，无论在什么时候都尽力让自己成为一个优秀的人。最幸运的是爷爷遇上了中国共产党，在最困难的时候是共产党的基层组织接纳了失去父母的爷爷，让爷爷得以在社会上立足，然后参军，彻底改变了自己的命运。

接下来是我的姥爷的故事。我的姥爷于1942年出生，是土生土长的徐州沛县人。姥爷儿时家境尚可，度过了一段童年幸福生活，但是姥爷四岁时母亲生了一场重病。为了给母亲治病，姥爷的父亲花光了家中积蓄，据姥爷回忆，"那几年买的中药够装现在一卡车"，但就是这样的付出还是没能治好姥爷的母亲。姥爷的母亲去世后，姥爷的家庭生活更艰苦了，他就跟着父亲种地、卖布换钱，勉强生活、上学。1958年初中毕业后，正值全民大炼钢铁、建设工业，当时村里有人招工，要去修铁路。姥爷没能考上高中，就报名跟着队伍到青海去修到西藏方向的铁路了。采访他的时候，姥爷已经记不得具体是哪条铁路了，只记得当时的单位叫作"西北铁路工程局"。这条铁路修了一段就停止修建了，姥爷的队伍又被调到陕西，参与修建陕西韩城到山西侯马的铁路。据姥爷回忆，当时修铁路的过程中还发现了一座陵墓，上面写着"汉太师司马师之墓"。铁路完工后，姥爷回到了沛县老家，认识了姥姥并结了婚。1963年，沛县遭遇了严重的水灾，庄稼几乎没有什么收成，姥爷就和同乡们做土布，扒火车到洛阳卖，顺便在洛阳打工，赚到一些钱之后在当地买红薯干，然后坐火车回徐州，以此养活家里人。令人惊讶而感动的是，当时河南政府做出了指示，允许灾区过来的群众扒货运列车前往铁路沿线的河南地区，同时要求铁路沿线的各个生产队不得驱赶灾区前来的群众，如果灾区群众想要留在本地谋生就允许他们留下。当时姥爷跟着村里的很多年轻人在沛县和洛阳之间辗转谋生，有很多同村的年轻人选择留在了河南生活。1965年，姥爷参军。由于姥爷当过几年工人，又是农民出身，政治背景合格，参军的过程很顺利。最初姥爷被分配进了江苏省军区某防化连，成为一名喷火兵。这也是我第一次在身边发现一名20世纪60年代的防化兵。姥爷特别喜欢回忆当兵的故事，说当时他们训练比较艰苦，经常到山里拉练。1969年，姥爷被选进了军事院校学习，并在完成学习后转为通信兵，调到位于常州的五七干校担任警卫，同时负责干校内电话、总机等通信设施的维护。一年后，姥爷光荣退伍，复员到徐州电业局工作。

最开始姥爷参与建设了徐州的一家站内电厂。所谓站内电厂，就是在山体中开出山洞，安放发电机，以防止敌人的空袭。结合20世纪六七十年代的历史，相信大家也能感受到当时我国的外部环境对社会生活的深刻影响，"深挖洞，广积粮，不称霸""备战，备荒，为人民"，这些口号标语都是那个时代的真实写照。也许现在的我们很难感受到当时的国防压力，但是听到姥爷的描述，我仿佛又回到了那一火红而又艰难的年代。一年后，姥爷调入徐州市电力中心试验所，成为一名电工。三年后，姥爷自己选择调整岗位到电力修造厂。按姥爷的说法，当时电力中心试验所里都是在"文革"之前分配来的大学生，而且其中很多人是从北大、清华等名校毕业的，在平时工作交流中，姥爷老觉得自己和大学生搭不上话，交流没有共通点。从1973年到1984年，姥爷一直在电力修造厂工作，之后姥爷再次转到徐州铜山县供电局，负责电力系统运行的保养和维护工作，直至1998年退休。随后姥爷回到了沛县农村老家，并在我出生之后被妈妈接到了徐州市里生活，进城做了一位"城里人"。不过姥爷依然和老家的人保持着紧密的联系，每年都会回老家看望农村的大爷大妈，也经常会带一些老家的粮食、蔬菜、鸡鸭回来与家人分享。退休之后的姥爷培养了很多爱好，养花、养鱼、养乌龟、钓鱼、看电视剧，而且坚持看报看新闻，最近还喜欢上了养鸟，没事的时候就喜欢对着鹦鹉聊天。姥爷一直在不断学习，努力充实自己的生活，不让自己闲下来，也一直锻炼身体。衷心祝愿姥爷能够健康长寿，长命百岁！

四、雁过留声，风过留痕

在这两位老人大半辈子的生活中，家族其实是破碎的，但是在他们拼尽全力谋生、安家立业的经历中，我看到了他们自强不息的精神、顽强坚毅的魄力以及笑对风雨的潇洒。他们经历过饥饿、家庭破碎和社会动乱，但是爷爷和姥爷硬是撑过了那些艰苦的岁月，并且利用自己不多的本钱大胆突围，让自己的人生柳暗花明。两位老人都头脑聪明、喜欢动手钻研，尽管没能接受高等教育，但都爱看书爱学习，练就了一身本事。姥爷是一名优秀的电工，而且是一名天才工匠，不仅擅长修理除了电脑之外的各种家用电器和机械，而且还会自己制作一些工具。所以无论是修锅、修自行车、修电灯、修电话还是修冰箱，统统难不住我的宝藏姥爷。值得一提的是，姥爷擅长理发，据说年轻时经常帮部队里的首长理发，而我从小到大也没进过理发店，都是找姥爷帮忙理发，一找就是18年。直到上大学我才进理发店，而且前几次总是忘付钱，闹了一些笑话。爷爷则始终与时俱进，电脑、手机样样在行。更难能可贵的是，两位老人不仅自己懂得吃苦和学习，而且异常重视教育。他们不仅平时严抓学习，言传身教，而且在家中极度贫穷的日子里依然拼尽全力让孩子们上学。两家总共六名子女，包括我的父母全部考上了中专或者师范，走出了农村。值得一提的是，当时徐州经济水平还很落后，老一辈供子女上学的特点是直接读中专，这样可以早拿工资尽快养家，因此我爸爸当时没有读高中进而考上大学，而是直接读了中专，不然我爸爸作为当年徐州市中考第16名，要是继续读高中，那么我们家第一个考上大学的人可能就不是我，而是我爸爸了。

除了这些具有教育意义的家族经历，我更要感谢两位老人和我父母这一辈给我们这些孩子创造了温馨的家庭氛围和成长环境。没有家庭的关怀，我不可能健康成长，更不可能成为一名光荣的河海大学本科生。除此之外，在两位老人的风雨人生中，我看到了革命前旧社会的艰苦、黑暗，看到了新中国成立后的热情向上，看到了国家建设时期的奋进，看到了改革开放后中华大地的勃勃生机。两位老人奋斗的一生，正是每一个中国人和整个中华民族在近一个世纪不断探索、前进的缩影。

五、薪火相传

通过整理家族史，我很惊喜地了解了很多关于家族的故事。不管是相对遥远的先祖们筚路蓝缕、开创基业的故事，还是家中长辈勤奋学习、改变命运的经历，都是属于我和我们家族的宝贵财富。希望这种奋斗精神能一代代地传承下去，不仅是为了我们自己，也是为了建设社会主义现代化强国，能让自己真正成为新时代滚滚洪流中的一朵绚丽的浪花。

实际上，每个中国人都有必要、有责任了解自己的家族史，并从中吸取家族发展历程中的经验，传承发扬良好家风。可惜因为种种原因，很多家庭、家族的历史和故事在漫长的时间里流失，族谱也已散佚。改革开放以来，巨大的时代变化和大刀阔斧的市场化改革也让很多年轻一代更加在意自身生活，对自己的家族史，甚至父母、祖父母的生活经历都不甚了解，对于国家和民族的历史的了解也仅仅限于书本上对于重大事件的简短文字描述。这是多么令人遗憾的事情！因此，我们有必要从现在做起、从自身做起，寻找、了解自己的家族史，不仅是因为有趣，更是为了传承自己的优良家风，为了在祖辈们的生活中感受厚重的历史沉淀，感受时间长河在一代代平凡但又坚强的人身上冲刷出的生动的印记，感受祖辈们的生活所倒映出的时代洪流，让历史鲜活起来。树有其根，水有其源，培养青年的家国情怀，不如先从了解我们自己的家族史开始。

瞻彼日月，悠悠我思
——忆我家族往事

崔思瞻

古人云："家和万事兴。""修身，齐家，治国，平天下"是儒家思想的重要内涵，只有加强学习，不断提升自身的修养，有良好的家风，才能做到家庭和谐，继而家族和谐，生生不息。家族兴，民族兴，国家才能富强发达，永立世界民族之林。中华民族的历史已经说明了这一点。

家族作为社会的细胞，折射出社会的容貌，其发展贯穿了我们民族的历史，是整个中华民族发展的缩影。家族的根深埋在我们伟大祖国的土壤中，汲取着我们民族文化的营养，伴随着祖国的发展，不断生根发芽，不断演绎着我们民族的发展。

家风，是家庭的风范、文化，是家庭的基因，也是家族的风范、文化，是家族的基因。只有拥有良好的家风，才能形成好的民风、好的国风。"家风正，则国风淳。"作为国家的基本单位，家风的好坏，在一定程度上对国风的建设起到了重要影响。良好的家风能够不断提升家族的修养，进而对国家文化内涵产生积极向上的影响。

家族史作为家族繁衍生息的高度概括，它从古代走来，生生不息，又将走向遥远的未来……

一、姜太公与崔氏家族的起源

之前国庆期间热映的动画电影《姜子牙》一下子把周朝的开国元勋，中国古代杰出的政治家、军事家、韬略家姜子牙带上热搜。这在弘扬民族文化的今天，自然有着特别重要的意义。但对于崔氏，却还有另外一层更为特殊的含义。

姜子牙，名尚，字子牙，喜欢《封神榜》和《封神演义》的人对他应该不陌生，当然，《封神演义》中历史和神话交织在一起，在历史的叙述中夹杂了更多的神话色彩。其更为人知的应该还是"姜太公钓鱼——愿者上钩"的佳话，后来他辅佐周武王建立周朝。

中国的姓氏很多，来自封地的姓氏是其中最常见的一种。《元和姓纂》及《唐书·宰相世系表》记载："姜姓，齐太公生字公，生嫡子叔乙，让国，食采于崔，遂为崔氏。"由此看来，崔姓是齐太公姜子牙的直系后代，他们是上古时期炎帝神农氏的子孙。当初崔氏始祖所居以得姓的崔邑，根据后世考证，就是现在山东章丘西北的崔氏城。当然，章丘现在最为出名的是章丘大葱。《左传》所记载的襄公二十七年，"（崔）成请老于崔"指的正是这个地方，它是我国历史上一个很古老的地区。姜太公的孙子叫季子，仁爱贤良，后采食崔邑（今山东大部分，当时的齐国），其后代就以崔为姓氏，这就是我的祖先的由来。

我爸爸说，他小的时候，我爷爷就多次和他说起崔姓家谱的事情，族谱的修撰一直延续到 20 世纪 60 年代。可惜珍贵的族谱在 20 世纪 70 年代就因为种种原因而杳无踪影了。我爸爸记得族谱上开篇就说：崔姓始祖是姜太公。族谱记载详细，我们家族血脉上的传承历历可见，传承有序，实为难得。

崔氏家族历史上出了很多宰相，治国理天下，为北方望族；近代则大多务实低调，注重学习研究，出了很多知识分子。据资料与古籍记载，春秋时期有大夫崔杼，东汉时期有儒生崔骃，三国时魏有司空崔林，南北朝时北魏有大将军崔浩、学者崔俊，唐代有诗人崔护、崔颢，宋代有名画家崔白，明代有吏部右侍郎崔恭、安庆卫指挥使崔文、画家崔子忠等。

后来随着历史变迁与朝代更替，特别是两晋以后，更多的崔氏后人离开祖居地，迁居祖国各地，并遍及海外。

我出生在美丽的杭州，杭州是历史古都，也是我国著名的风景名胜汇聚之地，白居易曾有诗："江南忆，最忆是杭州；山寺月中寻桂子，郡亭枕上看潮头。"此地更有为苏东坡所称道的"水光潋滟晴方好，山色空蒙雨亦奇"的西湖。宋代词人柳永赞叹为："东南形胜，三吴都会，钱塘自古繁华。烟柳画桥，风帘翠幕，参差十万人家。云树绕堤沙，怒涛卷霜雪，天堑无涯。市列珠玑，户盈罗绮，竞豪奢。"杭州现在更以其创新的数字经济而闻名天下。

我的籍贯，如果详细地说，就是山东省潍坊市青州市。青州是古城，古城保存完好，最著名的景观是范公亭，因范仲淹主政青州而得名。园内楼台参差，湖水潋滟，竹柳翩翩，曲径通幽，得趣天然。范公更因"先天下之忧而忧，后天下之乐而乐"的家国情怀为后人所缅怀，因此，时至今日，范公亭依然是有名的爱国主义基地。

二、族谱的记忆

青州是中国古代九州之一，青州之名，始见《尚书·禹贡》："海岱惟青州。"青州是古城，现在是著名的书画之乡和花卉之乡。

崔姓从遥远的古代一直繁衍到现在，这从爸爸叙述的族谱中便可知道。但爸爸叙述的族谱以及上几代人的记忆对于生长在杭州的我而言却很陌生，没有什么太多的记忆。只有时间才能沉淀记忆，只有美好才能催生挂念。我出生在杭州，因此对籍贯所在地了解得不多，有些碎片化，仅有的了解更多来源于长辈的点滴叙述。

然而倘若忘却，也是万万不可的。如果这样轻率地下定论，只恐陷入茫然的空洞。由于原本就不在意现代生活中很少提及的"族谱""渊源"一类，再加上知道一些底细由来的老人陆续故去，我的年龄小到没有机会听到或听懂他们的叙述，而能够有幸听到或听懂他们叙述的父母辈也早已在时间的流逝中消磨了太多的记忆，因此我只好进行一番尴尬的、有着特殊"隔膜感"的叙述。

族谱是记载一个姓氏兴衰、分布的密码本，也是后人得以怀念祖先的重要资料。一本厚厚的族谱往往承载了一段厚重的历史，其兴盛、衰弱是和我们伟大民族的发展吻合的，也和我们国家的发展一脉相承。家族的历史，有着我们民族发展的深刻烙印，从点滴处记载着我们这个民族的发展。

我的爷爷1933年就出生在青州。爷爷作为新中国成立后早期的中学生，做过多种工作，后来他成为一名小学教师。爷爷性格耿直，任劳任怨，不计名利，勤恳教学。他在繁忙的工作之余，刻苦学习，不断提升自己的文化水平。后来爷爷担任小学校长，他上课幽默，为人热情，非常关心学生的成长，经常去学生家里家访，对学生的情况非常熟悉，善于因材施教，受到学生的喜爱。记得有一次，爷爷从一个学校调到另一个学校任教，但学校里的学生出于对爷爷的喜爱，不舍得爷爷调离，于是自发堵在学校门口，不让爷爷离开。看到这种情况，爷爷怕伤了同学们的心，在同事的帮助下，不得已偷偷从学校靠马路的教室的窗子跳出去而离开学校。到新学校报到后，隔了一段时间再来向原来学校的同学们告别，并说明当时不辞而别的原因，希望同学们好好学习，长大了报效祖国。多年以后，我爷爷和他的学生仍对当时爷爷离开的场景记忆犹新，感慨不已。爷爷从事教育多年，桃李满天下。

新中国成立后，百废待兴。当时人们普遍受教育程度低。因此，爷爷在工作之余也参与成年人的补习教学，教成年人认识汉字，学习毛主席诗词。他让更多的人认识了汉字，有了文化，使他们能够看到更美好的世界，功莫大焉。我爸爸从小就能熟练背诵毛主席诗词，也是缘于此。

可惜爷爷于1988年就去世了。即使他去世多年，他的学生还经常提起他、想念他。

我爷爷多年从事教育事业，对教育有很深的感情。在家中，他以身作则，喜欢读书，平时会对我父亲他们讲述很多的历史故事，例如岳飞的精忠报国、关云长的千里走单骑、诸葛亮的火烧赤壁以及祖逖的闻鸡起舞等。家风中除了正直、上进，还有了更多的家国情怀。修身才能齐家，家风正，有传承，家族兴；家国情怀，家国一致，自古尽然。

三、传承与发展

"文革"期间,高考中断。我爷爷的一个堂弟高中毕业后,自谋出路,到附近的钢铁厂当临时工,每天的工作就是烧煤,我爷爷经常鼓励他工作之余,要好好读书。爷爷总是说:"没有知识的民族是没有前途的。你一定要好好读书,日后必定有所作为。"1977年恢复高考后,我堂爷爷成了我们家族"文革"后的第一个大学生,他考上了医学院,后来又读研究生、博士,去海外进修、讲学,成为著名的心血管专家。后来在他的带动下,我的伯父和叔叔们也陆续考上大学,事业有成,成为行业内的专家。

我爷爷重视读书,鼓励我伯父、爸爸多读书。在他们很小的时候,在书籍匮乏的年代,爷爷总是有办法借到《三国演义》《西游记》《水浒传》《说岳全传》《聊斋志异》给爸爸他们阅读,还经常讲解历史上的名人故事,特别是《资治通鉴》中的故事。这让我爸爸他们在当时匮乏的知识环境中,难得地系统学习了中国古典文学,从小就对我们民族的起源、发展和奋斗的历史有了深刻的了解。受爷爷影响,爸爸从小就喜欢读书,尤其喜欢文史类的书,即使爸爸在大学选择了工科专业,但他现在仍然在工作之余,孜孜以求读二十四史、《资治通鉴》、《通鉴纪事本末》、《红楼梦》、《道德经》等文史类书籍。在日常生活中,爸爸总是诗词不离口,喜欢引经据典。爸爸经常讲文理相通,人文和工科相长,互为促进,这是他工作的感悟。我认为很有道理。

我经常听爸爸讲故乡的事情,淳朴的山东大平原上的人和事。山东大地上诞生了孔子和孟子,因此,山东人深受儒家文化影响,仁者爱人,影响深远。

改革开放若干年以后,人们的生活条件更好了,住进了新房子。彩电、冰箱家家皆有,摩托车、汽车比比皆是。改革开放后,不但家族的生活水平蒸蒸日上,家族里还出了很多硕士、博士,培养了很多专家、学者。可见,家族的历史是与国家的命运息息相关的。国家兴,民族兴,家族才旺。没有国家,哪有小家?这是我们中华民族的家国情怀,自古尽然。

20世纪80年代末,我的爸爸和妈妈以优异的成绩,同时来到西子湖畔的浙江大学求学读书,在求是园开启了他们的青春岁月。他们俩一个来自江南,一个来自北方,是大学同学,学的是电子专业;大学毕业后又分别攻硕、读博,毕业后定居杭州,成为大学教师。读硕士期间,他们互生情愫,在西子湖畔喜结良缘,几年后有了我。如今的我,在六朝古都的南京求学探索,开启了我自己的青春旅程。我没有选择爸爸妈妈的电子专业,而是出于自己的兴趣爱好,选择了社会学作为我的人生追求,爸爸妈妈尊重、支持我的选择。时代的发展,对我的家族史也留下了深刻的烙印。20世纪80年代,重点大学的招生名额很少,我的爸爸和妈妈作为佼佼者,进入浙江大学学习深造,浙江大学良好的学习氛围和历史积淀,为他们终生从事的事业打下了良好的基础。在我们家里,更体现了人文和理工的相互促进、不同学科的相互融合。

我的爸爸在教学之余，在自己的专业领域不断研究探索，并将自己的研究成果转化成产品，在社会上推广。目前爸爸在大数据领域不断探索，他所在团队的研究成果已经在公共卫生、公共安全治理上得到推广应用。谈到团队管理，爸爸总是说："管理的核心就是人文关怀，中国几千年的历史创造了璀璨的儒家文化，这是我们的根。"修身，也是一个团队的基石，有了修身，就有了团队的积极向上，也就有了团队的学习能力，从而创造出和谐的团队文化；学习和协同，才是团队创新的源头活水。家有家风，团队也要有自己的文化，这样才能继往开来，永续基业，也才有可能基业长青。

我的妈妈在教授好专业课程的同时，注重人文关怀，她针对当前大学生的特点，开启积极心理学等通识教育，成为大学生的知心人。学生遇到纠结的心事，都愿意向她倾诉。对此，我的妈妈尽其所能，为学生解惑，引导学生做一个更完备的人、一个有思想的人，客观上也促进了学生的全面发展，受到学生的欢迎。

我的爸爸妈妈是 20 世纪 80 年代末的大学生，工科出身的他们，热爱中国古典文化，喜欢历史和诗词，遂以《诗经》中的"瞻彼日月，悠悠我思"中的"瞻"和"思"作为我的名字，这体现了文化的传承和对传统文化的热爱，更有对我的期冀。家族的传承，是家风的延续，是一个家族文化的核心。传统文化，是我们民族的魂，更是我们这个时代的文化内涵，是我们国家软实力的基石。

四、结语

从古代的周朝，到现代中国，家族是一个民族的缩影，从历史中走来的一个个家族，形成了我们现在的中华民族。展望历史的天空，中华民族就是这样一代代传承，继往开来，生生不息；中国文化也随着一代代的人民而传承不息，鼓舞着一代代中国人奋发前进。如今，我国在经济、文化等各方面都有了巨大的发展。在百年未有之大变局的今天，中华民族也迎来了历史的新篇章。

我的家族史，是一部发奋图强的家族史，也是一部孜孜追求的家族史。它和我们这个民族的繁衍生息息息相通，与我们伟大祖国的发展血脉相连。家族的兴盛，是国家兴盛的缩影。在这个伟大的时代，中华民族巍然屹立在世界民族之林，每个家族都见证了中华民族的历史。虽然这段历史曾经有过彷徨，有过叹息，有过积贫积弱，但经过各族人民的团结奋斗，我们消除了贫困，重振了我们璀璨的文化，如今我们可以说，中华民族再次走向了时代前沿。这是家国幸事，是民族幸事，也是属于每个家族的荣光。

"等闲识得东风面，万紫千红总是春"，只要中华民族生生不息，孜孜以求，我们就能不断开创一个又一个新时代！

迁徙为何，且吟长歌

彭兆龙

打开《动物世界》，角马迁徙的画面让人印象深刻；翻开《荷马史诗》，奥德赛的篇章惊心动魄。以天下为家，以"客家"为名，未曾想如今平和的家庭生活竟是经历上万公里的迁徙得来，透过族谱一行行古文与长辈一句句问答，一个庞大家族的迁徙史诗摆在眼前，且让我以"迁徙"为引子，为大家唱诵家族乐章。

一、迁徙为勇：关于家族早期历史的第一乐章

战火纷飞，纸张易损，母系的家族史诗已不可考，现仅存的父系《化州彭氏族谱》可作为探寻家族起源的线索。父系家族迁至化州后，世居于此。请跟着我重走家族迁徙的路径，探索家族迁徙的秘密，感受那个年代凭借勇气克服困难的迁徙精神，但也要看到修撰族谱中客观存在的主观倾向，主要体现为对迁徙原因的修饰与对迁徙领导者的记述。

（一）谱系全览

家族上可溯及彭祖，下可分为千条百支。《先代行迹传》中大致记载了自彭祖后，大彭子孙四散于华夏，后宣公振兴族群，经数代，自河南淮阳迁至江西宜春再至广东揭阳与化州的基本历史。梳理谱系如下表所示。

化州彭氏迁徙谱系表

家族名人	迁徙时间	迁徙地点
始祖（籛铿）	上古	未知
宣公（子佩）	建武八年（32）	河南淮阳
构云（徽君）	开元二十八年（740）	江西宜春
震峰（延年）	重熙十八年（1049）	广东揭阳
念四（圣教）	永乐二十二年（1424）	广东化州

注：笔者根据《化州彭氏族谱》内容整理。

在族谱中，可以发现迁徙的原因是很浪漫的。现举数例。其一，关于构云公迁徙至袁州的原因：据《大彭史记》载，开元二十八年庚辰（740），构云公告老还乡，因"爱袁州风俗敦美，物产丰富"，于是"定居宜春合浦"。其二，关于圣教公迁徙：据《惠州府志》载，延年公携诸孙前往化州，见到此地风景秀丽、龙盘虎踞，宛若人间仙境，便侨居数载，返回揭阳后对儿孙说，"化州乃风水宝地"，希望后世子孙前去开枝散叶。而后圣教公遵从祖训，带领族人寻此福地。

浪漫主义的迁徙原因固然有一定可能性，风景秀丽往往意味着生态宜居，物产丰富能够给家族带来财富，对子孙繁衍有所裨益。但这种阐释可能也是一种矫饰，毕竟只将益处彰显，却没有记录对功能的考量。事实上，迁徙可能另有所因。一方面，个人的决定是难以直接转变为群体的意志的，一位祖先携族迁居是存在可能性的，但是不依托宗族的力量，依然独木难成林，定是有某种必然的强制力促成了这种迁居的实现。另一方面，站在"推拉力"理论[①]的视角下，从风景秀丽迁入地的反面思考，可以发现迁出地应该存在不小的推力作用，迫使族群向南迁徙，从史料典籍或其他族群的迁居之中，能够相应地佐证迁徙的现实因素。

（二）史上的名人

家族的名人，成为我们的榜样。除去史上较为久远的名字以外，彭仲芳、彭应鲤父子一同作战、护国有功，这个咸丰年间的真实故事，我们宗族男女老少均能说得非常生动。

一是圣教入化创业的故事。据《彭氏圣教公墓》记载，彭念四，号圣教，长大后聪明过人，通晓风水地理。圣教公对化州彭氏一系主要有以下功劳。第一，遵从祖训，寻找宜居之地。据传，圣教公遵循延年公遗言，毅然带领一妻四子徙居化州横岭，为入化始祖。第二，不畏艰险，促使族群枝繁叶茂。圣教一家起初居住的横岭洪水为患，每遇雨季，家常被冲毁，于是带领长子润轩踏遍化州各地，决定再次迁居。他聪明能干，教子有方，四子皆通文墨，家室日盛，生活富裕。第三，命名形胜，凝结"族-地"认同纽带。他认为"横岭"有"飞来横祸"之义，于是将该地改名为"乐岭"。他和长子润轩来到化州城西三十里的矛山（后改为中火嶂），觉得此山气势雄伟，在众山之中格外显眼。他仰视白云蓝天，俯视千里绿洲，对润轩说："此乃风水宝地也。尤其之西面，有一小溪环流东北去。中间一小山丘，左右两边是平坦的谷地，背靠矛山，前面也有谷地一片。可以开垦良田，又可建村落，切勿错失。"他们继续从此向南行，发现一山很奇特，像人的心脏一样挺立

[①] 移民推力和拉力是使人口在地区间移动的作用力。移民的推力主要来源于那些促成或强迫地区人口外迁的政治、经济、社会、自然因素，如战争、宗教、种族歧视、政治迫害都迫使大量人口离乡背井，向外迁移。移民的拉力则主要来源于某些地区所拥有的有利于改善人民生活与工作条件的因素。参见吴忠观：《人口科学辞典》，西南财经大学出版社1997年版。

在周围的丛地之中，他对润轩说："此山奇特，就叫它山心吧！刚才那山在豸山之西，就叫西山。记住，这两个地方都可建村落。待时机成熟，我们搬到这里来居住。"可惜他还未迁居，就因返回原籍省亲，舟车劳顿，饱受风寒，卧床不起，不久病逝。

润轩兄弟曾多次祭扫圣教公之墓，可惜兵荒马乱中断了扫墓的传统，最终无法寻得这一传奇人物的墓葬。虽无碑铭为记，但他的精神永存；虽未出广东一省，却激励着化州彭氏历代远渡重洋，在海外繁衍生息，追求幸福美好的生活。

二是三代满门忠烈的故事。彭仲芳是彭凤岗之孙，彭应鲤之父。彭仲芳44岁中道光壬辰恩科举人。初时在湖北咸丰任知县，后来任罗田知县。当时正值湖北捻军四起，进攻州县。彭仲芳仓促招募数百士兵防御，但因众寡悬殊被击溃，被迫退到多云镇团结村堡，训练乡勇以备再战。不久捻军来攻，他身先士卒，勇往直前，以一当百，捻军后退，他乘势追击，收复罗田。彭仲芳屡立战功后，得到湖广总督嘉奖，将其战绩向朝廷上报，授为候补知州。

咸丰三年，黄州府沿江州县再次被捻军占据，罗田县因城墙坚固而未被攻陷，彭仲芳唯有独力支撑危局。第二年，数万捻军兵分多路直扑罗田县，彭仲芳命令其子彭应鲤率军往东路守龙河，自己亲自率领守军向西路与捻军作战于中界河。捻军伪装败退，穷追之下彭仲芳误入圈套阵亡，时年68岁。而在东路守护作战的彭应鲤这时已大获全胜，回兵奋勇进攻。咸丰九年，皇帝嘉奖彭应鲤战功显赫，下旨晋升知府加二级，子孙世袭骑尉，在他的家乡曲径村建起封诰楼和彭凤岗公祠，罗田人在当地建昭忠祠纪念他。这个故事因满门忠烈而被记忆，被我们家世代相传。

曲径封诰楼

刨根问底是人类完型思维的重要特点，可是在不同的思想指导下实现自身思维体系的完善将有很大差异。对于一个家族而言，追根溯源是一种刻在基因里的诉求。可是，传统价值观念中"善"的成分，可能远大于对"真"的渴求。在对家族史的考察之中，可以发现对名人的记叙远多于对族中多数平凡人的记叙，因而更多地将迁徙的功劳归结于名人。对于这一现象，我们要看到两点：一方面，客观上，名人存在更强的可行能力，可能为家族作出很大贡献。例如，长平侯彭宣公在朝中为政，晚年隐居，在经济资本、政治资本、社会资本等方面，确实优于一般的族众，可能确实作出了很大的贡献。但另一方面，站在群众史观的视角上，如果没有族众的支持，特别是家族内部特殊的族产、族学等组织形式，那么名人的成就也不可能实现。正可谓没有宗族何来家风，没有民风何来家风，正是宗族内部风气纯正、团结一致，才能涌现出寥寥名人，带领宗族取得更大的成就。人是具体而现实的，家庭是社会的、历史的，对一个家族精神的考察，虽然离不开史诗的歌颂，但是将视角转向生活场域，看到五百年来这一家族是如何生存的，则必须要对民风民俗进行考察。

（三）维系的纽带

家族在迁徙过程中，在葆有中原特征的同时，又吸纳了大量的其他文化元素，形成具有特色的文化。以本人家乡的族群为例，可以发现本身的宗族文化正因为存在迁徙，而带有看似矛盾而内在和谐的文化特征。

自称"㤢"（Ngâi）、讲㤢话、吃"㤢"食。能够自觉地区别自身与他者是族群具有认同的关键，"㤢"是本地方言㤢话的自称，意为我。现代㤢话是客家话的一种[1]，迁入化州的移民始终不忘自家的宗族渊源，扎下根基后都要修建姓氏宗族祠堂，祭祀祖先，承先启后，并传承祖宗留下的语言。在其他强势方言的夹缝中，㤢人将㤢话流传至今。㤢话虽然受到当地其他方言的深刻影响，但是仍旧保持自己的特色；不同地区的㤢话之间虽有差异，但至今仍能相互通话[2]。这种区别于当地其他民系的语音，很大程度上帮助宗族构建了属于自己的认同。基于这种语音，发展出了多样的文化艺术，例如，㤢戏以客家山歌小调为基础，以联曲唱腔为特色，以㤢话讲述客家人的劳动、生活、爱情、家长里短、悲欢离合等。另外，基于本地的水土和物产，这一族群也发展出了属于自身的特色佳肴。其中最值得称道的是"籺"。"籺"是一道用米或米粉辅以馅料做成的民间美食，也是粤西过节最古老的习俗，有糯米籺、田艾籺、粉皮籺、寿桃籺、簸箕籺、煮汤籺、菜包籺、水籺、粽籺、糖心糍、糖板籺、槌挞籺、糯米糍、发籺等各种品种，逢年过节做籺"敬神"，以祈

---

[1] 刘平：《被遗忘的战争——咸丰同治年间广东土客大械斗研究（1854—1867）》，商务印书馆2003年版。
[2] 中国社会科学院语言研究所：《中国语言地图集：汉语方言卷》，商务印书馆2012年版。

求生活美好。我依然记得小时候与奶奶将艾叶汁拌入糯米粉中,再将香甜可口的椰蓉馅包入其中,蒸煮后塞入口中,一口软糯香甜的味道,正是维系千百族人胃口的线索。

移民对中原文化有很深的认同,体现为保留古音、参与科举等。虽然受到本地少数民族的不小影响,但是这里的移民依然坚信自身,保留了大量的中原古音,主要体现在"入声"的声调,以及独特的用法与发音。例如"水"的送气音就好似涌流的江水一般,生动活泼,而"禾(稻子)""食(吃)""索(绳子)""面(脸)"这些古汉语词汇也独具特点。此外,家族通读四书五经,世代参加科举,也能够成为认同国家的重要纽带之一。

简单说几点感悟:

第一,宗族通过对"我们从哪里来"的叙事,将家族认同作为纽带,由此强化对家族的认同;将民系认同作为纽带,由此强化对民族的认同。在现代性的视域下,这种作用是独特的。站在特殊性的角度,这种独特的家族认同不会像那种完全对抽象人性的认同一样,抽离了对故土、家族乃至于个体的特征,进而只能由孤零零的个体面对工业大机器一般的现代社会,使得个体的自由意志被无处安放的焦虑侵吞,陷入个体的极大膨胀与风险中,进而彻底地毁灭。站在统一性的角度,"家是最小国,国是千万家",正如费孝通所说,中国人的"己"是可以扩张的,这样的家族本身拥有自己的历史、自己的信仰、自己的习俗,一边连接的是每一个个体,最终指向的却是真正健全的共同体。在家族提供的直接而又现实的场域之中,家族的每一代可以将自己和宗族作为第一站和第二站,实现古老而又美好的"修齐治平"理想,通达古今天下。

第二,宗族的存在,告诉了我"如何生存"的旨趣。这一点主要在于家族的家风家训、家族名人,更在于家庭的吃穿用度上。首先,家族的家风家训,奠定了"原尔所生,出我一本"的共同认同与"宗谊为重,财器为轻"的利害观,告诉我们职分所在,当做什么("为父者当慈,为子者当孝,为兄者宜爱其弟,为弟者宜敬其兄"),不当做什么(十八"毋"),并以"孝"为约束,以"德目模式"引领共同价值观念塑造,由家族的内在约束,促成社会的规范在一乡一里深入推广,形成优良乡风与淳朴家风。其次,家族名人用自己的身体力行,告诉我们应当成为什么样的人,如何成为这样的人。例如圣教公之"创新"、凤岗公之"忠义"都使得彭家人敢于开拓幸福生活,忠于国家,忠于人民。最后,最为亲近的生活体验,告诉了我们作为华夏子孙的内在生活体验,正是真实而具体的民风民俗与衣食住行,让我们的生活不仅仅是流于纸上的教条,更是深入的生活实践。

第三,面临"我将要到哪里去"这一问题,需要对宗族的历史和结构进行时代化的改造。首先是真实性的问题。毋庸讳言,一些家谱中攀附、杜撰的现象较为突出,因而被指称为"天下最不可信之文籍",为后世研究者所诟病。一般而言,各宗族修谱的原始动因虽有差异,但是由于家谱功能取向的一致性,兼寓激劝教化之义,家谱纂修通常"称美不称恶"。站在新时代的历史节点，如果要对家谱进行再次编修，就不仅要兼顾家谱本身的教化作用，更要肩负起一种历史责任感，将家谱作为严肃的历史文献编撰，坚持"信以传信，疑以传疑""不纪远祖，不附名门""不以地望为高，不以声华为贵，不以寒微为耻，不以攀附为荣"的原则，强调具体而真实的历史内容。其次是时代性的问题。固然传统家风之中有很多值得保留的价值元素，但是例如家训中对"争讼""妇女"等问题的偏见，以及片面强调"孝"，而颇有"移孝作忠"之嫌，需要在新时代进行创造性转化和创新性发展。最后是现实性的问题。应当紧密结合现实进行编撰，吸收编撰经验，对庞大家族的记叙不应仅仅是史诗性的记叙，而更应是具体而真实的个体体验。前两点，本人的太祖母在20世纪90年代族谱的协同修撰之中已经强调过，至于后面这一点，或许传统的族谱体例难以容纳丰富而现实的个体体验。下面以"家庭"为记叙的核心，详细记叙父母家庭之源流。

二、迁徙为情：关于母亲家族的第二乐章

从宏大的宗族叙事转变至个体的爱恨情仇，"迁徙"的动因变得更加鲜活。暂时将世代相传的诗篇放置一旁，听听本人母亲是如何记叙自己家族的。

（一）世纪初的冬阴功与猪肝片

在兵荒马乱的年代，不幸是普遍的，而不幸之中却蕴含着机遇，成为通往幸福生活的钥匙。我的姥姥与姥爷，一南一北，一富一贫，他们本拥有不同的人生道路，但是他们终究同途。可以说即使在不变动的年代，他们也很难相遇。

姥姥出生于泰国曼谷对岸的一个小城。她的家庭是"下南洋"时期许多家庭的缩影。19世纪的中国，兵荒马乱、国运微颓，她的家族所在的广东揭西属于潮汕地区，丘陵绵延，耕地如绣花。据1935年中国太平洋学会对流民出洋的原因所作的调查，因"经济压迫"而出洋者占69.95%。那个时候下南洋的人，既有对未来充满希望的人，也有在家乡故土待不下去的人，而姥姥的家族就是其中的一员。贫瘠的红土地难以养活日益增加的人口，五代从商的他们便将目光投向了蔚蓝的太平洋。在闭关锁国的时代，大海意味着危险，也意味着机遇。于是姥姥祖上不惜违反清廷禁令，毅然下海，前往暹罗。由于时代久远，没有文件佐证，家族的发展历程难以考察，但是根据我母亲的记忆，林氏在她出生后已经成为当地有名的经商大族，在泰国的五金、美容等行业占据一席之地。我的姥姥正是在这样的一个潮汕商业家族出生的。

她本应在这个家族收获幸福的人生，可惜在极小的时候，她的母亲去世了，父亲再娶后，老阿嬷一是担心林氏这一支系在国内无根，二是担心姥姥的父亲再娶后对新生子女有

所偏私，进而对她关爱不足，于是力排众议，将当时年纪尚幼的姥姥接回国内，受国外其父寄款接济，由自己抚养。姥姥懂事后，便发奋苦学，先在全英文的教会学校度过了自己的小学时光，后考入中专。在学习中便确定了"军工报国"的志向，并以机械设计为志趣。身处困难年代的她，排除万难，最后以优异成绩前往齐齐哈尔深造。

如果说，我姥姥早年的人生是一碗酸与苦中带着香甜的冬阴功汤，那么我的姥爷则是因为一块猪肝彻底改变了人生。

姥爷出生于山东即墨的一个大家庭中。他的爷爷曾在清末获"进士及第"，这与当地的读书风气不无关系，他耳濡目染，从小擅长读书，曾以成语成文一篇，得到小学老师的赞赏。在他读中专以前，家庭的一半收入都用于供养他上学。父母相继去世以后，家中断了经济来源，他只得依靠亲戚接济，昼夜苦学。在考取吉林长春的中专后，姥爷因为长期营养不良，每次夜间伸手不见五指，得了严重的夜盲症。而此时，正是一位好心人给了他一块生猪肝，让他得以在冬天的日子里日啖片毫，才能在晚上的暗光中苦学，最后得以前往苏联留学，这正是激励我们家族苦读的故事。

(二) 鹤城隆冬的火焰与篮球赛

可以说，在齐齐哈尔读俄文专科的时候，是我姥姥和姥爷最为浪漫的时光。

1952年6月10日，毛泽东为新中国体育工作题词"发展体育运动，增强人民体质"，开启了全民健身、体育强国的征程。与现在不同，当时的知识分子在强大的爱国主义精神驱动下，不仅知识充实、情操高尚，更加强调体育与劳动。当时，姥爷在勤学以外，更擅长体育，据他生前所说，"足篮排乒羽"样样精通。他七十岁时，依然能进行引体向上与长短跑，向我展示他的身体机能与不灭的活力。而他们正是因体育而相识，当时姥爷在男子篮球队打前锋，姥姥在女子篮球队也是一把好手。

年轻人的活力在篮球赛场上得到释放，在强身健体的同时，自由恋爱的风潮使得爱情的种子长成参天大树。他们第一次相遇，便互相暗暗地注意到对方。慢慢地，女子篮球比赛时，姥爷会前去观看；而男子篮球比赛时，姥姥则去加油鼓劲。

就在这平淡日子中，两人正式相识的机会出现了。那是20世纪60年代的一个下午，在女子篮球赛中，姥姥在争夺球权时，脚崴伤了。姥爷便去医务室拿了药，帮姥姥消毒去肿，搀扶她回宿舍。姥爷每日都去照料行动不便的姥姥，久而久之，两人感情迅速升温，在进一步了解后，便向单位申请结婚。由此，两个原本不相干的命运轨迹，由于大时代的洪流与小人物的温情缠绕在一起。

(三) 韶关、留声机与活力啤酒

关于从齐齐哈尔到韶关的原因，从家族的对谈之中，发现以下两种说法。

第一种说法是，国家正在紧张备战阶段，南方的军工基础薄弱，需要东北老工业基地的人才参与建设。这是有据可查的，1964年6月间，中共中央作出了加速开展三线建设的重大决策后，中共广东省委根据中共中央指示精神，做好贯彻落实工作。1964年10月，广东省委向党中央和中南局提交了《关于广东国防工业和三线备战工作的请示报告》，计划于短期内，在广东后方的腹地粤北山区建立6个军工厂，以加速地方军事工业的建设。1966年5月以后，广东工业建设开始进一步突出"小三线"建设，实行"山、散、洞战略疏散"，先后在韶关、梅县、肇庆和海南等山区腹地，新建和迁建一批"小三线"项目。客观的强军备战需要，产生了得以调动的可能性。

第二种说法最为真实。我的姥姥是南方人，习惯了南方温湿的气候，北方干冷的气候让姥姥的哮喘很快加重。每至深夜，咳嗽连连，甚至于咳出鲜血，再如此下去，可能会危及生命。于是在听到有调动的需求时，我的姥爷主动请缨，从当时相对富庶的东北基地走向一片未知的粤北山区，参与工业建设。

受到保密政策的限制，关于姥爷和姥姥的工作性质，笔者仅仅知道少许。姥爷调往韶关山区，早期主要负责轻武器的设计与制造，在齿轮厂任职，随后又被调到计划经济委员会。改革开放初期，他主管韶关轻工业总公司。在公司期间，他到过西欧五国考察，被当时国外优渥的物质生活条件所震撼。回到韶关后，他引进了啤酒、洗衣粉等生产线，开办的啤酒厂正是后来活力啤酒的前身。当时，因为姥爷是青岛人，受到家乡啤酒文化的影响，萌生了一个大胆的想法，就是派啤酒车在全城环游，让全市的人都能喝上清爽的啤酒。可惜这一想法因工作的调动与国有资产的出售而告终。

姥姥则一直在车间负责设计、制造工作。在加入民盟后，作为知识分子，她成为一名光荣的政协委员，常常前去城中市场、车站与乡村的田间地头调研，深信自己的提案能够转变为具有实效的政策，一次又一次地提出各种具有建设性的意见，尽职尽责。姥姥的义举也使得我们家积极参与社会的管理，对社区管理与履行投票权利这些点滴政治生活细节也从不怠慢。

姥姥、姥爷由于心肌梗死和癌症在2005年与2016年相继离世，未能直接通过口述的方式获得那段可贵而又浪漫的记忆，是我最大的遗憾。期待后续能够通过查阅相关档案，对回忆的细节进行增补完善，让老一辈知识分子的风骨与情怀永远留存于世间。

三、迁徙为义：关于父亲家族的第三乐章

那么，关于我的父亲呢？与我母亲家族跨越整个中国版图的迁徙不同，父亲家族的迁徙相对来说就短得多。紧承第一部分对宗族的梳理，圣教公进入化州之后，便以波罗垌村为根据地，向曲径村、文利埇等地拓展，我的爷爷便来自前者，奶奶则来自后者。

（一）大薯干干与家族学堂

"大薯"这种粮食，当地人都说它"贱生"，便是指这种植物不需要娇贵的环境与定时的浇灌，只要将它削落一部分芽孢，便可以落地生根，苗壮成长。这既是那个年代苦难日子的最主要粮食，又是那时坚持下来的人们最鲜明的写照，也正反映了人们坚韧不拔的精神特质。

太太爷爷名为寿殷，是当地的一个小地主；而其子，即我的太爷爷，名为庆和，是其最宠爱的儿子之一，也曾为纨绔子弟。后因家产空虚，不得不务工。太爷爷发现同乡明明同为彭姓，却有贵贱差等，感受到世态炎凉，毅然接受了共产主义思想，加入了中国共产党，成为一名光荣的游击队员，在中火嶂附近打游击。那时的粤西由桂系军阀李宗仁掌控，他容不下眼皮子底下有异见者蠢动，加大了对共产党员的搜捕力度。太爷爷常在山间征战，与太奶奶不得相见。太奶奶因长久思念丈夫，便在一次通信中要求太爷爷返乡探望。于是，太爷爷组建了一个返乡探亲的小分队，躲过国民党的严密搜查潜入村落。见到太奶奶后，与她两手相攥。不承想探亲小分队在回山时，遭到国民党军队的埋伏，他们被抓捕后，押至村塘处枪决。

至此，太奶奶与爷爷母子相依为命，依靠两亩田地过活。虽然处于乱世，但是家族"勒紧裤腰带"读书的传统从未停止。从小，我的爷爷在"三圣堂"（即"彭凤岗公祠"，后改名为"曲径村小学"）读书。在那里，他每天听塾师讲述祖先的传奇故事，便立志发奋读书。在自身的努力与族产的支持下，我的爷爷得到了唯一一个前往湛江城中上中专的名额。在学习课程之余，他热爱生活，参加了村中的俚戏班，为灰色的生活赋予艺术的色彩，在村中是知名的小生。也正是因唱戏的经历，他结识了当时饰演花旦的奶奶。他们本在学堂就相识，在戏班的经历使他们培养了深厚的感情。毕业后爷爷前往湛江电化厂任职，眼看就要过上幸福的生活，而此后发生的一系列变故，打破了这一切。

从湛江城中回到化州乡下，主要有以下两个原因：其一是在特殊历史时期，特别是20世纪60年代至70年代，全国发生了一系列事件，波及了作为城市的湛江，当地正常的生产生活秩序难以保障，因此爷爷奶奶只能返回乡下务农。其二是自然灾害导致粮食紧缺，大队上分不出粮食，要求他们返乡支援农村建设。

在农村，除了正常务农外，奶奶还参与了当时一个很时髦的组织——"赤脚医生"。赤脚医生一般指未经正式医疗训练、仍持农业户口、一些情况下"半农半医"的农村医疗人员，其中一些是上山下乡的知识青年。赤脚医生为解中国一些农村地区缺医少药的燃眉之急作出了积极贡献。1965年毛泽东"六二六指示"传达到卫生部后，卫生部党委决定大力安排城市医务工作人员下乡和培训农村医务工作人员。1968年9月14日毛泽东批示道:"赤脚医生就是好。"这一人数最高达 150 多万,而我的奶奶正是这 150 多万分之一。

在那种环境下,"赤脚医生"仅仅靠《赤脚医生手册》与口耳相传的经验,以满腔热忱,尽职尽责地为人民群众服务。据说,我的奶奶在年轻的时候就是接生的一把好手,不仅能够在医学影像技术落后的情况下精准识别胎位,还能够将引产、止血、产后康复等工作做得很好。一日,已是夜深人静,四下无人,村中一产妇突然羊水破裂,需要紧急接生。奶奶正是睡眼蒙眬,可闻讯后立刻打起精神,赶去接生。无论多远、无论何时、无论多大风险,只要能够帮得上忙的,奶奶都会无偿地帮助她们。甚至在回到湛江后,尽管已经不是赤脚医生了,但她依然会协助产妇生产,以至于无论是产妇还是同行,都对她交口称赞。

我的父亲和大姑出生了。据他们回忆,乡村中的生活是闲适的。由于我奶奶赤脚医生的身份,她广泛帮助当地产妇生产,并能治疗简单的疾病,在乡间广受好评;那时还是孩子的父亲与大姑也被大家当作报喜的小孩,每至一家,邻里必好好招待一番。可是,由于长期蹲下帮助产妇接生,奶奶原本就有的脚疾更加严重了。在湛江城内已经恢复平静之后,她就再次返回湛江。

(二) 番薯糖水与湛江海滨

在湛江城定居后,终于不用食用难以下咽的大薯,有了金灿灿、黄澄澄的番薯。作为最容易做的化州糖水,番薯糖水不过是番薯切块后,加入糖和姜煮成的简单甜品。当时湛江城内稍微富庶的人都不愿意食用,可是这的确给了我们家族以力量。

20 世纪 70 年代,爷爷奶奶与新生的两个孩子返回城市。那时的生活依然困难。据我父亲回忆,1973 年最为困难。那时,爷爷返回电化厂上夜班,白天便去买菜,为自己的妻子煲汤,希望她尽快康复。可是那时他们住在海边的平房里,每至潮涨,咸水浸入屋内,需要从家中舀水出去。在那样的环境下,奶奶的脚疾加重了,无法走动,只能卧床在家,但她同时要照顾我的两个姑姑,生活比较困难。我父亲那时年仅五岁,便帮助家里烧火做饭,慢慢练就了一手好厨艺。

除了电化厂的工作以外,父亲和奶奶还黏水泥纸卖,没有口罩,稍不留神便满脸是灰,辛苦一天只赚得几块钱补贴家用。这样拮据的经济状况被当时周边的人嘲笑过。稍大一点进入学校后,本地的学生不满于他人来此"争夺教育资源",父亲一家人被嘲弄为"吃番薯的乡下仔"。

但正是靠着番薯给予的力量,我们渡过了难关。当医院建议奶奶截肢,周边的人都劝说时尚的爷爷不如趁着年轻再娶时,我的爷爷想都没想,一口回绝了他们,他决心与妻子度过一生。每到觉得日子过不下去的时候,就想到一家五口人一起喝过的那一碗番薯糖水，从而重新燃起对生活的希望。

（三）隔水蒸鸡与泥泞大道

生活或许就是在奋斗之中悄然改变的。处于人生低谷时，爷爷也不放弃自己的底线，在会计岗位上兢兢业业工作了数十年，在精密的校对之中逐渐获得赏识，工资水平与权限随之提高。然而他不忘初心，从不接受他人给予的自行车、汽车等物质回报，坚持着廉洁的风范。奶奶也从未放弃，通过副业补贴家用，不断做康复训练，终于保住了双腿。两个姑姑也从未放弃过，在最困难的时候依然心无旁骛地读书，都考取了大学。

20世纪80年代，当时爷爷单位接到通知，要求选派人才前往深圳。此时，湛江在改革开放后，发展已经小有起色，家里也从海边的板房、平房搬至湛江水产学院对面的洋楼。那时的深圳与现在高楼遍地的景象不同，虽然改革开放政策已经实施，但那里依然是丘陵遍地、草木丛生，没有人愿意放弃城中优渥的生活，前往满是泥泞的深圳。此时，或许是前半辈子经受了太多苦难，或许是以前的迁徙从来都没有选择的余地，当现实给予我们家选择的权利，我们依然会选择听党话、跟党走。

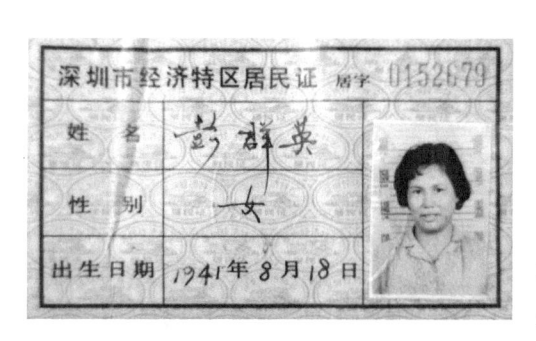

奶奶的深圳市经济特区居民证

现实就是这么神奇。爷爷时常跟我提起深圳刚开发的时候，1980年8月，深圳经济特区设立。1981年，基建工程兵首批部队挥师南下，在白沙岭和竹子林一带安营扎寨。1984年1月，邓小平第一次视察深圳，为深圳题词："深圳的发展和经验证明，我们建立经济特区的政策是正确的。"或许正是因为受到这句话的感召，祖父辈、父辈毅然来到一片荒凉的深圳。爷爷参与深圳的市政绿化与园林建设工作，奶奶则开了一间小卖部，给劳累的工程兵端上一碗香喷喷、热乎乎的猪杂捞粉或猪肉炒粉，一天千份，从无怨言。而同时前往深圳帮工的亲戚没有一个人能够坚持下来。来到深圳后，生活有了极大的改善，住上了自己设计的房子，直到近期旧改。到20世纪90年代，他们还成了第一批股民，至今有很强的金融意识。

在与爷爷、奶奶的对谈之中，我常常潸然泪下，也对生活的很多方面有了更深的感悟。首先，对工作应当尽职尽责，在其位，谋其政，不得马虎，无论什么时候都要谦卑学习，勤劳肯干；永远牢记初心，保持廉洁。其次，对家人应当和睦友爱，不可放弃，将家庭作为自己的珍宝，家庭自然会成为你的庇护所。此外还有很多，不再详述。

四、迁往何方：关于旗帜引领的未完终章

回望千年族群发展历程，思念百年家庭创业艰险，正是在重重辩证法中，我们逐渐找到了自己的位置，形成了具有凝聚力的价值体系。最后，请允许我简单作结。

第一是"迁徙"与"安定"的辩证法。"迁徙"不是目的，没有一个人、一个家族天生热爱迁徙，世界上再难找到第二群吉卜赛人，却因为世事难料而不可避免迁徙。在《老子》中，就有"反者道之动"的说法；站在马克思主义的角度来看，世界处于永恒的运动之中。站在中国的热土上，看向农民工进城的历史实践，我或许会赞同经济学家陆铭的观点："从长期来看，只有自由移民才是缩小城乡和地区间收入差距的有效方式……劳动力自由流动了，人们就可以选择适合自己的生活方式。"[①]"迁徙"的原因可能是响应国家的号召，或是对美好生活的渴求。"动"与"静"之于国家层面，事实上是一个具有现实矛盾的辩证法，稳定的人口分布有利于大区域全局的治理，特别是在疫情发生的特殊时期，限制流动对防止病毒的扩散发挥了重要作用，但是在一般情况下，又会丧失流动的活力。"去"与"留"之于家庭层面，也是一个谜团，在遇到一地确实不能满足家庭更好发展时，是应当"离开"，还是念及"乡愁"而留下呢，这都是现代性视域下难以解决的谜团。分解这个问题，需要正确的观念去引领，这就是我即将谈到的第二个问题。

第二是"小人物"与"大格局"的辩证法。对于一个小人物而言，他无疑是隶属于更大的集体的，然而他直接而现实的情感体验并非来自远方，而是在触手可及之地，来自亲密的关系。我们既很难想象一个热爱国家的人，会不爱自己的家人，也很难想象一个爱自己家人的人，会不爱自己的国家，这两者在道德上是悖逆的。因此，将个人利益、家族利益和国家利益相统一是一种必然的选择。纵览家族史，虽然每一次迁徙的选择看上去轻松随意，但是又谈何容易。可以发现，事实上，摆在家族面前的选择有很多，可是我们没有上帝视角，也不可能站在今天的历史条件上对以往的选择进行批判，我们只能站在理性的角度去考虑，每一次迁徙都代表着要承担一次自己选择的风险，如果不是紧随国家大势、紧跟国家步伐、听从国家号召，仅凭自己的主观臆断去选择是否迁徙，给家族带来的可能是毁灭性打击。因此，可以说，家族确实实现了一次次惊险的跳跃。

第三是对千年迁徙的精神与经验进行的凝练。首先是不忘初心，坚定信念。人之所以为人，正是因为有不同于动物的精神，这种精神就是理想信念，理想信念凝聚着家族力量，将有共同血缘关系的人紧紧团结在一个目标之下，使得经历战乱而不被冲散，即便迷茫也不会绝望，引领家族披荆斩棘，迎接挑战。其次是不惧艰险，敢于创新。或许是我们

---

① 陆铭：《大国大城：当代中国的统一、发展与平衡》，上海人民出版社2016年版，第41—42页。

家族天生不喜欢安逸，更喜欢开拓，迎接山间的暴雨、海边的巨浪，认为只有创造性的人生才是值得过的。这也体现在家庭的教育模式之中，从不强调片面的死记硬背，而是更加强调对生活的体验。最后是重情重义，服从大局。迁徙之中，正是情义引导家族史的主人公一次又一次做出令人感动的举措；同时，情与理、义与理相结合，对国家之情与对家族之情相结合，使得家族总是服从大局，做出正确的选择。

后 记

《跨越百年的对话："我"的家族记忆》是河海大学思想政治理论课实践成果选集中的一本家族史文集，主要以"我"的视角，回顾社会变迁中的家族历史，讲述家族中的祖辈、父辈等在社会变迁大潮中的生活轨迹、心路历程，并通过"我"的娓娓讲述与思考，触碰、回答以下若干问题：时代于"我"和"我"的家族，意味着什么？"我"和"我"的家族，对时代又意味着什么？如何评价那些随着时代的推进而远去的背影？如何赋予千百万所谓"平凡"的家族独特而永恒的价值？最后，时代与人的关系又是什么？以此，让作者有所思，读者有所悟。

近年来"毛泽东思想和中国特色社会主义理论体系概论"课程开展的家族史汇报活动，为文集的集结整理提供了坚实的材料基础。编者从百余篇家族史汇报文稿中挑选出30份较有代表性的作品，结为一集。文集作者是来自河海大学多个学院、不同年级的学生，分别是马克思主义学院的徐叶涵、胡雪、沈雪宸、尼玛巴姆、王倩、丁宁、黄安然、向春江、李亚楠、冷明慧、于琬清、颜湘枝、李丹青、王榆铭、王隽雅、彭兆龙；外国语学院的陈源、倪茵、黄晓菲、张洁雅、邵君；农工院的芦治宇、李彦仪；计信院的王一鸣、钱芮琳、潘艳玲、刘竣宇、栾竣、余晨晨；公管院的崔思瞻。初稿撰写后，马克思主义学院2020级硕士研究生郑雅文同学，以及颜湘枝、李丹青、秦端、李宇轩同学承担了部分书稿的内容校对和文字整理工作。前言的撰写和全书内容的审校由董大亮负责。全书通过多轮审校，力争做到于史有据，行文有序，言之有物，读之动情。

从提出出版意向，到设计文集主题、凝练具体选题，学院领导均给予了政策上的大力支持和专业领域的细致指导，在此向各位领导表示由衷的谢意。